インサイドアウト

魂の変革を求めて

ラリー・クラブ［著］
川島祥子［訳］

私の二人の息子、ケップとケンにささげる。

私はあなたがたを心から愛しています。
その愛情は日毎に強められています。
神がキリストにあるすばらしい成長をあなたがたにさらに遂げさせてくださるように、
この本が用いられること、
それが私の最大の特権であり心からの祈りなのです。

目次

挿画・装丁＝ホンダマモル

二十五周年記念出版の序文

『インサイドアウト』を最初に書いた二十五年前、私には分からないことがあった。しかし今では、それがはっきりと分かる。すなわち、本書は、もしクリスチャンがイエスの言われた「狭い道」を歩むならば、つまりイエスがなさったように人々にかかわる道を歩むならば、その人生はどのようなものになるのかを記しているということだ。

一方で、すでに驚くほど明瞭なこと、今では最初にこの本を書いた当時より真実だと思えることもある。それは、いくつかの例外を除いて、今日のクリスチャンは「広い道」を好むということだ。しかも、イエスに従って狭い道を歩いていると考えながら、実は広い道を歩いている。快適な旅路のほうが、聖なる旅路より価値があると考える。しかし私たちはクリスチャンであるので、聖さが重要であると分かっている。そのため、この緊張した問題の解決を、聖化の再定義に求める。つまり、自分が幸福だと感じることに人生をささげて生きる一方で、神と温かくつながっていると感じられるような聖化のあり方を求めるのである。私たちは神を、神ご自身のゆえに礼拝するのではなく、私たちの利益のために利用している。

この問題は今に始まったわけではない。イザヤの時代、神の民は利己的に霊的生活を理解しており、それを正そうとする霊的リーダーたちに反抗した。民はこう言った。「**私たちの**考えを認めてくださるように。神よ、私たちが**聞きたい**メッセージを聞かせてください。辛苦や困難の人生で悪くなるばかりの話はこれで終わりにしましょう。狭き道の人生について説く陰気な説教は聞きたくありません。狭い道の話は、ただ私たちを良い人間にするだけのことですから。私たちが欲しいのは、より良い人生なのです。」

今や、人は神に従いたいと思わない。良い人になる意志はある。しかし、それは二つの条件がついていればのことである。一つは、聖なる神が求める善きものが、自分たちの欲する安寧な人生とかかわりをもたないこと。二つ目は、自分自身と人生に満足するために必要な祝福を、神が保証しなければならないということである（イザヤ30・10〜11）。

パウロは初期の教会でも同じ姿勢に遭遇した。そのような姿勢が問題にもされず抑制もされないならば、薄っぺらな熱意が充満し、それを信徒が礼拝だと思い違いをするような教会や、霊的な力が欠落していることを重大な喪失だと考えない、あるいは認識すらしない教会を生み出す。パウロは言う。「というのは、人々が健全な教えに耐えられなくなり、耳に心地よい話を聞こうと、自分の好みにしたがって自分たちのために教師を寄せ集め」（Ⅱテモテ4・3）る時代が来ているからだと。

そのような時代はすでに来た。私は二十五年前に来たと思った。確かにそうだったのだ。しかし、今はなお悪くなっている。二千年前にパウロは、人々がほかの福音に向かっていくのではないかと懸念した。今日、まさに異なる福音に、私たちはすでに向かっている。それは露骨に間違ってはいないが、イエスがもたらした福音に見せかけた偽りの福音である。

イエスに従う者の多くは、イエスが与えてくださると信じたいものを得るために、イエスに従っている。福音派教会で霊的形成に改めて焦点が当てられているが、その焦点の中心は、人との霊的なかかわりにはほとんど関心を払わない霊的経験の約束にある。基準点が「私たち」から「私」に移ってしまっているのである。私が問題だと感じていることを簡潔に述べてみよう。私が見いだしたことを概要にして要約しているが、読者もこの問題に気づいているかどうか確かめてほしい。

この国中の説教壇では、十字架につけられた救い主と主の復活の福音が歪められている。主は他者中心の人生を私たちに注いでくださったのに、説教では、ある種の道徳的行為をすれば祝福が受けられると強調する。そしてイエスに従う者に「統率された人生」、倫理的であるが自分中心の生活を送るように励ます。そうした生活を送ることで、天の窓を開き、「祝福された人生」を生きるのに必要なものを、人生とこの世界に雨あられと与えるように神を説得できると考えている。これは、自動販売機型キリスト教である。つまり、倫理的生き方という一ドルを挿入すると、より良い世界の個人の安寧という千ドルが出てくるという仕組みである。理想の人生に近づこうと何とかすることは、広い道に最初の一歩を踏み出すことである。私たちはよく考えもせずに、また誇らしげに、その道がいのちに至る道だと思い込んでいる。

その幻想は現実であるかのように思える。人生は時にそのように進む。正しく生きれば、ある程度の期間、たぶん長期間、人生は正しく進むかもしれない。忠実に什一献金をし、請求されたものを支払っても、お金は残る。神は善である。愛をもって子どもを訓練すれば、彼らは健全になっていく。神は善である。健康のために祈れば、どんな重篤な病気も人生を妨害しない。「統率された人生」は有効なのだ。祝福された人生はあなたのものだ。教会でそれを説教しなさい。良い生活が手に入るという福音を強調してセミナーを開きなさい。どんな試練もやがて祝福になると約束した本を書きなさい。このメッセージを公にしなさい。神は善き方である！ と。

多くの人々にとって、この幻想は木っ端みじんになった。人生はそのようにいかない。什一献金をしていても、失業する人はいる。良い親でも子どものことで悲嘆にくれるかもしれない。神は自分をいつも陽気で元気でいられるようにしてくださると信頼しているクリスチャンも、暗い夜に投げ込まれることがあるだろう。こうすればこうなるというお決まりの手順は信頼できない。自分なりの祝福を得ようと最大の努力を傾けても、期待した結果が出なかったクリスチャンは、「傷ついた人生」を歩んでいる自分に気づくだろう。この段階で「祝福された人生」は破綻する。

私たちは神とのかかわりを失っている。祈りは無意味に思える。怒りを感じ、挫折し、孤独で恐れている。人々に対して貧しいかかわりしかできていない自分だと分かっている。人々の問題には無関心で、相手が自分に対して無神経であることにいらいらし、他人から良い扱いを受ける資格があるのにと憤る自分であることが分かっている。自分の痛みを癒やし、人の注目を要求する空虚さを埋めること以上に必要なことがあるだろうかと思う。働きすぎ、不機嫌、強いられたミニストリー、少々の飲酒、離婚、間違っていると分かっていても適切だと感じている性的快楽――自分の魂をなだめるものは何でも正当化される。

「傷ついた人生」は、癒やしを要求することを納得がいくように正当化する。たぶん私たちは、「より良い」方法で癒やされることを求めている。その方法とは、時として個人的な幸福感の回復を最も重要な目的として、回復グループ、キリスト教カウンセリング、あるいは霊的修養、霊的訓練などを手立てとして用いる方法である。結局私たちは、回復された魂は、関係的に聖なる人生、つまりイエスのように人を愛する人生の副産物であるという考えを回避している。「傷ついた人生」は「癒やされた人生」を見つけるようにと駆り立てる。私たちは、痛みを麻痺させ、神に近づいたと感じさせ、そうして心安らかに生きていると感じさせるあらゆる方法によって人生を癒やそうとする。

癒やしのために必要な救済を求めることは、広い道、つまりいのちに至る霊的旅路と間違える道に、第二歩を進めることである。広い道を行く旅行者は、幸福や癒やしを喜ぶ一方で、聖霊の証印を受けた、愛する能力を喪失していることに気がつかない。信仰的だと見せかけた自己中心性の中にい続けて、クリスチャンの証印を失っていることをほとんど考えていない。

私は新たな確信をもって、二十五周年を迎えた『インサイドアウト』を神からの召命としてささげる。その召命とは、関係的聖化、狭き道につながるそれぞれの道を見つけること、「統制された人生」（「祝福された人生」こそ最大の価値があるとする）を捨てること、「傷ついた人生」を受け入れること、それも、「癒やされた人生」に平安を見つけるような痛みの除去を要求することなく受け入れること、こうした事柄への召命である。

本書は「形づくっていく人生」を始めるように私たちを招く。どんな状況に置かれても、魂がどんな状態にあっても、イエスのように生き愛するという「豊かな人生」の喜びをもたらす唯一の道を歩むように招いている。

本書のメッセージは徹底的である。それは、現代のクリスチャン文化が関係的聖化について生ぬるいからである。そのメッセージは複雑ではない。しかし、イエスが約束された豊かさをこの世の幸福の豊かさだと間違って信じている限り、心を惹《ひ》かないメッセージである。さらに、神は私たちを愛してくださっているのだから、人生にどんな苦難があろうと痛みを取り除いてもらえる保証があり、その資格もあるのだと自己中心的な仮定をもち続けるなら、このメッセージは受けとめられないであろう。

イエスが生きた時代の宗教的自己顕示者たちは、神の愛のストーリーを頑なに理解しようとしなかった。それは、その筋書きが自分たちの想像を超えていて、受け入れがたかったからである。イエスは彼らに言われた。「わたしが来たのは、羊たちがいのちを得るため、それも豊かに得るためです」（ヨハネ10・10）。また別の会話の中で、イエスの計画はご自分のいのちを**人々のために**与えることだけでなく、**人々に**与えることであると、明確にされた。イエスは豊かさに満ちた人生を生きられた――試練と悲しみに満ちた人生、困難と痛みに満ちた人生、拒絶と孤独に満ちた人生を生きられた。その人生は、神との豊かな交わりと、新しい天と地のさらなる善き日を待ち望む希望によってのみ耐え忍ぶことができたのである。私たちの多くが「豊かさ」と呼び、イエスから頂けるだろうと信じているものについて、イエスは関知されなかった。

しかし、イエスは喜びを知っておられた。その喜びとは、他者がどのように自分にかかわっているかにかかわらず、他者へのかかわりを通して神のみこころを示すことによって得られる喜びである。さらに、イエスは平安を知っておられた。待望するもいまだ得られていないものを嘆き痛むときでさえ人々を愛するときに、希望を私たちの魂につなぎ留める平安である。

これが本書の中心メッセージである。それを一つの文章で要約してみよう。イエスの他者中心の生き方、イエスの自己犠牲の死、イエスのいのちを与える復活のゆえに、イエスの「豊かな人生」を今、私たちは生きることができる。そのイエスの豊かさに満ちた生き方とは、イエスの他者中心であり自己犠牲的死であり、いのちを与える愛の力によって神と人々にかかわるあり方、そしてイエスがなされたように、父なる神の聖なる愛を示す聖霊の力によってかかわるあり方に集約できる。

このことを考えてみよう。天にある霊的祝福を受け、私たちは今、イエスのゆえに神を知り、私たちの内には神とイエスに一体である聖霊が内住してくださっている。霊的祝福のいくつかを、ここに示そう。

- 聖なる愛の共同体にある、神のご性質にあずかる。

• 神の愛の律動に合わせて、三位一体の各人格と霊的に交わる。
• 罪の赦しに始まる救いが、愛する自由として継続していき、御国の愛餐で最高潮に達する。
• 神が人にかかわるあり方で人々にかかわることで、神をほめたたえる特権と力を頂く。

以上が真の変化である。心の内側を奥深くから探り始めるならば、ゆっくりであるが深まりながらこの変化を経験することができる。出発点は、神が人に与えた「悲惨な存在」〔伝道者1・13、New Living Translation〔訳注・新改訳2017では「辛い仕事」〕〕を見いだすために心の内側を探ることにある。私たちは、神が心に据えられた充足されることのない熱望、すなわち御国に生きるまで完全に満たされることのない願望とともに毎日を生きている。私たちはもともと、完全な世界の完全な共同体の一部として、つまり完全に愛する人々として生きるように創造された。この待望された現実は、今の時点で存在しない。

この熱望に触れてみなさい。すると、あなたの魂に深い痛みを感じて苦悶するだろう。それから、神があなたに待つように、今は何も要求しないように、幸福も癒やしも求めないように命じるのを聞きなさい。もし幸福が来るなら、それを楽しみなさい。もし神が癒やしてくださるなら、感謝しなさい。しかしいずれにしても、待ちなさい。最もすばらしいものが来るのはまだこれからである。あなたの喜びの希望の基礎を、御国への待望に据えなさい。キリストがあなたを愛されたように人々を愛することによって神の聖なる性質にあずかれることを祝い喜びながら、現在の喜びを実感するのである。

ドストエフスキーの『カラマーゾフの兄弟』に登場する、老いた賢明な霊的指導者、ゾシマ長老は、地獄を「愛することができない苦しみ」と理解した。ということは、天国は「愛することができる喜び」である。現在与えられている御国の霊的祝福のゆえに、地上の幸福を楽しんでいようが地上の苦しみに耐えていようが、喜びで生き生きしていようが孤独の内に死んだようになっていようが、私たちは今、愛することができる。

心の内側を探ることは、満たされない熱望の執拗な痛みを探り、悟ることから始まり、私たちの失敗が罪を生み出している現実に直面しながら続いていく。私たちはイエスのように愛する能力をもっている。しかし、私たちは決してそうしないし、完全に愛することはない。そうしたい意思がどんなにあったとしても、イエスが地上で生きた三十三年間のあらゆるときに完全に示された三位一体の栄光ある関係性には、常に達しないのである。パウロは、人生の「原理」と呼べるものを見いだした――「善を行いたいと願っている、その私に悪が存在するという原理」(ローマ7・21)である。ローマ人への手紙8章で福音を喜びたたえているときでさえ、パウロは「子にしていただくこと、すなわち、私たちのからだが贖《あがな》われること」、苦しみと罪から永遠に解放されることを待ち望みながら、「心の中でうめいています」と続ける(23節)。

その時まで、完全に愛するという基準には日々達しない。心の内側を探り、かかわり方を通して神を示すよりも、むしろ自分自身をいかに巧妙に守ろうとしているかに気づくとき、私たちは砕かれることを知るのである。心の内側を探ることを通して謙遜になり、打ち砕かれる――その謙遜とは、自分はひどく傷ついているという偽りの砕かれ方ではなく、人との関係の中で自分がひどく罪を犯しているという真の砕かれ方である。

満たされない熱望が、永遠にキリストとともにありたいという渇望、今この時キリストのように人にかかわりたいという渇望に、神の御霊によって変えられるのと同じように、神の忠実な聖霊の優しい御手の中で、私たちは罪に気づき、砕かれ、十字架の前に膝をかがめる。十字架の下で、私たちはもはや哀れな失敗者である自分自身に目を向けるのでなく（まさしく失敗者であるのだが）、驚くべき恵みをもって私たちを圧倒する主に目を注ぐのである。愛の面前で不完全な自分であると分かるとき、罪に対して心が砕かれるとき、それは恵みを祝う礼拝へと奇跡的に変えられる。ゆっくりとであるが、それは起こるのである。

魂の錨を希望に下ろし、感謝が心にあふれるとき、私たちは愛する力を発見する。もはや私たちは、「祝福された人生」を標榜する「統率された人生」を頼らないですむ。もはや「傷ついた人生」を嘆き悲しみ、泣き言を正当化し、「癒やされた人生」の快適さを目標にしない。今や、私たちは「形づくられる人生」に参与していく。その人生で、私たちは心の内側を探り、神を渇望する充足されない願望や申し開きのできない失敗をこの上ない宝だと受けとめ、神の驚くべき恵みに感謝するのである。その時、私たちは目を開かれ、「豊かな人生」の喜びや、イエスが愛してくださったように人々を愛する喜びをもたらす狭き道を自分が歩んでいることに気づく。人々への愛は、日々少しずつ深まっていく。これが真の変化であり、神が私たち一人ひとりの内に生み出そうと意図しておられる変化なのである。その変化は、心の内側を深く探ることから始まっていく。

神が、再び私たちの目を上げるために記された二十五年前の未熟なことばを用いてくださるように。今、私たちの目がより高く向けられ、そしてますますはっきりと見ることができるように。視界が私たち自身の心の内側からさらに高みへと広がり、三位一体の神が最上の愛の物語を語っておられる様子を見ることができるように。私たちはその物語に加わるように、招かれているのだ。さらに、私たちの目が外に向けられ、イエスがもたらした「豊かな人生」を生きることで、私たちの心を愛で勝ち取った神を人々に示す機会が至るところにあることが分かるように。

これが福音である。これが神の良き知らせである。神の栄光と教会の再生のために、御国がこの世界に来るために、さらに、御国の完全な祝宴が永遠に続く日が来るまで御国の前味を人々が味わうために、あなたが心の内側の深いところから変えられて生きるのを、この本が助けることができるように。

二〇〇七年版の序文

一九九八年に、私はペンを取りこう記した。「現代のキリスト教は聖書の枠組みを劇的に反転させてしまい、堕落した世界で生きる痛みを癒やすと約束する。」これは、本書の初版の冒頭のことばである。私の重荷は真のキリスト教を取り戻すことだった。真のキリスト教においては、傷つくことは恐れることではなく、罪は私たちが考えている以上に大きく、避けがたい嘆きやどうすることもできない罪が背後にあっても、福音は御国の大いなる輝きで光を放つ。この重荷は今でも続いている。

人生に深い失望を覚えても、やがて来ようとしていることに希望を堅く置くクリスチャンは、本当にわずかである。自分の罪に徹底して向き合い、赦しが最も価値ある幸福であると知るクリスチャンはますますもって少ない。ほとんどのクリスチャンは、日々経験することよりもはるかに多くのことを自分たちが熱望していることを何となく感じているが、ある恐れを抑圧しているのだ。その恐れとは、だれも自分たちのことを深く知ることはないし、だれも友人になりたいとは思ってくれないという恐れである。これが、この本が人の心の琴線に触れた理由であろう。本書のメッセージはこうである。

御国に入るまで完全に充足されない、魂のいちばん奥底にある熱望を感じてほしい。**悲しみを恐れないでほしい**。心の中の隠された罪に向き合いなさい。すると、自分がいかに喜ばしくない存在かがはっきりする。**心砕かれることを恐れるな**。失望させられた熱望の痛みと、ひどい罪の意識を通して、神の恵みの福音を新たに考えてみなさい。そうして初めて、キリストがあなたの人生に深く入り、あなたを心の内側から深く変えてくださる。神の尽きることのない愛と、善き日が来るとの揺らぐことのない希望を、徐々に知ることができるようにしてくださる。

本書のメッセージは、何年か前よりも今日のほうが極めて重要である。これまでの私の著作の中で、この本に対する反響が最も大きかった。その中には、心の深い熱望や自己防衛的罪など忘れるべきで、聖書が言っていることならすべて行うように単純に人々に教えたほうがよいという意見も少しばかりあった。しかし、それは別の福音であって、クリスチャンの生き方を単に聖書と一致した事柄におとしめ、最も豊かなごちそう、つまり恵みを喜ぶことを奪う貧相な代替え品になる。

また、真の変化を生じさせるのに、時に必要なものとして心理療法をもっとはっきり擁護すべきだと意見する人々もいる。しかし、本当の変化を実現するために取り組まなければならない核心的な論点は、次の問いに集約されると私は信じている。

1　私の魂を満足させる力をもって愛してくれる人はいるのか。私の心の奥の本当の願いの対象は何か。

2　ありのままの私を愛してくれる人はいるのか。私の本当の姿は自己中心的であり、自己欺瞞的であり、自己義認的である。

変化の過程は、これらの問いに聖書的かつ丁寧に答えることを必要とする。もし心理療法がその役割を果たすならば、私はそれを支持する。しかしながら、百年間も、西洋人は平安や喜びは個人の健全さ次第であると考えてきた。むずかしい人間関係、とりわけ幼い時代の人間関係が、精神障害と呼ぶような心理的損傷の原因となると決め込んできた。御国の希望や罪の赦し、そして聖霊のみわざは霊的問題を扱うだけで、真の変化のためには、つまり自分がすっかり健全で健康であると感じるためには、専門家の助けが必要だとされる。人は心理療法で直してもらう必要があると考えるのだ。こうして、次のように人々を**診断**する。

- 長い付き合いの友人が、五年前の軽率な発言にずっと恨みを抱いていたことを認めた。彼女は、猜疑性パーソナリティ障害の初期症状を示しているかもしれない。
- 気質の問題は衝動の抑制の困難性を示しているかもしれない。たぶん、これは間欠性爆発性障害であろう。

- 十代後半の少女が、二年間付き合ったボーイフレンドから関係の終わりを告げられたのに、なおも彼のことを思っている。彼女は強迫性障害かもしれない。
- 中年の妻が、無関心な夫との結婚生活の痛みにこれ以上耐えられないと思った。そこで、飲酒や浪費といった彼女らしからぬ行動によって必死に関心を引こうとした。彼女は演技性パーソナリティ障害だと診断できそうだ。
- いく晩か眠れない夜が続いたら、それはうつ病の始まりかもしれない。

この線に沿って考えていけば、精神障害のための心理療法的治療が、唯一の治療となる。ちょうど、化学療法で病気の皮膚を焼いて取り除いた場合のみ、滑らかな皮膚ができてくるのと同じように。

しかし、この比較は有効ではない。精神医学の分類は、霊的な実が育つことを期待するならば、取り組むべき本当の問題から目をそらさせることになる。私たちは精神的障害を負っていない。私たちは、充足を経験するために手に入れるべきものについて、偽りを信じている罪人なのである。自分が設定した目標が妨げられると、人は怒る。目標が不確かになると、人は不安になる。自分の行動が目標到達に何の役にも立たないと分かると、自分は無能だと感じる。失望によって引き起こされた怒り、恐れ、自己嫌悪が、人生に対処しようとして経験する問題の心的基盤になるのである。

人々とその問題を聖書的枠組みで理解するならば、治すべき精神的障害はないと分かる。むしろ、不安にさせる心の実体があり、それに向き合うべきなのだ。何としても癒やしたいのに充足されない渇きと、自分では効果的だと考えている自己防衛的戦略の実体に、向き合うべきなのだ。これが、心を探ることによって明るみに出したいことである。痛みを感じ、罪に向き合うとき、キリストの福音をもっと豊かなものとして、その価値を知ることになる。キリストの福音が希望と赦しを与えてくれるからだ。さらにその過程で、私たちは豊かなごちそうを楽しむ祝宴の席に着くまで、向き合い続ける強さが与えられるのが分かる。

この本への最も多かった反響は、次のようなものである。ある読者の手紙を紹介しよう。

『インサイドアウト』を読んだことは、人生の中で最も痛みに満ちた経験でした。この本は、私がこれまで直面してこなかった渇きと、私の内に存在してきたことも分からなかった自己本位を明らかにしてくれました。しかし、痛みを感じるほどに、罪に直面するほどに、ますます恵みはかけがえのないものになっていきました。心の奥で、何かが変わったのです。私はもはや希望のなさや孤独を感じません。今は、こんなふうにできるとは知らなかった信頼の仕方で、キリストを信頼しています。キリストは私にとってますます現実のお方になっています。以前より自由を感じ、生き生きとし、防衛的でなくなり、以前にも増して御国の喜びを、要求するのでなく、わくわくして待ち望んでいます。神が与えてくださった希望と受容を他の人々にも与えたいと、ますます思うようになりました。

何百何千の人々の内に神への深い求めを起こさせるために、神は本書のメッセージを用いてくださったのだ。私は驚くとともに感謝している。しかし、ここ数年間、この本に何かが欠けていると強く感じるようになり、記しておけばよかったと思っていることがある。ある読者が、それをこのように書いてきてくれた。

『インサイドアウト』を読んだとき、私は大いに助けられました。しかし、最後の章を読み終えたとき、この本はこれで終わってはいけないと思ったのです。もう一つ続きの章があればよいと思いました。その章が何について書いてあるとよいのか、自分でもはっきりとはわからないのですが、それは喜びかもしれません。自分の心の内側を探るとき、失望させられた熱望と、自己防衛的動機以外のものはないのでしょうか。贖われた心の中の、すべての痛みと罪の下には、何かがあるのでしょうか。その何かが解放され、表出したら、新しい希望を生むのでしょうか。単なる思いつきですが。

それは良い考えだと思った。これまでも述べてきたが、心の内側の深いところからの変化とは、忍耐しながら善き日を待望するむなしい罪人を、単に以前よりはまともにし、また以前よりは罪を犯さなくなるように努める、そうした状態に導くだけなのかと。あるいは、ことばでは言い表せないほどの喜びへと導くのか。失望のひどい経験や自己本位な自分を認めることが、**喜びにあふれた**感謝と希望を生み出すのか、それとも、そこには及ばないのか。

こうした問いが私の内に起こってきて、出版してから十年後に初版を読み返してみた。そこで、この序文だけでなく、「悪しきものの下にある『善きもの』」と題した新しい章を加えた。[1]『インサイドアウト』をすでに読まれた五十万近い人々に、もう一度この本を、新しい章も含めて読んでいただき、真の変化に至る旅路が継続し、さらに深まるようにと願っている。初めて本書を読む読者には、聖霊が内住しておられるあなたの心の隠されたところから、真実の喜びが泉のようにあふれるように、あたかも温かい水を底からくみ出し、氷の固い表層を溶かし、花々を咲き誇らせる泉のようにあふれることを願っている。心の内側を探ることで、喜びにあふれた成熟へと導かれるように祈る。

喜びがある。希望がある。愛がある。キリストとの関係には想像を超えるものがある。歩み続けよう。キリストはまもなく来られる。その時まで、もし自ら心の内側の深いところから探り始めるならば、真の変化、喜びにあふれた変化が可能であることを覚えてほしい。

謝　辞

この本は、締め切りに追われながら書いた初めての本である。多くの人々の助けがなかったら書き終えることはできなかっただろう。

妻と私は、義妹のアンとその夫ジョン・マーティンと、ニューヨークにある彼らのすてきな湖畔の家で一週間を過ごした。彼らは、夜の半ばまで執筆して昼近くまで寝ている非社交的な客に、慈悲深くも忍耐してくれた。また締め切りが近いとき、特別の友人であるマイクとベッキー・グリルのところに二、三日行くことになった。私はゴルフを二ラウンド回ったが、ほとんどの時間を執筆に費やした。その間、マイクは決して文句を言わずに婦人たちを観光に連れていってくれた。この二組の夫婦に感謝している。

ダン・アレンダー博士は最も親しい信頼できる同僚である。私がこの本の草稿の長い部分を大きな声で読んでいる間（なぐり書きの私の原稿を判読できないために）、黙って座って聞いてくれた。そして、非常に貴重なフィードバックを与えてくれた。私の人生や聖書のみことば、変化の過程、その他の広範囲の論題をめぐって、計り知れないほどの時間をかけてダンとやり取りした結果、私の思索は深められた。

私の父は、この本は今日の世界に必要とされていると強く励ましてくれた。人は年を重ねると、現実的に自分の人生に向き合いつつ、なおもキリストに熱烈にしがみつくことは、ほとんどなくなる。たいていは現実的で幻滅しているか、または信仰をもっているが防御的であるかのいずれかだ。父は人生に正直であり、信仰において豊かな人である。私は父が語るとき、耳を傾ける。

パティ・ワーウィックは、黄色の紙に緑のインクで書かれた私の原稿をすべてタイプしてくれた。彼女のよく訓練された眼だけが判読できる原稿である。彼女はいつも快活で、締め切りの圧力を私とともに感じながら、一生懸命働いてくれた。彼女の助けにたいへん感謝している。

トレーシー・ミュリンズは編集に尽力してくれた。彼女に心からの感謝と敬意をささげたい。私が渡した粗原稿を、彼女が現在の形に仕上げてくれた。むずかしい点について、知恵と誠実さをもって私にチャレンジし、共感をもっていつも励ましてくれた。資料に対する真摯さと、編集者としての類まれな才能をもつ彼女は、この本の出版に欠くことのできない同僚であった。

私の妻レイチェルは、没頭している夫に文句も言わず忍耐してくれた。それにもまさって彼女は、信仰深い女性が夫を助ける存在であるように、私のためにいつも心を尽くしてくれた。書くというプレッシャーの中で、私たちは互いに深くかかわり合える力を豊かに働かせることができた。

ほかにも多くの方々に感謝を申し上げたい。励ましと気づきを与えてくれたグレース神学校の同僚たち、支援と刺激を与えてくれた出版社のスタッフたち、その人生を私と分かち合ってくれたカウンセリング課程の学生たちに感謝したい。

この本が、真に変化する意味をより深く理解するのを助け、ますます私たちが主に似る者となるよう祈る。神を理解することほど重要なことはない。願わくは、神との関係が深められていきますように。

はじめに――現代キリスト教の間違った希望

現代のキリスト教は聖書の枠組みを劇的に反転させてしまい、堕落した世界で生きる痛みを癒やすと約束する。そのメッセージが、良しとする規則に従って生きることを要求する根本主義者からのものであろうが、聖霊の力により頼むことを主張するカリスマ派からのものであろうが、その内容はほとんど同じである。すなわち、祝福の約束は**今この時**のためにあるというのだ。完全な充足は、御国に至る前のこの世にあって手中にできるという。

ある人々は、交わりと従順の喜びについて語る。またある人々は、彼らの価値観についての深い知識を語る。用いられることばは聖書的であるかもしれないし、現行の心理学の影響を反映させているものもあるだろう。いずれにしても、クリスチャンの生き方のポイントはシフトした。つまり、キリストが再臨されるまでキリストを知りキリストに仕えることから、私たちの魂の痛みをなだめることに、あるいは少なくても無視することに、シフトしたのだ。

時にこのメッセージははっきりしていて、ほとんどこのように言う。家族の緊張状態や恐ろしい出来事、あるいは落胆させる知らせがあっても、それらの衝撃を感じる必要はない、と。表現できないほどの喜びが苦しいときに人を**支える**というより、むしろその喜びが、プレッシャーや不安、痛みを**取り除く**のに有効であるというのだ。人生には心のざわつくことがあるだろうが、**キリストの臨在と祝福の現実が私たちの魂を沸き立たせるので、痛みは実際には感じない。心の葛藤や障害と闘う必要はないという。**ともかく信頼せよ、委ねよ、従え、というのがそのメッセージの内容である。

このような教えの結果、不完全で邪悪な世界の一部として生きることの痛みは鈍くされる。私たちは御国に入るまで経験できないことを、今感じているかのようなふりをするのである。

しかし、私たちみながこのゲームが得意なわけではない。そのようなふりを続けられない誠実な人々は、きっと信仰が欠如しているのだと悩むのである。「なぜ、他の人々のように幸福で心が安定していないのか。私の霊的生活が何か間違っているに違いない。」さらに悪いことに、こうした誠実な人々は、霊的に成熟していないと思われてしまう。彼らの人生は、否認がうまい人々ほど人の心を惹きつけない。さらに、自分たちは損なわれていないというのは幻想なのに、教会は、そうした幻想をもつ人々をクリスチャンの模範として担ぎ上げ、称賛する。

どんな人の人生にも、とりわけ成熟した人の人生には、過ぎ去ることのない痛みがある。痛みは活動に熱中することで無視され、隠され、偽装され、あるいは埋もれていく。しかし、痛みが消えることはない――それは善き理由のゆえに。なぜなら、私たちはこの世界よりさらに善き世界を喜ぶために造られたからである。その善き世界が来るまで、得ていないものを求めて苦悶するのである。**痛みうずく魂は、神経症や霊的未熟の証拠ではなく、現実に生きていることの証拠である。**

しかしながら、現代のキリスト教は、まさにこの苦悶から私たちを逃れさせようとしている。健康と富の福音は、苦難を忍耐するという召命を無視することで、救済への正当な熱望をもつ人々の心に訴える。信仰は、どんな状況にもかかわらず足ることを学ぶためにあるのではなく、より快適な人生を送るために今ある状況を再整備する手段になっている。

伝統的な立場に立つ説教者たちが、富の福音を声高に言う誘惑にかられることはほとんどない。しかし、苦悶から解放されたいという、あの同じ願望になおも訴えている。彼らは言う。もっと知れば、もっと献身すれば、もっとささげれば、もっと祈るならば――弟子訓練の組み合わせであるが――切実な現実と葛藤する必要がなくなるのだと。

霊的な訓練は誤用されうる。自分の魂が神のご臨在を感じるように霊的訓練を用いたとしても、キリストのいのちが私たちの魂から他の人々の魂へ流れ出るようにと祈ることができないならば、訓練全体の価値は失われる。

魂の痛みから逃れることはできない。できるのは否定することだけである。完全な世界でイエスとともにいることができるという約束は、クリスチャンの唯一の、完全な救いへの希望である。そ

の時まで、私たちは苦悶するか、苦悶していないふりをするかのどちらかだ。

人生の表立ったところで厳格に生きるか、あるいは多情多感になって心を消耗させ悩みなどないふりをするか、いずれにしても、見せかけは広く浸透していて、教会のトラウマであり続けた。世の塩や光であるよりも、神学的には多面的な無力のパリサイ人という共同体になってしまい、社会に浸透することはほとんどない。というのも、私たちが人生の経験に正直に取り組むことを拒絶しているからである。

正統性をしきりに主張する背後には、キリストへの確信を弱めさせる精神的臆病さがある。私たちは、キリストが罪を赦し、たしなみのある共同体として私たちが規則を守るようにしてくださると信頼している。しかし、キリストは物事をありのままに扱ってくださるのに十分なお方だと信じているのか。良い両親のもとで反逆する子どもが育ったり、問題のある両親から後に熱心な宣教師となる子どもが生まれたり、そんな世界の混乱した現実に、私たちはどのように直面するのか。私たちは、心をかき乱す人生の事実に飛び込んでいくことができるのか。詩篇73篇の詩人のように、神への確信を新たにし、神を心から渇望して立ち上がることができるのか。私たちの魂の隠れた内部の実体はむなしさであって、神の臨在を夢中になって知りたい願望ではない。また率直に心を探るならば、自己に仕える動機が気高い行為さえ汚しているのが分かる。私たちは、そうした魂の実体に向き合っていくことができるのか。キリストは心の混乱を扱ってくださるのか。それとも、以上のようなことはすべて見過ごし、ただクリスチャン的人生を送ったほうがよいのか。

人生とは本当にどのようなものなのかを深く思い巡らすならば、魂の内側にも、また外側のこの世界においても、静かな恐怖が私たちに迫ってくる。もし、そこにあるすべてに直面したら、どうすることもできないと不安になる。そうした時、否定に逃げ込むのは卑劣なこととは思えない。逃避は必要であり、賢明にも思える。さあ、そのまま進め、しっかり行動せよ、自分自身をあわれむのはもうやめろ、改めて神に信頼せよ、もっと打ち込んで従順になれと、自分に言い聞かせる。あなたが直観的に感じるほど物事は悪いものではない。単に事態を把握できなかっただけだ。時間をかけてみことばを学び、道徳的な努力を重ねて、将来の見通しを回復しなければならないと私たちは教えられる。

状況をよくするために何をすべきか知るということは、おそろしいほど人の心を惹きつける。もし、何か特定の改善できることに関して（ディボーションに十分な時間をかけていないといったこと）、なぜ嫌な感情になるのか説明できるなら、それについて何かをすることができる。私たちはそういうことを好むものだ。自分の支配の下にありながら解決がない問題を見つめることほど恐ろしいことはない。おそらく、他者を信頼することは、クリスチャンの人生で最も困難な要求であろう。私たちは依存的になることを嫌う。なぜなら、だれのことも完全に信頼することはなかったからだ。私たちはよく分かっている。これまで私たちが信頼してきただれもが、何らかのかたちで私たちを失望させてきた。私たちはこう結論する。完全に信頼することは自殺行為だと。

私たち堕落した人間は、自分で自分の人生の指揮をとってきた。そして、何よりもまず、その指揮をとるのに自分は適切であると証明しようと決意する。さらに、自分の車の保険を払い始めるまで自分は金持ちだと感じてきた十代のように、自分の魂の現実に直面するまで、人生をどうにかできる能力が自分にはあると自信をもち続ける。私たちが謙遜になるのは、(1)心の深くにある渇望を充足するために他のだれかを全く頼らざるを得ないこと、(2)自己中心ゆえに、自分の行うことすべてが――変わりたい努力でさえ――汚れているという堕落の深さ、これらを自覚したときである。心の内にある本当のことに現実的に直面するならば、経験したくない無力さに触れることになる。

優しく思慮深い夫に対して、慕う気持ちが全くないと自分でも気づいた一人の女性がいた。牧師のアドバイスにより従順な思いで夫に積極的にかかわり、夫に対する温かさを取り戻せるように祈った。心が再びときめくと信じたかった。しかし、それは起こらなかった。それから、彼女は自分の感情は重要ではないと自分自身に言い聞かせた。従うことがすべてだと。しかし、自分によくしてくれる夫に愛情をもてないことに彼女は深く困惑した。自分の心の内実を変えるためにどうしたらよいのか全く分からなかった。彼女は希望を見いだせなかった。

心の内側を理解することで、自分が願う変化のために自分以外の手段に全く頼らざるを得ないことを自覚するならば、つまり、自分の存在の核心に無力さが本当にあるならば、表面的に生きるほうがはるかに楽である。心の中にあるすべてのことを自分が扱えないと認めることは、自己充足に致命的打撃を与える。自分の魂の中にある恐ろしい現実を否定することは、息をするのと同じくらい人生に必要なことに思える。

感情に訴えて高揚させる礼拝、熱心な宣教の行動主義、よく構成されている回復グループ、真の共同体から抜けて専門のカウンセラーに相談すること、これらは、恐怖である現実を自分自身にも他の人々にもあらわにすることなく安全圏に置くが、私たちの関係は浅薄で表面的なままである。

こうした状況は全く理解できるものである。私たちは傷つくことを嫌悪する。さらに、堕落した私たちにとって、自分で満たすことのできない空虚さに向き合うことほど痛みとなることはない。否定すればその痛みから逃れられるのに、その痛みに直面することは愚かに見える。罪に歪められた性質のため、喜びに至る道には常に最悪の苦しみが伴うことは想像できるが、理解することができない。そのために、私たちは反抗する。私たちは痛むために造られたのではない。神が私たちの内に据えられた、身体的また人格的に感じる能力は、健康な身体や親しい関係のような喜びを与えるために計画されたものだ。そうした能力が喜びを与えないとき、つまり、緊張で頭がどうにかなりそうなときや、拒否されて心が壊れてしまうとき、私たちは救済を求める。私たちが喜ぶように計画されたものを経験できるようにと、心から熱望する。

苦悶のさなかに、救済は来ないかもしれないという考えは耐えがたいものだ。恐ろしいことである。娘の堕胎や妻の冷淡さで引き起こされた魂の痛みを抱えて、どう生きていったらよいのか。自分の正しさを主張し、機会があればいつも意地の悪い態度をとる夫とどのように一緒に人生を過ごしたらよいのか。外見を損なう病気、年老いた親を世話していて苦痛を感じたことへの罪悪感、未来の計画を常にくじく収入の少なさ、これらにどう対処したらよいのか。

そのような心の動揺の中に、現代キリスト教の、痛みをなだめるメッセージが入り込んでくる。つまり、**救済はあなたの手にある！**　あなたの信仰が十分成長したときにあなたの状況をかき乱す要素が収まるか、あるいは、苦しみが魂の充足に置き換わるような霊的経験のレベルに到達するかである。どのみち満足は手に入る、今がその時だ、と言うのだ。

現代キリスト教は言う。私たちが熱望する救済を、私たちは自らの力で実現できると。もっと信仰があれば約束はかなうと私たちは主張**できる**。罪を自分たちで扱えるカテゴリーに分け、細心の注意を払って罪を避けることが私たちは**できる**。それによって、求める祝福が保証される。新しい黙想の仕方を実践することが私たちには**できる**。教会の活動や聖書研究にもっとかかわることが私たちには**できる**。そのメッセージはこう言う。**できることをするならば、それによって、現実に深く心に感じている痛みや葛藤を取り除く霊的段階にまで私たちは成長するのであると。**

そのメッセージのアピール力には目をみはるものがある。魂が渇くとき、私たちは自分自身の水溜めを掘ろうとする。クリスチャンのリーダーたちはシャベルを渡し、掘るべき地点を教える。そして私たちはそこに向かう。弟子訓練プログラム、証しという戦略、聖句暗唱システム、新しい形の共同体、より深い聖霊体験、新たな取り組み等々、リストは続く。良い行いをする。しかし、その行いを追い求めるエネルギーは、すべての渇きを終わらせる水源を自分が見つけるのだという期待にある。もはや葛藤も失望も、心の痛みもない。御国は今ここにあると言う。

当然、だれもがこの神学を教えているわけではないが、多くの人々はそう教えている。さらに多くの人々が、自分自身の現在の葛藤を正直に打ち明けることをせず、他の人々の苦闘を現実のものとして取り組むことなく、この神学の希望を伝えている。即座に答えの見つからない問題から逃げることは誘惑である。従うことがむずかしくなってくる人生のごたごたにかかわるよりも、「カウンセリング以上に従うことが必要なのだ」と説教するほうがはるかに易しい。人生の複雑さから自分自身を救出した結果は、人生にありのままに向き合うことができていない単純化した説教である。そのような説教は、真理をもって人生に介入するのでなく、物事は現実の姿よりましであるとか、良くなる可能性があると言って、見せかけという陰謀をキリストの来臨まで続けていくことになる。私たちは、覚悟せずに人生を送ることになり、ますます否定していく。

深く染み込んだ自立への熱情——アダムから受け継いだ遺産である——と、神によって自分の心に据えられた完全な関係の喜びという正当な渇望のゆえに、御国にある喜びが今や請求次第、手中にできるという希望に、私たちは熱心に反応してしまう。十代の子どもが反抗するとき、傷ついた親は、このひどい心痛を幸福な確信に取って替える方法があると信じたいのである。独身でいることが、奉仕の機会が広がるというよりも独房にいるように思えるとき、即座に、孤独が喪失を一切感じることのない満足に変わるならば、それはすばらしいことに違いない。

　これらの願望は理解できるが、おそらく手の届かないところにある。人生の嵐を切り抜けさせ、嵐を通して成長させる錨は、キリストの十字架によって起きたことへの心からの感謝と、キリストの来臨のときに起こることへの心からの確信にある。**現在に**確信をもって揺るがないでいること（人の本質を弱めさせる否定のメカニズムを必要としない揺るぎなさ）の唯一の根拠は、**過去**への感謝と**未来**への希望なのではないだろうか。過去を振り返り未来を望み見ることにおいてのみ、みことばと聖霊によってキリストの臨在を喜ぶことができるのである。

　しかしこのような話は、すぐに手に入ることのない、絵に描いた餅のような慰めであって、絶望的に思える。私たちは**今すぐ**欲しいのである。今、手中にすることができ、すばらしく、実体のあるものが欲しいのである。しかし、私たちはその偽物だけしか見いだせない。「失望は**今すぐ**回復される」と約束するキリスト教と結びついた人生に激しく失望し、信仰の土台が劇的に変わるまで、偽物は続いていく。忠実に待望する人々を除いては、もはや、釘を打たれ苦悶したキリストの来臨に断固として委ねることはしない。私たちの希望は、傷ついた神の子どもたちが要求する救済を、すぐに与えて満足させる「応じてくれるキリスト」に切り替わった。

　しかし、そのような希望は偽りである。それは人の心を惹きつけるが、キリストの福音をグロテスクに歪めている。それはまた、何百何千という求める人々を、否認と捏造《ねつぞう》された喜びという無力な人生か、幻滅と嫌悪感を抱かせてキリスト教から離反させるかのいずれかに導く偽りである。さらに、今変化することが可能であるのに、人格の深い変化への道を阻む偽りでもある。クリスチャンとして生きる意味を深く知ることが**できる**。私たちは、よりいっそう味わいたいと願いつつキリストの善を味わうことが**できる**。しかし、御国が来るまでに嘆きが終息するよう要求するのであれば、今可能なすべてのことから遠ざかる。

神は私たちが真に気高い人々、すなわち、神がどのようなお方なのか確固たる確信をもち、その確信によって人生のあらゆる局面に直面する備えをし、なお忠実な人々になることを欲しておられる。見せかけの霊性は全く霊性とは言えない。神は私たちが、勇敢な人、すなわち、堕落した人類の一部として生きるうえで直面する恐怖にしっかり向き合って悩み、どんな苦しみも正直に探り、悟ったことに圧倒されながらもなお生きようとする人、おびえ、困惑しているが深く愛することができる人、そうした人になることを求めておられる。人生とは根本的に失望するものだという事実に直面したとき、そこに立ちおおせる唯一の道は、愛することを学ぶことなのである。そして、**今すぐ**自分の満足を得ようと心身を使い果たさなくなった人だけが、愛することができる。完全な喜びを求める熱望を、深く信頼してきた神に委ねるときだけに、絶え間なく起こる痛みにもかかわらず、自由となって他の人々のために生きることができる。

この本は、癒やしという救済のために書かれたものではない。変化について書かれた。そのメッセージは「今、気持ちが楽になる方法はこれだ」というものではない。むしろ、人格の変容のための道筋を扱っている。

教会の核心たる目的は、信徒の霊的な形成である。それは、御父のみこころを考え巡らし、聖霊のいのちを自分の魂から他の人々に注ぎ出し、そしてキリストのミッションを世界に前進させる「小さなキリスト」を生み出すためになされる。

その道筋には、そこに入る狭き門から見ることができない、驚くほど紆余曲折した道が待っている。しばらく旅路を行くと（どれほどの時間がかかるかはだれも分からない。ただ、すぐに痛みを取り去ることに懸命である人々には耐えられないほどの時間である）、予想もしていなかったすばらしいことが起こるのである。かすかにその人の本質が変えられている。魂は、**生きている**ことの意味に触れ、まだ実現されていないが来《きた》るべき喜びへと覚醒する。生きていることの意味に触れた経験は、私たちへのキリストの深いかかわりの見事さを映し出しているので、自分の価値に関する自己満足的なプライドはもはや問題にならない。

私たち自身の魂の堕落した実体が明るみに出されるほど、痛みは続き、強められさえする。今の時の苦難は、将来の栄光に比べれば取るに足らないとの教えが意味をなしていく。

私は、キリストにある深いいのちと喜びに至る道からそれほど遠く外れているとは思わないが、その道の途上にあると思う。私とともに、この人生で何を得ることができるのか考えてほしい。つまり、今、神をこの上なく喜び、後の御国の祝宴をひたすら待ちわびる人格に変化することについて考えてほしい。

神をもっと豊かに喜ぶことができる心の変化は可能であるが、それには手術が必要である。私たちが神を喜ぶのを妨げる病は、正しいことをする努力を重ねていればそれで十分だとする境界を越えて広がっている。さらに、ナイフが私たちの魂を刺し貫くとき、麻酔薬はない。

しかし、このような変化――心の内側から深く変化すること――は痛む価値のあるものである。クリスチャンの人生というものが可能になる。私たちは自由にされて、不平を言うことなく苦悶し、むなしさを抱えていても他の人々を愛し、そうして心底願う完全なる充足を待望するようになる。

第1部

人生の表面下にあるもの

「私の心の中を見ないで——
そこにあるものが良いと思えるのか分からないから。」

第1章　心の内側を洞察する

この本は、真に変わるにはどうしたらよいか理解したい人のために書かれた。この本を著しながら最初に心に思い浮かぶのは、**聖書が命じることを一生懸命しようとするのだが、挫折感を感じている人々**である。すべきことはしている、もちろん完全にではないが誠実に。しかし、心の中は違っている。喜びというよりプレッシャーを感じている。神は、あなたが望むようには、あなた自身や状況を変えてくださらない。神は祈りを聞いてくださっているのだろうか、私の葛藤を気にかけておられないのではないかと、あなたはいぶかしく思っている。

お金や子どもの心配が頭をもたげ、友人や配偶者に傷つけられたことを思い出し、明日起こるかもしれない問題を恐れ、夜も眠れなくなる。一晩中、涙にくれる。が、聖書は言う。「朝明けには喜びの叫びがある」（詩篇30・5）。しかし、夜が明けても平安は訪れない。ますます心は押しつぶされそうになる。緑の牧場《まきば》と汀《みぎわ》を見つけるために、ほかに何をすべきか見当もつかない。こつこつやっていくしかないのだが、気の重くなる心の重荷を背負いながらである。

私のメッセージはこうだ。**希望はある！**　しかし、そのためにさらに努力せよとは言わない。もちろん、これまでのように神に従うことは必要である。しかし、神が現実にかかわってくださるために試練を求めるのは違う。魂のプレッシャーと攪乱《かくらん》から解放され、静かな休息が訪れることは可能である。しかし平安を得るためには、困難な状況のときに正直に自分を見つめることが必要なのだ。ひどく苦労するほうが、心の内側の困難なことに直面するよりたやすいように思える。しかし、心の内側を探ることは真の変化、心の奥底からの変化へと導くのである。

第二に私が思い描く人々は、**よく物事をこなし、たいていは満足と幸福感を感じている人々**である。心から主を愛している。神は困難なときもともにおられ、真実であると証ししてきた。時間をかけて神のことばを思い巡らすことは、豊かな経験である。人生で祈りは単なる儀式以上のものである。教会が大事である。良き友人や家族に恵まれている。仕事に満足し、余暇も楽しんでいる。人生に不安がないわけではない。しかし、確信をもって人生を突き進む力を神は与えてくださっている。神の恵みによって、人生は善きものである。

しかし、あなたに伝えたいメッセージはこうだ。**人生はそれ以上のものである！**　感謝をもって神の祝福を楽しみ、神があなたの内に培われた信仰の成熟を大切にして生きなさい。しかし、そこに安住してはならない。快適さを自己満足にすり替えたり、独りよがりになって満足してはならない。神を知るということは、最も成熟したクリスチャンがこれまでに想像してきた以上に深いものだ。神をさらによく知るために必要とあれば、安定した人生が崩されることも受け入れなさい。魂の平安が奪われるときこそ生まれる熱情を、惜しまずに注いで戦うのが良い戦いなのである。神は、良き弟子たちが、力強く愛するしもべへと変わることを願っておられた。それも、彼らとかかわった人々が忘れることができないほどの愛のしもべである。しかし、私たちが内側から徹底して変わるために神が用いる方法は、私たちを動揺させるものである。苦闘のもつ新しい意味に心を開きなさい。

第三に私が考えるのは**頑なな人々**である。何事も思うようにいかなかったので、教えられてきた神の約束は、実現しなかったように思っている。少なくとも**自分の**人生では。自分はいつも違っていると感じてきた。きょうだいたちのようにうまくできなかった。教会のユースリーダーたちが、「今年の最優秀生徒」として自分を候補に挙げてくれることは決してなかった。両親も、他の子どもの模範となるように自分を育ててくれなかった。

十代（この年代の読者もいるだろう）の頃は荒れていた。あなたは、（親が想像する以上に）飲酒や薬物に、さらに道徳的な境界を超えた性的行為にふけったこともあった。自分は変わると神にした約束は、ユースキャンプが終わってから一週間は続いたが、結局は自分に落胆した。それでも、教会に出席する。たぶん、他の人々はあなたが普通の良いクリスチャンであると認める。つまり、あなたはゲームのやり方を知っている。しかし心の内側では、怒り、冷淡であり、おびえているのだ。なぜ再び神を試そうとするのか。前にもそれはうまくいかなかったのに。

あなたへのメッセージはこうである。**ここにいのちがある！**　型どおりの方法ではうまくいかない。そのことをあなたも分かっている。毎日聖書を読んだり霊的なことを書き綴ったり、そうしたことに懸命になるのは、深刻でないときには効果があるだろう。しかし、あなたには有効ではない。良い友達をつくろうとか、もっと教会で過ごそうといった決意は、いのちに至る道ではない。これまでそれらを試みたのである。そこにいのちはなく、あなたは世的な楽しみで一時の癒やしを得ながら、自分を偽り続けているだけなのかもしれない。

もし、隠された個人的問題に正直になり、無関心と困難のもとにあった人生に向き合うならば、豊かな人生について人と語り合うとき、それはいらいらさせるような美辞麗句以上のものになる。つまり、自分の人生に向き合いながら、喜びと落ち着いた健全さをもたらしてくれる人々と関係を築いていくことは可能である。しかしそれは、簡単なことでも、突然起こることでもない。登り坂が続く道である。しかし、あなたは内側から徹底して変わることができる。

第四に、**リーダーシップの立場にいる人々**のことを考える。成熟したクリスチャンとして模範とならなければならないプレッシャーで、リーダーたちは挫折するか、尊大になるかである。周りの人々があなたを、あなた自身が思っている以上に立派だと思っているのをあなたは知っている。そのようなイメージを保つのは難しい。だが、人々を励まさなければならない、神に人生を明け渡すときに神が何をしてくださるのか証ししなければならないというプレッシャーで、本当の葛藤を隠してしまう。

何年も努力を続けて、自分が成長してきたことを感謝する人々もいる。しかし、あなたは分かっている。感謝することと尊大になることとの間の境界線は非常に曖昧であることを。疲れ、燃え尽き、だれとも分かち合わないですむ誘惑と闘いながら、孤独を感じ、疲れているかもしれない。

私からのメッセージはこうである。**愛がある！**　教会は、誠実で純粋に喜んで人々の人生にかかわり、自分の愛に偽りはないと確信するリーダーを必要としている。他者を援助するために、躊躇せず自分を深く探れるリーダーである。リーダーシップというものから生じる人々との途方もない距離感は、埋めることができる。時に魂を引き裂くような葛藤にも向き合える。傷つきやすさ、謙遜さ、親しみ、力強さは、リーダーとしてのプレッシャーで弱められてしまうが、それらは成長させることができる。私たちの主が実際に示し教えた、愛をもって仕えるしもべの模範に従うことができる。しかし、期待と責任という水面の上に頭を上げ続けるより、もっとそれ以上のことが求められる。つまり、これまでの自分の人生に時間をかけて向き合うことである。できれば信頼できる友人がともにいるのがよい。ミニストリーにかける熱狂を減速し、要求されるリーダーシップの下に隠れている内面の問題を明らかにするのである。そうして、内側から徹底して変わって初めて人々に影響を与えることを喜ぶことができる。

あなたは、ここに挙げたような人々のタイプに当てはまらないかもしれない。しかし神のかたちを帯びている。神に似せて造られたのである。キリスト教のメッセージはこうである。「あなたは、人生のすべての部分に影響を及ぼすキリストとの関係をもつことができる。キリストとの関係は、キリストが、こうなるようにと願って救ってくださったその人格にあなたを近づける」。真の変化は可能である！

ここに希望がある。いや、それ以上のことがある。いのちと愛がある。すべての良きものは、神を知ることからくる。神は聖書の中で語られる。私たちは、聖書を通して神を最もよく知り、最もはっきりと神の声を聞く。聖書を聖書として読もう。すなわち、あなたに宛てられた六十六の愛の手紙として読んでみよう。

辛抱強くこの本を読んでほしい。私が言わんとしていることのいくつかは明確でないかもしれない。読者であるあなたより、他の人々に関連すると思えるかもしれない。しかし、読み続けてほしい。私たちは何者であるのか、私たちの葛藤は何であるのか、その真実に至るとき、私たちはみな極めて同じだと分かる。すなわち、真実で、充足した、幸福な人生を人は熱望している。さらに、人はみな、そのような人生を実現できると考えている。

私たちの主は、いのちを与えるために来られた。今、主のいのちを頂くことができる。やがて完全ないのちを喜ぶ日が来ることを待ち望む。主が私たちにいのちをお与えになる時と、主のいのちによってすべての喜びがもたらされる時の間で、主は私たちを変えようとされる。つまり、主をますます心から深く喜ぶ者へ、そして人々に対して主を指し示す者へと変えようとされる。そのような変化のために必要な手術は、常に痛みを伴う。しかし神は、私たちの人格に深く徹底した変化をもたらし、私たちの人生への向き合い方を立て直そうとされる。この本は、そのような変化、つまり心の内側から徹底して変わることについて述べている。

変化とは何を意味するのか

私の良き友人の一人が最近、私のオフィスに来て心に浮かぶことをありのままに話し始めた。話題は、彼の結婚（数々の失望があった）から将来のミニストリーの計画や、主とともに歩むことの意味にまで及んだ。会話が進むにつれ、彼は考え込んでしまう様子だった。ふさいだ感じではないが、静かに深く思索する感じだった。

友人は、私からすると、献身したクリスチャンである。有能なカウンセラーであり、並外れた明晰な考えをする人物である。彼の人生にはいくつかの試練はあったが、たいていの中年男性が経験するようなことだった。彼の友人たちによれば、親しみやすく、よく働き、忠実で誠実な人物である。生来、冗談好きなところもあると見る者もいる。だれもが、彼は堅実で状況に適応できるクリスチャンだと認めている。

一時間ほど人生を振り返りながらとりとめもなく話したあと、彼の思索的な雰囲気が、深い悲しみと、ほとんど絶望的で孤独な感じに変わっていった。だれに言うでもなく、彼は静かにこう言った。「十分間でも本当の幸福を感じるというのはどういうことなんだろう。」

彼のことばに私は衝撃を受けた。私はいったい、十分間でも幸福であるというのがどういうものか知っていただろうか。ほとんどの人は、ほどよく幸せでいるように見える。しかし、本当に幸せを感じているのだろうか。むなしさや悲しみのかけらもなく、完全な幸福を感じているのだろうか。たぶん、その質問は間違っている。クリスチャンならこのように問うだろう。「常に従順でいるとはどういうことなのか。」そして、自分の感情に不安は感じない。しかしそれならば、ペテロはことばで表せないほどの喜びについて語るとき、何に言及しているのか（Ⅰペテロ1・8参照）。

成熟したクリスチャンの内面とはどのようなものなのだろうか。どのような感情をもつのか。正しいことをしたいという願いは確固としているのか。あるいは、間違ったことをしようとする衝動と正しいことをするという誓いの間で猛々しく闘っているのか。

成熟とは幸福を感じることなのか、あるいは、深い孤独や葛藤があるのだろうか。動機が徹底して変えられ、神のみこころを行うことが喜びであると自覚されているのだろうか。それとも、内的な堕落の痕跡は残ったままなのだろうか。聖化を求めることで幸福感が増していくのか。より強く成長していくならば、自分は以前より強いと**感じる**のか、それとも弱くなったと感じるのか。

ある人たちは、全く幸福であると心から思っている。しかし、彼らはそのふりをしているのだろうか。もっと葛藤すべきなのか。深い痛みや圧倒的な挫折感の中にいる人に、彼らはもはやかかわることをしない。それはちょうど、食べ物の足りている人が飢餓の恐れを感じないのと同様である。

たぶん、このような「幸せ」な人々の人生に、だれもが望む健全な安定性と満足が映し出されている。このような人々がさらに成熟の高みを目指すというのは、どういうことを意味するのだろうか。変化とは、成長とは、ますますキリストの姿に似せられるとはどういうことなのであろうか。どのような変化が可能で、それはどのようにして起こるのか。

見かけの成熟さ――立派に見えること

少し前に、クリスチャンのリーダーたちの大きな集まりで講演をしたことがあった。職場でも教会の働きでも優秀な人たちであった。会場は、劇場と同じようなふかふかのクッションの座席が備えられ、大きくて心地のよいホールであった。楽しげな歓迎的雰囲気に満ち、人々は幸福そうであった。ファッショナブルな装いや、講演前の互いのくつろいだ雰囲気があり、彼らは私の友人と全く違って、幸福感に包まれていた。葛藤を抱えている様子など全くなかった。すべてが立派なもので、それはちょうど、日曜日の朝、教会で彼らが過ごしているのと同じ姿であった。教会の廊下で温かな雰囲気でおしゃべりし、礼拝中も説教を謹聴している姿である。

そのような落ち着いた人々の前に立つとき、私は少々威嚇されているように感じることがある。私の前にいる多くの人々の顔をじっと見ながら、私はいぶかしく思う。**この中で、私は、何かが歪んでいると小言を言われているように感じるただ一人の人間だろうか。人との関係のあり方で葛藤し、努力をしていても自分の愛は極めて浅いものだと気づいている人は、私のほかにいないのか。**

自分を落伍者だと感じている人は、私のほかにいないのだろうか、と。

たぶん、私は強迫的な完全主義者なのであろう。リラックスし、人生をあるがままに受けとめ、良き時を感謝し、悪い時も受け入れる、そうしたことを学ばなければならない完全主義者なのかもしれない。私より健全な人は、たぶん、心の混乱や葛藤が少ない安定した人生を得るために神を頼るようになったのだろう。しかし、私は講演を聞く人々を見渡しながら気づくのだ。重要な試練と闘っている人々もいると。どのような人々の群れにも、尊敬を受け成功した人々を含めて、経済的困難、健康問題、反抗的な十代の子どもたち、緊迫した結婚生活といった問題の重圧で、人生が壊れてしまいそうな人々がいるのである。

最前列には、宣教師である私の友人が座っていた。彼は困難な状況の中で、二十五年に及ぶ忠実な奉仕をやり遂げたばかりであった。その週の初めに、彼が私に涙をこらえながら打ち明けて話したことがあった。結婚生活は緊張に満ちていて、妻と親しくなるためにどう接したらいいのか分からないと語った。彼の十代の息子たちはロックミュージックをよく聞いていて、アメリカの生活に適応している。それについてやめさせるべきか、何も言わないほうがいいのかも彼には分からなかった。彼は言った。自分が失敗者のように感じる、宣教師の働きはできても家族を導くことには無力だ、と。この聴衆の中で、困難なことと闘っているのは彼一人ではないと確かに思った。

しかし、葛藤を抱えながらも、試練の中を平静と安定を保って進んでいく人々も確かにいる。私だったら打ちのめされるだろうが、神の真実を感謝し、力を求めて祈り、なお進んでいこうとする人々が私の身近にもいた。

それは本当にそうなのだろうか。そのような人々は、悪い知らせを聞いたときの心が押しつぶされるような気持ちや、前に進めなくなるほどの重苦しさを感じることがないのだろうか。重大な決定をするときに葛藤しないのだろうか。彼らは外見のとおりに平静で、自信をもっているのか。

問題に圧倒される人々も確かにいる。飲酒や薬物、浪費、性行為に逃避する人もいれば、心の緊張状態を憂鬱な気持ち、不安症、自殺念慮という形で表す人もいる。これらの人々のほとんどは、通常の状態に戻るのに援助が必要だと分かっている。しかし、立派にやっているように見える人たちは、とても落ち着いた様子でいる。このような人たちは、幸福な気持ちで生活し、正しいことを目標にする生き方をしてきたと本当に言えるのだろうか。確かにそのような人もいる。

しかし、常に立派に見えても、本当のところ、自分自身の心にも触れず、自分が他者にどのように影響を与えているかも理解していないのではないだろうか。そして、深い痛みを隠すようにして、自分の活動や達成することを楽しんでいる。人生の表面下で起きていることを頑なに否認することによって、霊的な成熟さは保たれているのである。立派に見えていても、人生において落ち着いて冷静でいることは不可能なのである。

表面下にある現実の姿

私たちは、どんなに落ち着いているように見えたとしても、何かが間違っている、ひどく間違っているという漠然とした思いが心の奥深くに隠されている。だれかが自分を困惑させたとき、刺すような不快感がある。友人の口調が批判的になってくると、冷静を保たなければと思う。夫あるいは妻が自分を誤解するとき、怒りが頂点に達しそうになる。会話を扱いやすい話題に切り替える自分に気づくことがある。自分が良く評価される情報がそれとなく相手に伝わる機会を探している。実際の自分より霊的であるように見せかける。嫌な気持ちになる話題を避けようとする。

人生の表面下に起きていることをほんの少し見ただけでも、神を愛し人を愛することとは違う事態が起きていることが分かる。たとえすでに変化したと思える自分であっても、なお歩むべき道は長く続くと悟るためには、わずかでも自分を率直に振り返る必要がある。私たちの多くは、他人が想像できないようなことが自分の内にあるのを知っている。自分が思っていること、空想、私的に行っていること、恥ずかしくなる秘密など。それらがあってはならないことだと分かっている。何かが間違っている。

神がアダムとエバをエデンの園から追放して以来、私たちは異常な環境、本来ならば生きるように意図されていない世界に生きている。私たちはもともと、茨のない園や軋轢《あつれき》のない関係を、また、よそよそしさのない交わりを楽しむように造られた。しかし、何かが間違っているのだ。それがこの世界にも、自分自身の内側にもあることを私たちは知っている。心の奥深くでは、自分はもはや巣の外にいて、決してわが家ではなくモーテルで一日が終わっているような感じだ。正直に自分を見るならば、相手から距離をとることで、不快なことに対処しようとしている。なぜ距離をとるのか。それは、相手が愛を求めていることに応答するよりも、自分の恐れのほうに反応しているからだ。

現実の自分よりましであればいいのにと思う。しかし実際はそうではない。恥ずかしくて隠れてしまいたい、本当の触れ合いを避けたい、相手に良く思われる自分だけを見せたいと願うのである。それ以外の部分を隠したいのは、自分の醜さのために相手に不快な思いをさせたくないからではなく、相手からの拒否を恐れているからである。人は自己防衛するために生きている。そして、自分に安寧と安全をもたらすものならば、どんなものにでもしがみつく。その結果、本当は親しくなりたいと願う人々との間に、望まない距離ができる。人生の質が低下してしまう。

ことわざで言われるようなベッドの下にいるワニとは違って、私たちの問題は現実のものである。小さな子どもたちは床を這《は》い回るワニにかまれないように、ベッドの端から手を引っ込める。子どもたちは本当に恐れているのだが、その恐れは全く根拠のないものである。ベッドルームにワニはいないのだから。しかし、人の世界には間違いがある。私たちが望むような現実ではない。自分たちの内部で、そして世界の内側で、何かが間違っている。しかも、ひどく間違っている状態だと感じるのである。満足した気持ちでいたいと願うのは神経過敏な不満というより、当然のことだろう。キリストが来られ、すべてが本来意図された姿に回復されるまで、いまだ得ることのできないものを人は望むのである。私たち自身の本来の姿もそこに含まれている。その時が来るまで、いちばん幸せな時を陰らせる苦しみを直感的に感じるとすれば、そこには想像上のワニへの恐れではなく、堕落した世界における人生の真理が示されている。

　ほとんどの人は、現実よりも良く見せかけようと懸命である。自分の失望や不完全さをちらつかせるようにして現実が立ち現れてくると、自分は大丈夫だという偽りを取り戻すために何でもしようとする。たとえば、受けた祝福を数える、芝を刈る、力を求めて祈る、何か甘いものを食べる、カウンセラーに相談する、教会の聖歌隊に参加する、伴侶を責める、お気に入りの詩篇を読む、テレビをつける、自分は退屈な人間だと責める、神に自分を委ねる、友人とピザを食べに出かける——つまり、何かが足りない、間違っていると感じていらいらし、そこから逃れるために何かをしようとするのだ。たいていの人は、ピザを食べて嫌なことから逃れようとしているとは自覚していない。しかし私たちがやっていることは、ほとんど気づくことのない漠然とした空虚感から解放されるためにしていることなのである。

　十分間の純粋に幸福な感情とはどういうものなのかと思い巡らした私の友人は、本当はわが家にいたいのにモーテルに住んでいるような、痛みに満ちた現実を感じていたのだ。落ち着き払った人々よりも、また彼のような憂鬱な人を心配してくれる人々よりも、彼は現実が何であるかを率直に理解していたと言える。

　葛藤はたまにあるが愉快でいられる人々は、幸福であると見せかけながら砂の上に家を建てているるか、モーテルの部屋をあたかもわが家のようにするため、家具を配置し直したりしているかのようである。

すべてうまくいっているように人生を整え、それが成功しているとき、私たちは心の内側で進行していることに向き合わない。心の内側で起きていることを無視するならば、表面的にやっていることを意味ある仕方で変える力を失っている。私たちは**変わる**というより、むしろ、**配列し直しているだけ**なのだ。そのようにして、神が私たちを召して変えたいと願っておられる姿になる道を閉ざしてしまう。破壊的な生き方から解放されることはない。

この本で私は、変わるとはどういうことかを探求したい。子どもの頃に性的虐待を受けた女性は、どのようにして夫との性的な結合を喜ぶことができるようになるのか。恐れを感じやすい男性が家庭の中でどのようにして強いリーダーシップをとれるのか。生活が順調で十分に適応している人は、どのようにしたら直接経験した神を証しして、人々を神に導く霊的に豊かな人になることができるのか。子どもが悪い方向に行こうとしているときに、自分の人生をそのままやっていく親はいるだろうか。私たちはどうしたら、力と喜びの源をキリストに置く信仰の人になることができるのだろうか。

私はこの本で、人が直面する特定の問題を探ることを第一にしているのではない。変化のための聖書的試みを支える土台となる、基本的考えを考察したいのである。たいていの人は、自分を変えることではなく、対処することで人生を切り抜けようとする。自分のやっていることを整理し直すのだが、人の本当のあり方という核心的問題は部分的にしか扱われない。

私たちの主が述べておられる変化とは、見える行為を正す以上のことである。主は、通りを掃ききよめる以上のことを行わせようとなさる。つまり私たちに、下水道の中に入っていかせ、コンクリートの下にある汚物に何かをさせるつもりなのである。主は私たちに、魂の暗い部分に入っていって光を見つけ、最も孤独を感じるときに主の臨在を経験するようにと命じておられる。聖書的な変化においては、物事を現実以上に良いものに見せかける必要はない。キリストは私たちに、現実そのものに直面するように求めておられる。目をそらしたい恐れ、傷、憤り、自己防衛的動機に直面するように求めておられる。そして主は、私たちが変えられた人、つまり見せかけではなく、また完全になるのでもなく、主の愛をいっそう知って、深く愛することができる人になるように願っておられるのだ。

向き合うなら、変わることができるのか

自分の人生をじっくり見つめ始めるとき、最も頻繁に直面する恐れはこれである。「自分の心の内側にあるすべてのことに向き合うならば、変われるのだろうか。」自分の人生を正直に探るためには勇気が必要である。実はワニはいる。私たちが感じる恐れには実体がある。事実、自分が本当に孤独で利己的であることが少しでも分かると、私たちは打ちのめされてしまう。魂の新しい洞察があるごとに、たとえば、他人は自分のことをどう思っているのか、どのような動機で自分は同僚に接したりパーティーでジョークを飛ばしたりするのか、親や配偶者、子どもに対して、なぜ自分は失望し怒りを覚えてきたのかなどは、考えるほど命取りになるように感じる。[1]

ほとんどの人は自分の心の内に起きているやっかいなことを考えないようにしているので、ある程度は気持ちが安定した状態で人生を送っている。何かが間違っている、何かが足りないという心の中の小言を封じ込めて進み続けている。人生の成功の鍵となるものを見つけた、今や自分でどうにかできる、むなしい心は満たされている、罪との戦いは今や勝利の行進となったと考えたいのだ。しかし、自分は幸福だと思い続けるために、「あなたにはなお愛情がない」との他者からの指摘に背を向ける。さらには、どう対処したらよいかわからないほど多くの問題があるという魂の証拠を頑なに否定する。多くの人々にとって、否認は生きる方法になっている。否認し続けると、自分が信じ込みたいことに矛盾するあらゆる事実を認識から遮断することができるようになる。霊的に成熟しているとの惑わしに、驚くほど簡単に乗ってしまう。

ホセアは彼の時代のユダヤ人に、白髪が生えても彼らは気づかないと非難した（ホセア7・9）。白髪のような身体的な衰えや老化の証拠は、すぐに気づくのが普通である。このユダヤ人たちと同じように、私たちは霊的な堕落のしるしに気づかないのが普通のことになっている。つまり、ホセアの指摘していることはこうである。「実際より、自分たちはかなりよくやっていると信じたいのだ。」

私たちの主は、否認をトレードマークにしている人々を痛烈に批判し続けた。立派に見える点で、パリサイ人は専門家であった。目に見える違反という観点から罪を定義し、自分たちが設けた規準を几帳面に固守することで、パリサイ人のイメージをどうにか保とうとした。彼らの喜びの源は周りから尊敬を受けることであり、彼らは尊敬を得る効果的な手段を見つけたのである。彼らはうまく演じた。外面的な期待への順応はよく鍛錬され、高いレベルに到達していた。察するに、十分間でも幸福を感じたいと熱望したパリサイ人はほとんどいなかっただろう。こうした人々は、そつのない人々であった。

もし彼らの集まりで講演するように招かれていたとしたら、私はほとんど脅迫されているような気持ちになったであろう。彼らは葛藤しているように見えない。自分が何を求めているか分かっていたし、すばらしく適応して自信に満ちて行動していた。こうした人々は立派なように見える。しかし、主がパリサイ人を非難されたときのことばを聞いてほしい。パリサイ人は人々を感動させたであろうが、主が感銘を受けることはなかった。

わざわいだ、偽善の律法学者、パリサイ人。おまえたちは杯や皿の外側はきよめるが、内側は強欲と放縦で満ちている。目の見えないパリサイ人。まず、杯の内側をきよめよ。そうすれば外側もきよくなる。

（マタイ23・25～26）

主は続けてパリサイ人の生き方を、すばらしく白く塗られた墓にたとえて、見かけは正しい行為でも、その表面の下にあるものは腐敗と堕落の悪臭を放っており、それはちょうど、墓石を動かしたときに腐乱した死体を見つけるのと同様であると言われた。主がパリサイ人の集会で人気のある講演者でなかったことは当然である。

主はパリサイ人への叱責の中で、神が願っておられるように人が変わるための一つの原則について言明された。それは、見せかけの場所はないということである。私たちは、人生の白く塗られた外見の背後で起きていることに取り組まなければならない。私たちのあるがままに直面するのでなければ変わることはできない、というのが主の教えである。人が当然否定したい経験に正直に向き合うことは、痛みの伴うことであり、死にたとえられるほどその痛みは深い。キリストの教えに従って変わるためには、私たちが否定したいすべてのことに向き合わなければならない。**真の変化のためには、心の内側を熟視しなければならない。**

浅薄に対処する人 対 混乱しながらも思い巡らす人

人は次の二つのカテゴリーのどちらか一つに、結局は当てはまるだろう。(1)内なる痛みや堕落をうまく無視し、何とか人生をやっていく人。そして、(2)理由は何であれ、何かが恐ろしく間違っていると気づいたことに心がとらえられ、人生と格闘している人。この二つである。

私も含めて、クリスチャンのほとんどは楽しいことなら何でも楽しみ、しなければならないことは行い、どのような試練が起きてもそれに耐えようとする。ほとんどの誠実なクリスチャンにとって、成長するとは、成長のために神が与えてくださったと信じられるすべての手段を使って、なすべきことをする努力を続けていくということである。あるクリスチャンは神の御霊によってもっと満たされる経験を求める。また別のクリスチャンは、完全に神に明け渡すという高みに到達しようとする。これまでのように、祈りや交わり、みことばの学びを通して助けを見いだそうとするクリスチャンもいる。これらはみな神の助けを頂きながら神が命じられたことを行うことに焦点がある。当然、それは正しく適切である。キリストに従い、従うための力をも願ってキリストに心から信頼する。そうして初めて人は成長する。服従と信頼が優先されることは成長の基本である。

しかし、神に従い、神の力を用いる責任ばかりに集中すると、時に最も厳しい人生の挑戦から逃避することがある。変化すべきという義務感に耐えがたいプレッシャーを感じながら、見かけを良くすることに精力を傾ける。パリサイ人のように、罪を対処しやすいカテゴリーに変えてしまい、自分で設定した規準を守ることにエネルギーを注ぐ。自分の関係のあり方を見直すのでなく、映画を見に行かなかったかどうか、また教会を休んでいないかどうかで霊性を測るようになる。他者との深い建設的なかかわりから身を引き、魂の内の難しい問題を無視し、社交上の礼儀や適切なことば使いといった扱いやすい事柄で霊的健全さを測るようになる。

測りやすい表面的な行動に焦点を当てていけば、魂の内にある苦しい現実に関心を向けなくなる。その結果、自分で設けた規準に行動を順応させることで人生に対応していると考える。変わるのは見かけの行動がほとんどであって、内側から徹底して変化していくことではない。しかもその結果、心に自由さが失われて圧力がますます加わっていく。

この最初のグループを、**浅薄に対処する人**と呼ぶことにしよう。つまり、自分でどうにかできることだけを扱い、他のことは無視して人生に対処する人々である。このような人々にとっては教会の説教が優先され、人との交わりは単なる活動やつらい義務になっていく。互いの豊かな励ましや愛は失われていくだろう。時に弟子訓練も、人生の本当の問題を率直に理解する機会というより、教える機会となる。心に深く入って探っていくことは不必要なこと、自己にとらわれることとしか思われない。

第二のグループは、浅薄に対処する人々にはなじみにくい人々である。彼らは絶え間なく苦悶しながら自分を知ろうとする。従順の努力を続ければ状況がよくなると考えることよりも、もっと頭がおかしくなりそうなことだ。このような人を、**混乱しながらも思い巡らす人**と呼ぶことができる。彼らは本当の答えが出てこない人生の不穏な局面と、正直に格闘する人々である。

真の変化への道は、人生の困難な事柄を無視して愉快な気持ちでい続けようとする人々ではなく、困難に真に向き合う人々によって見いだされてきた。問題を正直に探れば葛藤が生じる。しかしその葛藤の中に、心の奥深くから変化する希望がある。否認して自己満足することでは得られない希望である。

人生をうまくやっていく自信を砕く衝撃的な出来事が起きたとき、たとえば、娘が拒食症になった、配偶者が家庭から離れていった、息子が反抗的な怒りの中に閉じこもっているということが起きたとき、「浅薄に対処する人」は、「混乱しながらも思い巡らす人」になるかもしれない。しかしそのような時でさえ、彼らは自分自身の心の内にある問題や人との関係のあり方を正直に探らないで、対処の方法を捜そうとするものである。「そうだとも、確かに息子は主から遠ざかっている。できる限りのことはやった。しかし、目下のところサタンが勝っている。それでも私は息子を主に委ねている。主がすぐに息子を連れ戻してくださると信じて祈っている。」これで問題は終わりになる。人生への対処の仕方は浅薄であるばかりでなく、今や変えられることはない。息子が決して戻らない可能性もある。父親は、息子のためではなく自分のために、もっと従順になれと怒りをこめて息子に要求していたかもしれない。仮にそのことにもっと向き合うようにと助言したところで、そのような助言は主への信頼に反すると見なされる。

主への従順に熱心であれというのは、神を熱心に追い求めたいという願望ではなく、深い挫折感や個人的痛みを感じまいとする頑なな決意を表していることがあまりに多い。痛みを否定しつつ主に従おうとするならば、温もりのある、血の通った魂が神につき従っていくことを妨げる。私たちの心は硬直したものになる。神が真に人に願っておられることを正直に見いだすのでなく、教条主義、つまり道徳を人に教え込みたい要求が優先される。人々との偽りのない交わりからくる心沸き立つような現実に触れることはできない。私たちは、人々がキリストを深く知るように導く熱意あるクリスチャンであるより、神の規準を守るように人々に迫る硬直した道徳主義者になっている。

神は真実なお方であるという単なる慰めでは、圧倒的な痛みや混乱から逃れて人生を表面的に生きることになる。しかし、神は混乱した現実の中でこそ、最もよく理解されるお方である。つらくむずかしい問題に直面しなければ、神と出会い、変えられる機会は失われる。

変化するためには心の内側を探ることが必要である

ますますもって多くの人が、否認することで心地よい順応を維持するというやっかいな問題を抱えている。人生は混乱し、人との関係はますます困難で、失望は増し、責任は重くのしかかる。そうなると効率よく生きる鍵は、すべきことをこなし、困惑する問題を一切否定することだと、人は簡単に自分を偽るのだ。

親はうそをつき続ける子どもに対処しようとするが、はやりの方法や原則はほとんど助けにならないことを知っている。知っていることはすべて行うのだが、すっかり自信をなくす。健全な家庭でさえ、あまりに多くの子どもたちが反抗的になっていくので、すべてはうまくいくだろうと気楽な自信をもつようになる。

女性は、女性性が女性固有の喜びの源泉であるのに、それを中性化させていく。くすんだ中性化の状態の下で、傷つけられることを深く恐れている女性が増えている。その恐れのために自分自身を他者に与える喜びを失っていく。

男性は心の底から自分の家族に意味深くかかわりたいと願っているのに、自分自身の弱さを感じていて、愛をもってリードする努力は失敗に終わっていく。そして自分は有能だと感じさせるものを求めて退却する。そのようにして、夫として、父親として家族にかかわる喜びを得ることなく生きていく。

クリスチャンは、教会にかかわること、時間をかけてみことばに聞くこと、正しい行いをすること、神の約束を主張すること、神の力に委ねること、それらを自分のやり方でやっていても、心の問題の核心に迫ることはないと分かっている。

自分の心の核となる問題を探るとき、神の御霊は私たちをより深いところに導く。そこは、他者の幸福に寄せる関心が、自分自身の幸福に向ける関心より大切だということを発見する場である。他者を愛したいと願うとき、聖霊が、私たちが心の内側を見つめるのを導いてくださる。

人は貪欲である。結局、もっと与えると説得力をもって約束する相手ならだれにでも、無防備にもついていく。最新の霊的熱狂がどのようなものか試してみる、はやりの人気のセミナーや伝道集会に参加する、お気に入りの説教者のテープを熱心に聞く、などである。そしていつも、期待どおりにはいかないのである。満足させるものはない。何も有効なものはない。心の中でこう理解する。キリストに従うために最新の方法をとったとしても、心の奥の問題は取り組まれないままで残っている、と。

存在の中心のところで変わることは不可能なのか。どれほどの変化を期待できるのか。私たちが無視している内側のやっかいな現実が、いったいどれほど変わることができるのかと疑問を投げかけてくる。

この本は、心の内側から徹底して変わること、つまり、物事は実際よりうまくいっているのだという一片の見せかけもなしに、人生で起こるどんなことをも率直に探り続ける過程について述べている。主が実現してくださる変化を経験したいならば、勇気をもって正直にならなければならない。真に変わるためには、心の内側を見ることが必要なのである。

第2章　心の内側を探ることに挫折はあり得る

幼いとき日曜学校で、良いクリスチャンになるために戦わなくてはならないと教師が説明するのをじっと聞いていたことを思い出す。彼が言うには、どんな人の心にも**悪い犬と良い犬**がいるというのだ。悪い犬は、愛すべきペットとして飼いならされることは決してない。しかし私たちがクリスチャンになるとき、神は心に良い犬を置いてくださる。そしてその犬はすでに飼いならされている。良い犬は、いつも正しいことをしたがっている。

悪い犬は私たちの古き人、つまり、衝動的に悪いことをさせる心の内側のことであった。良い犬、つまり新しき人は、いつも悪い犬と戦っている。しかし、**命じられていないならば**決して行動に移さない。そこが肝心な点である。綴りのテストで優秀な子どもの答案をちらっと見たい誘惑にかられるとき、それは悪い犬が吠えているときなのである。まさにその時、クリスチャンがしなくてはならないことは、良い犬に向かって「かかれ」と命令することである。そして、悪い犬と良い犬がいるところに注意を注いでいくことになる。

教師は続けて重々しく警告した。悪い犬は私たちが天国に行くまで決して死にはしない、と。私はその後、彼が教えたのと同じことを、数えきれないほど多くの説教の中で繰り返し聞いてきた。罪の**罰**と**力**から人は救われたけれども、新しい世が来るときまで罪の**実在**から救われることはない。罪ある性質は受けた傷からうまく元に戻り、再び私たちを間違った方へと追い立てる。唯一の望みは、残された人生の間、良い犬に「かかれ」と命令する練習をすることである。そうすればするほど、罪に対する着実な勝利と喜びに満ちて、神との交わりの人生を楽しむことができる。

私はこの教えを聞きながら、混乱したのを思い出す。**しかし、どのようにして良い犬に「かかれ」と命じるのか。私は何をすべきなのか**全く分からなかった。

この比喩はイメージしやすく、私たちの内では二つの相反する力がうごめきながら戦っているという聖書の教えと一致しているように見える。しかし綴りのテストのとき、すべてをうまくやることは難しかった。隣の生徒の答案を**見ない**ようにできたとき、私には、どのような理由であれ単に正しいことを選択したのだと思えた。神の力が必要であったとは全く分からなかった。「クリスチャンではないが道徳的な人」がするであろう選択と同じようにしたのだ。自分がカンニングしようとしているのが分かるとき、空想上の犬に命令するのは何の助けにもならなかった。降参するか抵抗するかであって、それは誘惑の強さや他の要因次第であった。しかもどのような要因も、心の過程と神の力の相互作用に対して明らかな関連はなかった。良い人間になりたいというのは本当だった。しかし子どものときの教えは、明確な手本というより挫折感をもたらしただけであった。心の内側を探ることは役に立たなかった。どんな選択をするかということだけが問題であった。私は良い選択をしようと懸命であった。

今でも、説教を聞くとき、また、あるべき自分になる方法について述べている本を読むとき――あるべき自分とは、喜びに満ち自己犠牲的で、自分をささげ、謙遜で決然としていて愛にあふれているということだが――同じ感情を味わう。私は、（常に揺らがないわけではないが、ある確信をもって）キリストが求めておられるような人格になる道があり、その道を歩んでいく方法があると感じている。しかし、単に従うということではない諸方法をどのようにつなぎ合わせればよいのか、しばしば確信できない。

良い行いをすること 対 良い人であること

私が「自分にもあったらいいのに」と思う性質を幾つかもっている人もいるが、私がなりたい人物像を完全に体現している人は一人もいない（主を除いては）。そう考えると、私が霊的発達のどのような段階にあろうとも、せいぜいなれるのは、ひびの入ったクリスチャンということになる。つまり、完全になることはできないということだ。しかし、より良くなることはできる。さらに主のようになることも、また主の麗しさを帯びた弟子たちのようになることもできる。

私はより良く変わることを心から熱望する。しかし、その変化とは表面的に似ることではなく、もっと深いところで起こる変化である。私も上手にまねることができそうな**類型的な行動**をする人々は多くいる。しかし、**人格**の面で**感服**できるような人々は本当にわずかである。多くの人々は勤勉で、よく訓練され、知識も豊富で、慇懃《いんぎん》ですらある。そうしたことは良いことである。しかし、本当に与えることができ、あわれみ深い人、あるいは気高い人はわずかのように思える。私はこうした価値ある特徴のうち、表面的なものを**尊重**するが、より深いところの性質、すなわち人格の面で意味ある**変化**をしてきた人々には**感服**する。

神の愛の中に安らぐことがどういうことか分かれば分かるほど、他者に対する愛は純粋で深いものとなる。しかし、神の愛に**安らぐ**ことは、神の愛を**感じる**ことを常に意味するのではない。愛されていると感じるというのは、ある瞬間に起きても、次の瞬間には失われることがある。最悪の時にも神は私たちを愛してくださると謙遜に神を信頼するならば、愛に安らぐことができる。神の愛にある休息だけが人格を変えることができる。

私が言わんとしていることを説明しよう。この点は重要である。自己訓練して健康法が身についた一人の友人のことが心に浮かぶ。彼は甘いものへの誘惑に抵抗し、忠実にジョギングし、仕事の量もほどほどにうまくこなしている。そういう点で、私は彼を尊敬している。彼の行動は立派な意

志の力を見せている。その意志の力に比べたら、私の食事やエクササイズ、適度に仕事をする努力を考えると恥ずかしくなる。

もう一人の友人は、他者をいっそう深く愛することで、彼の人生で起きた痛ましいほどの失意や痛みと闘っている。他者の痛みや神の励ましの力をもっと知ろうとして、自分の痛みを用いるのである。彼の人生を見るとき、**気高さ、信仰深さ**、そして**豊かさ**ということばが心に浮かんでくる。

自己訓練、規律、通常の心配りといった習慣からは、同じことばが心に湧き起こらない。よく訓練された私の友人は、実力があり尊敬できるすばらしい人だと言える。彼の生き方を見るとき、「**私はもっと訓練されるべきだ**」と思う。私はプレッシャーを少しは感じるし、幾分気がとがめ、時に訓練の動機を与えられる。一方、闘う友人を見て、「私はもっと訓練される**べきだ**」とは思わ**ない**。むしろ、「私はもっと愛情ある人に**なりたい**」と思うのである。

この違いは大きい。もっと頑張ってさらに良い行動を**する**ようにと私にプレッシャーをかける人もいる。一方で、キリストとのすばらしい豊かな関係をもち、ことばでは何とも表現できない生き方をする人もいて、私の心は惹かれ、私もより良く**なりたい**と願うこともある。その生き方は、正しい教理とか適切な献身といったことを超えた生き方である。深く魂に触れてくださるキリストの臨在を感じる瞬間があったと証しする人々もいる。そのような人々の証しを聞いて、私も変われるという可能性に心躍るのである。私は**人格的に**変えられたいのである。行動パターンや聖書の知識のゆえに称賛される人になりたいのではない。私自身が真に変わるためには、行動や知識が変化するのとは全く違う過程が必要である。美容整形手術は心の変化のためには不適切である。

妻へのいたわりの訓練をするのではなく、それ以上のことをしたいのである。つまり、深く心から妻に与えたいのである。子どもたちには、正しいことを教えて規律を守らせるというより、それ以上のことをしたい。つまり、私の人生に触れて神を追い求めてほしいのである。聖書的で理解しやすく、心地よく聞いてもらえるような説教ではなく、それ以上の説教をしたい。私は魂を注ぎ出して、力をこめて真理を伝えたい。自分の抑うつ傾向のコントロールにとどまらず、それ以上のことをしたい。完全な喜びが備えられていると確信できるほどに、神の善を味わいたい。

このような変化が起こるには、私が献身的な努力をすればよいのではなく、それ以上のものが必要である。私は今、私の存在のいちばん奥底の変化について語っている。それは外見ではなく、経験するのがむずかしい変化である。多くの人々の中にはほとんど見られず、少数の人々の中に大いに見られる変化についてである。キリストにおいてのみ具体化された人格へと変化することについて語っている。私はこのような変化を求めたい。しかし、その達成の方法について論じることはむずかしい。

日曜学校の教師は、単にこう言おうとしたのだろう。「よく考えてみなさい。きみたちが学校でズルをしたい誘惑にかられるのは分かっている。でも、それは間違っている。きみたちは誘惑にとらわれているかもしれない。誘惑に降参したら、人生を台なしにする行動パターンを繰り返すことになる。だから、そんなことはするな。自分の答案をじっと見て、そこから目を離さないように頑張りなさい。それはとてもむずかしいし、時に失敗するだろう。もし失敗したら、神に赦しを乞うのだ。そして二度としないように頑張るのだ。」そのように話してくれたら、心の中で二匹の犬が吠え合っているという話よりももっと分かっただろう。**心の内側**から変わるために必要なものは何かと人々が話すとき、私は困惑する。道徳上の努力が必要なのは分かっている。しかし、良い行動パターンのみでは、それが一心不乱であろうが熱心なものであろうが、深い人格の変化は生まれてこない。

パフォーマンスか依存か

何世紀にもわたって、クリスチャンは神が自分たちの内に働き、願いを与え、神のみこころを果たしてくださると信頼しつつ、救いの達成（実際の努力が伴うこともある）に努めてきた。もし自分自身の力に頼って自分がすべてになるような人間主義者を超えようとするなら、神に従い**神に依存する**ことは、気持ちを奮い立たせる巧みな文句を超えたものでなければならない。神に頼るということが生きた現実にならなければならない。

それでは、どのようにしたら徹底的に神に依存できるのか。その答えはとらえどころがない（後の章が示すように答えは単純だとは思うが、それでもとらえにくい）。そのために、自分自身を理解し変わるための現代のアプローチは、努力という中心的な要素に立ち戻ることになる。私たちの抱える問題がどのようなものであっても――やってはいけないことをしていることであろうが、自分を完全に神に委ねたいという願いであろうが、神に本当に愛されているかどうか信じる葛藤であろうが——結論は同じなのである。つまり「**もっと頑張れ！**」である。

努力によって変わる戦略は、神への依存に根差した戦略より、簡単にその内容が分かる。分かりやすさという理由で、たいていの説教はまず聖書の内容の教えがあり、次にその教えと一致した生き方の訓戒が続く。つまり、知識と従順。もっと学び、正しく行いなさい。しかし、知識を得て正しく生きることにかけた人生は、尊敬を集めはするが、他者との深い関係を築くことができない。

主は、主の目にかなうことを行うには、パフォーマンス以上のことが必要であると明言された。主は言われた。律法の全体は二つの命令に要約される。つまり、神を愛し、他者を愛することである（マタイ22・36〜40参照）。根本的な心の変化なしに、これらの命令を全うすることはできない。どんなに努力しても、努力のみでは心から愛することはできない。

いずれの人格的または行動的な問題（たとえば、不機嫌、倒錯的な性的願望、うつ状態、不安、過食）も突き詰めていくと愛の命令への違反の結果であることを論証できると私は考える。違反の結果だということが本当ならば、愛することは霊的な成熟に必要であるばかりでなく、心理的な問題の克服の中枢である。生きるうえで生じるどの問題も、人間関係であれその人の内側のことであれ、愛についての神の規準に反している関係のあり方がそこに表れていると理解し、また、愛することができるようになることは道徳遂行以上のことであると分かるならば、心の内側を探ることに懸命になるだろう。

さて、ここで出発点に戻った。本当に変わろうとするならば、人生の表面下に首を突っ込まなければならない。そのことを認めるや否や、自分自身の内側をどう理解するのか、その心の内側にどう対峙するのかが相当困難な課題であることが分かる。それでは、どこから始めればよいのか。

水面下の人生を理解する

自分自身を氷山と見なしてみよう。水面上に見えている先端の部分は、自分の行動、自覚している考え、自分自身の内にあると分かっている感情である。水面下の大部分は、自分でも理解することがむずかしい部分である。つまり、心の動機や姿勢、抑制しようとしても抵抗できないほどの衝動、痛みに満ちた、隠しておきたい記憶や怒りなどがある。

水面の上のことは努力すればどうにかできる部分である。正しい行動を選択するべきだ、正しく考えるために学ばなければならない、自分を失わずに感情をコントロールしなければならない、などである。しかしそのような努力を続けても、すぐに挫折を味わうことになる。自分の基準が高いままであるなら、相当な努力をしても対処できないことが心の内に起きていると認めなければならない。ここで質問しよう。**水面下にある部分、つまり一生懸命頑張って正しいことをしても変わることのない部分をどう扱ったらよいのか、**ということである。このことを次のように図示してみよう。

水面下の混乱した現実に対処するために、キリスト教界は一般的に三つの選択肢を用意する。そ

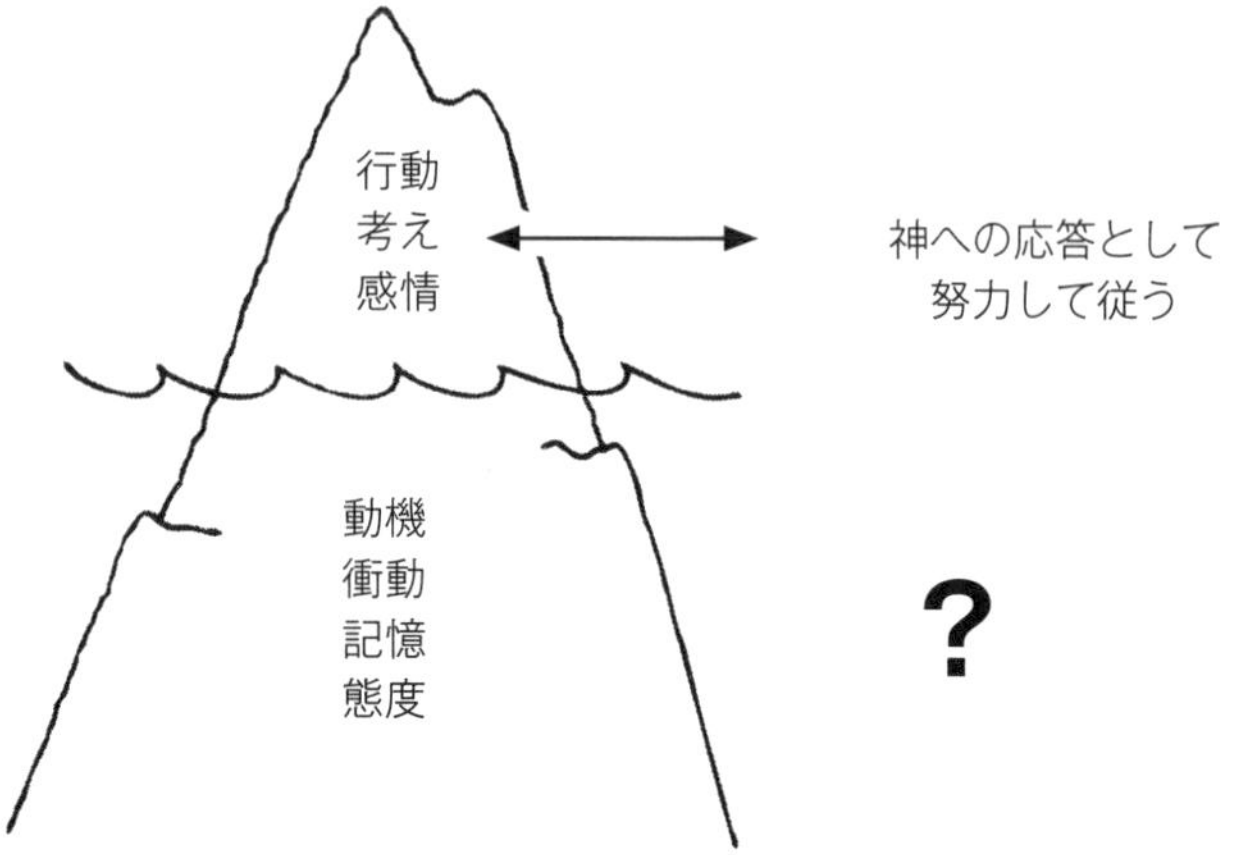

の三つはどれも深い内的な変化を約束している。この章の残りで、その三つの選択について概観したい。それぞれは価値あるものであるが不完全であり、不必要に挫折感を残す。

選択1　クリスチャンとしての義務を果たす

これは、変化の方法について最も普通の理解の仕方である。神が命じられることなら何でも行うと決意するならば、また、その決意をキリスト教の活動に結びつけるならば、神の力が発揮されて、人があるべき姿で生きられるようになるというものである。

神に従うべきだと教えられている。それは神の力によってすべきだということだ。肉の力でどんなに努力しても失敗は避けられない。水面の上のことについては、すべきことをする。たとえば、神のみことばに没頭する、祈る、他者に仕えるなどである。これらのことをしているうちに、神の力が水面下にあるすべての問題を徐々に圧倒していくのだ。そうして、私たちは常に勝利して生きるようにされる。

水面上の事柄に失敗したときは、もっと努力するように要求される。それは、みことばの学びや祈りによりいっそう時間を割き、教会の伝道活動に進んで参加するなどである。クリスチャンとしての義務を果たし、神の真理に心も魂もどっぷりつかっていくならば、聖霊を悲しませることはない。聖霊が私たちの人生の中で自由に働いてくださるならば、神の恵みによって正しく行動できるのである。ここには、心の内側を探るという必要はひとかけらもない。クリスチャンとしての義務を果たせば神が私たちの人生をご支配くださるので、水面下のごたごたした問題は何であれ、おのずと整理されていく。心の内側を探るなど不必要であり、成熟への道の横にある、心理学という有害な脇道のように思われるのだ。

長いことクリスチャンとしての義務を果たしても何の期待した恩恵も受けることなく、ついに私のもとに専門的カウンセリングを求めてやってきた人がたくさんいる。いったい何が間違っていたのかと、彼らは考える。いつもより早く起床しディボーションをしても、助けにならなかった。疲れ、意気阻喪し、幻滅する。ある知人は聖書の学び、祈り、教会活動に多くの時間を費やした。しかしその結果、厳格でよく訓練され正しく行動するが、人との関係は乏しく、人と疎遠なクリスチャンになった。もちろん、どのクリスチャンもこのような極端な方向に行くわけではない。しかし、ほとんどの人は確固とした変化のための鍵を見つけられないでいる。

ある一人の若い男性のことが心に浮かぶ。彼は何年もの間、ささいなことで感情が爆発してしまう性格と格闘していた。彼は幾度も痛烈なことばで妻を打ちのめした。怒りで傷ついた妻を見たとき、自責の念を心から覚え、自分は変わりたいと死に物狂いで願った。彼は何でも試した。聖書に没頭した。熱心な祈りをささげた。明け方に目覚めて眠れないときによくそうしていた。副牧師としての彼の働きは称賛されてきた。人々は彼を評価した。しかし、彼は自分を偽善者、見かけはよくやっているように見えても心の内側は汚れたインチキな人間だと思った。

祈りと聖書研究、そして教会の働きを欠かさずしていても、怒りの感情の爆発の中で噴出する水面下にあるどんな問題も解決できずにいた。彼は失望して私に言った。「ほかに何をしたらよいのか分からない。もう自分の感情をコントロールできない。これ以上は頑張れない。クリスチャンがすべきことはどれもやってきた。しかし、自分の内に力はなくなった。良くなるためにどうしたらいいのか分からない。」クリスチャンとしての義務を行っても、心の内側の変化は起こらなかった。

もう一人の男性は、中年のビジネスマンであり、有能な聖書の教師であった。疲れを知らない働き人であり、忠実な祈りの戦士であった。しかしだれも、彼の妻も含めて、彼に打ち解けることができなかった。祈りと聖書の学びに何年も費やした結果、彼は万能な人になったが、愛の人ではなかった。パウロは明言している。愛がなければどれほど努力しても何の価値もない、と。その人はクリスチャンとしての義務にまい進したが、神を深く心から追い求めるように一人も導くことはできなかった。

結論ははっきりしている。外見的なことで励むよりも、心の内側の変化のほうがもっと意味があ

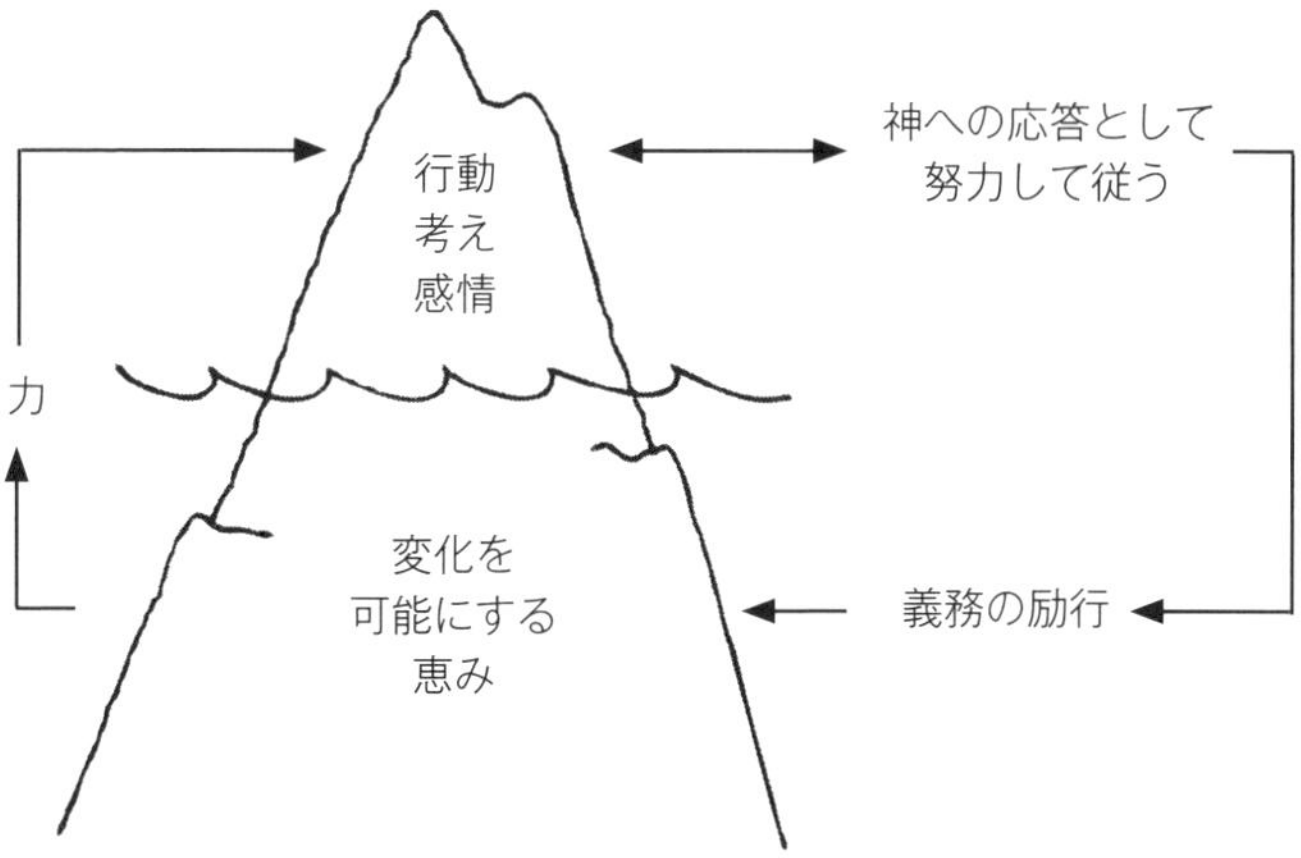

るのである。心の内側から行動が変化するための選択1のアプローチを、上図のように氷山の例で示してみよう。

選択2　聖霊の特別な働きに依存する

もう一つのアプローチは、最初のアプローチのように、クリスチャンとしての義務を果たせば、結果として恵みによって水面下の問題を取り扱っていただけると期待するのでなく、変化にはさらなることが必要であると考える。堕落と罪への頑なな傾倒によってもたらされたものは、聖霊の確固とした働きによって強制的に扱われなければならない。私たちが正しいことを選択し、神と神のことばを継続して学ばなければならないのは言うまでもない。しかし信仰の高みを目指すには、特別な力が必要である。

聖霊の力は人生の中で発揮されるべきだと考える人々は、力の割り当ての仕組みを違う仕方で理解して

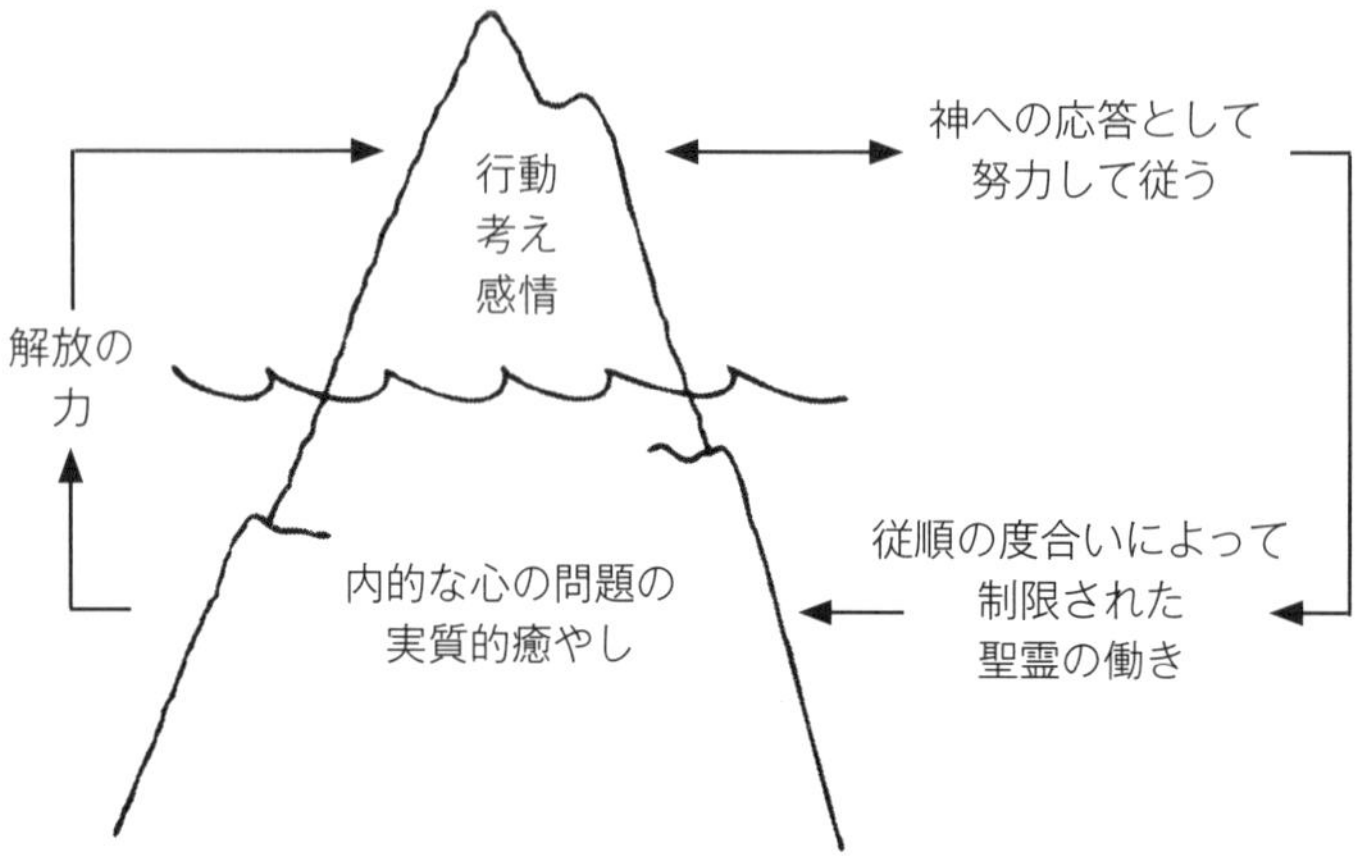

いる。第二の祝福を求めるべきであるとか、救いの結果として聖霊によるバプテスマを受けるべきだと主張する。異言を話すといったような霊性の新しい局面のしるしは、聖霊の特別な働きに伴うものとして考えられている。

一方、自分の力では生きられないと認め、神に無条件に委ねるようにと導く教えもある。必死の思いでした信頼の決意は、神への依存の度合いを反映しており、人の心のいちばん奥深くに聖霊が力強く働いて、霊的な実を結ぶようにするのだという。

またある人たちは、ジョン・ウェスレーの「不思議なほど心は燃えた」という経験を強調する。神の愛の真実により深く触れるならば、愛する能力はおのずと増していくのだという。

さらに、キリストとともに十字架につけられ、ともに復活した者として、自分のいのちを神にささげるように励ます考えもある。キリストの内に本当の自分を見いだし、キリストのいのちの実体に頼るならば、新しい霊的な勝利に生きるように力を与えられる、と。

内的な変化のためになされる第二の選択の統一テーマは、私たち人間の側の信仰の決意によって神の聖霊は働かれる、ということである。この考えは右図のように表される。

選択３　成長を妨げるものに向き合う

注目したいことは、選択１も２も、どちらも水面下の問題に直接触れることを求めていない点である。子どものときに受けた性的虐待による恋愛関係への恐れ、親の無関心による自己評価の低さ、奇妙な行動への強い衝動などの問題について、探り、理解し、対応する必要がないのだ。選択１のアプローチでは、正しいことをすることがすべてである。クリスチャンとしての義務を果たせば、神の力が人生に及んでくると考える。うつの感情と格闘していても心の内側を探る必要はない。単に聖書の学び、祈り、奉仕にいそしんでいれば、それでよいのである。

選択２のアプローチもまた、心の内側を探る必要はない。聖霊が心の内側にあることをすべて理解し、そこに働いてくださることを願うなら、聖霊は面倒なものを一掃することがおできになる。自分の態度、感情、目標、自己イメージに時間をかけ、困難だが十分に探ることは、せいぜい自分にとらわれた内観にすぎない。深く変わるためにすべきことは、ひたすら自分自身を聖霊に委ねることなのだ。

以上のアプローチに行き詰まりが生じた結果、カウンセリング、シェアグループ（分かち合いグループ）、自己理解のためのセミナーに門戸が開かれることとなった。良い行いをしても、神の聖霊に委ねても、願うような変化がいつも起きるとは限らないので、伝統的なアプローチに失望し、新しい考えを熱心に受け入れた。より聖書を学んだとしても、より聖霊に委ねても成長を妨げるものに打ち勝てないとき、カウンセリングが適切のように見えることがあるのだ。

私はカウンセラーである。何百という人々にかかわってきた。実際に援助できたと信じる。たいていの（すべてではない）カウンセラーが水面下にある問題を率直に見ることを奨励してきたという点では、近年、カウンセリングが重要視されてきていることを好意的に受けとめ、プラスに評価している。しかし、人の真の姿に向き合う重要性について、教会よりもカウンセラーのほうがもっと理解しているというのは悲劇的である。

この状況が変わるまで、つまり、神の民の群れが互いの人生に勇気をもって向き合い、困難な問題に神がどう答えてくださっているかを進んで探し出そうとするまで、深い心の変化のためには職業的カウンセラーが必要で、極めて重要な役割を担うことになるだろう。しかし不幸なことに、個々のカウンセラーは必死な相談者に対し、聖書的な解決を与えられないでいる。教会が心の内側を探るように奨励しないのであれば、傷ついた人々は偽りの一時的な解決しか見つけることができない。

記憶の癒やし、原初療法の叫び療法、またはキリスト教化された心理療法が助けとなるかどうかは別として、選択3は、成長の妨げを取り去るために水面下のより深い問題に直接に働きかけることが絶対必要であると断言する。しかし心理的な援助では、心の最奥の問題、つまり霊的な問題はほとんど解決しない。カウンセリングによる変化は、**根深い罪を悔い改める**より、むしろ**根深い問題に向き合う**過程を伴って生まれる。このメッセージは、力は自己理解と心理的成熟によって得られる、というものである。**私たちの内に**働く神は、変化したい意志と力を与えつつも、真の変容にあっては周縁的役割でしかない、ということだ。

聖化とは、正しいことを**すること**、そして間違ったことを**しないこと**だと考えられてきた。カウンセリングを通して行為の下にある事柄を探ったとしても、心理的因果関係ばかりを強調し、真の聖化とは何かに焦点を合わせてこなかった。人間関係の罪、つまり愛のないかかわりは、関係的非聖化の土壌、すなわち堕落した人間の心の内に湧き起こる自己中心の中で生まれる。

選択3を図示すると次のとおりである。

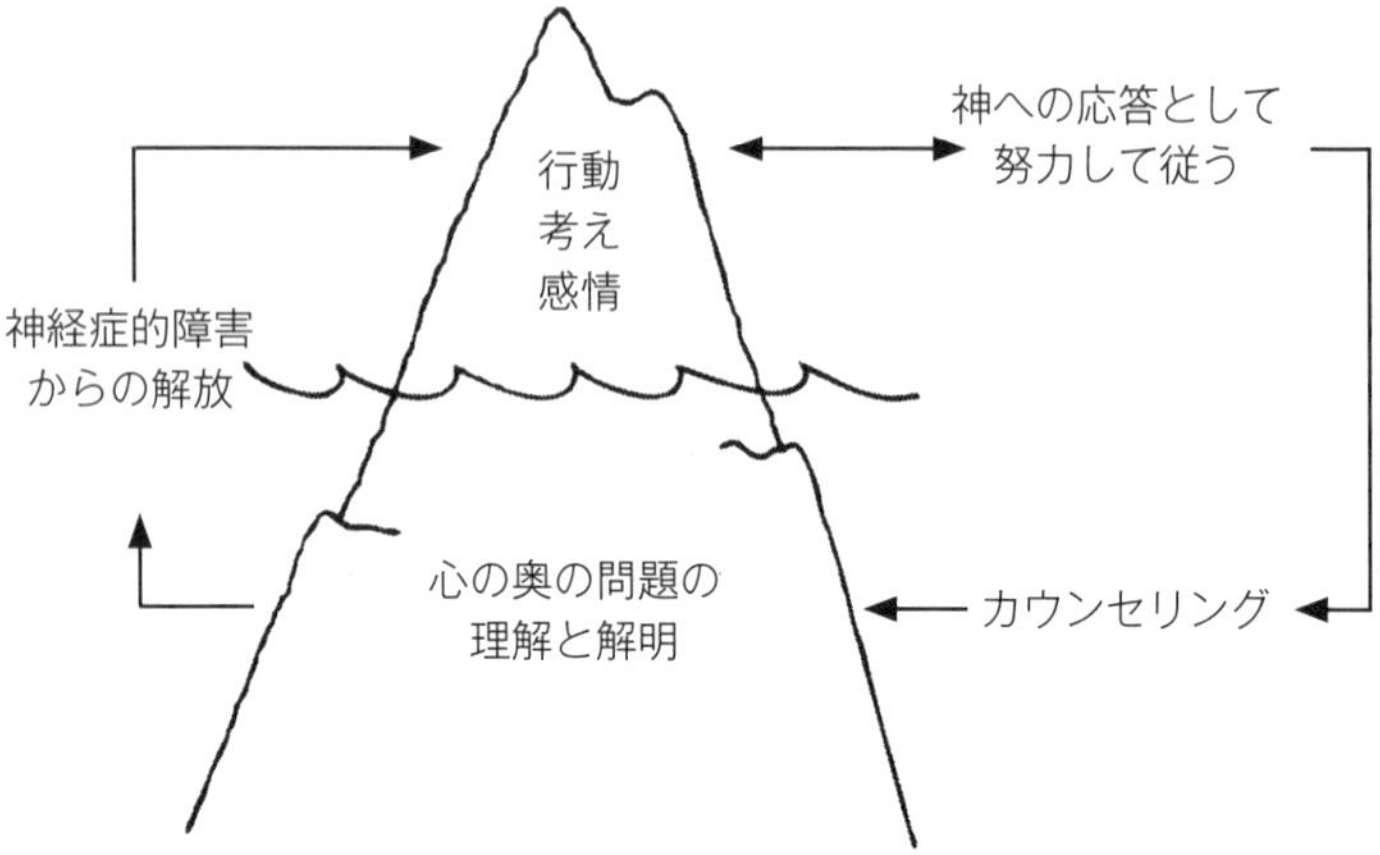

心の内側を探ることは挫折しやすい。訓練を受けたクリスチャンの生き方をしても、魂にあるすべての問題を解決できない。聖霊に私たちの人生を肩代わりしてもらうというのでは、私たち自身のある部分は触れられないまま残される。カウンセラーの助けを得ながら率直に心の内側を探る場合でも、時に混乱や病的な自己没頭を招く。しかしなお、主は私たちに、外側の行動をきよくする前に、人格の内側をきよめることを求めておられる。真の変化を求めるならば、心の内側を探らなければならない。

第3章以降で、人生の喜びや苦難にあっても私たちを導く心の内側からの真の変化とは何か、それを理解するための枠組みを明らかにする。心の内側を探るということは挫折するかもしれない。しかし、人生を治めるために、吠えまくる二匹の犬について話すより有益である。

第3章　何を探るのか

心を探ることは重要であるが、同時に困難なことでもある。いらいらした気持ちが起きて胃がねじれるように苦しいとき、なぜそうなるのか、私たちはその理由を知りたいと考える。偽りの心と愚かな知性の中で何が起きていて、このようなひどくいらいらした感情になるのか。心の内側を探ることは必要だが、混乱させられる。何が間違っているのか知るために心の内側を隅々まで慎重に探ろうとしたが、クリスチャンの集まりの中では助けになるものはほとんどなかった。[1]

何世紀にもわたって、教会は魂の癒やしと救済について責任を負うことを当然だと考えてきた。そして、神だけが人間の心の堕落と孤独に適切に対処できると信じてきた。しかし、フロイトが「深層心理学」の時代を先導したとき、聖職者たちは、信仰告白、赦し、和解の教条といったものが、はたして深層心理学で新しく定義されている人生の難解な問題に対処できるのかどうか怪しみだした。抑圧された情動、分裂した自我、性心理的固着のようなことは、善意はあるが心理学にうとい牧師には手に負えなかった。

一九〇〇年代の半ば、変容の援助に関する近代の理論に根本的な影響をもたらす運動が起こった。教会は霊的な事柄（たとえば、神との関係、摂理のような）には独自に答える用意はできていたが、日常的な、しかも自分と他者との関係構築といった、より差し迫った問題は心理学に解決を求めた。この心理学との吸収合併の背景には、自分自身を深く理解するには、聖書の知恵より心理学の洞察のほうが優れているとの確固たる前提があった。

反抗や不信仰といった霊的問題を明らかにするうえで、聖書の考えに基づいて心の動きを考察することは、深いものではないが鋭い。しかし、人がみな直面する多くの問題を説明するには弱いと思われている。娘の拒食症や自己信頼の欠落などを本当に解決したいと思ったら、教会の外で、少なくても心理学的な訓練を受けた牧師のところに行くべきだと考えるのだ。

この先入観のむずかしさは、この考えがほとんど正当化されているところにある。教会は人々が直面する問題を、悲しいほど簡単なことだと理解してきた。多くの教会が心の内側を探る必要などないと主張して己の無知を大いに喜んできた。自己理解を「不健全な内省」だとする人もいた。そしてこう言うのだ。「みことばだけを求め、ひざまずき、キリストを周りの人々に証しするならば、個人的な痛みにかまっている暇などないはずだ。心の内側を探ることなど忘れて、ひたすらキリストに仕えなさい」と。

真摯に格闘するクリスチャンの前に、二つの選択がある。⑴心の重大な問題は無視し、人生の水面下にある問題を理解することなく、ひたすら良いクリスチャンになるよう努力すること。⑵聖書の啓示によるのでなく、現代の心理学の理論に基づいて心の内側を探ること。この二つである。二つ目の選択は、たとえば、自分の気質を知ること、痛みに満ちた記憶の癒やし、忘れてきた傷を表面化できるようにする、親の過ちによるダメージを再構成する、破壊的な感情や隠された記憶に向き合い、それらを意識的にコントロールする、などである。

いずれも、主が望まれる深い人格の変容に私たちを導くことはない。内側から変わろうとするなら、どのような心の問題が正されなければならないか理解すべきである。そのためには、心の内側を探ることなのである。さらに、聖書に従って内側を探るべきである。私たちが表面にあるものを取り去り、その下にあって潜んでいるものは何か探るとき、聖書はそこにあるものを教えてくれる。私たちがずっと知りたいと求めていたのは、表面下に隠れている自分を正直に見つめ、聖書の光に導かれるとき、どのように変容していくのか、ということではないだろうか。

聖書が述べるすべてのことは信頼できる。しかし、心から変えられるために必要なことを、すべて余すところなく語っているのだろうか。聖書を神からの六十六通の愛の手紙として読むならば、御父がお造りになった自分になるために私たちが知るべきすべてのことは、十分に欠けなく教えられていることが分かるだろう。

心の内側を探ることは大切である。しかしすでに述べたように、それはむずかしいことである。私たちの心を見守れと教えている聖書は（箴言4・23）、同時に、人の心は何よりもねじ曲がっているので理解することはできないと語っている（エレミヤ17・9）。理解しがたい心から目をそらさずにじっと見続けよとの命令は、隠れている囚人から決して目を離さないようにと看守に命じるようなものである。

明らかに言えることは、もし聖書が指摘するように心の中を知ることがむずかしいのであれば、的確に心の内を探るためには、全く神の助けに依存しなければならないということだ。人格の研究は、データの山から掘り出して発見したものを、人の興味を惹きかつ洞察に富んだ理論に作り上げる。しかし神の助けなくしては、どんな労作も、変わらなければならない問題の核心を正確に指摘することはできない。

しかし、その反対もまた真実であるということは良き知らせである。神の助けがあれば、理解すべきことは何か分かる。もし、うつの状態がじわじわと生きるエネルギーを奪うならば、もし正しくないことをしようとする衝動が突発的に起こるならば、または、相手の反応から自分は愛を伝えるのが不得手だと分かるならば、私たちはこう確信できるし、すべきなのである。すなわち、聖書は心を傾注して探るべき問題に導いてくれるという確信である。

心の奥にある熱望と間違った戦略

ここからは、心の内側を探るスタート地点について述べたい。[2] 内側を探るために手がかりとなるのは、人々が神から離反した歴史のある時点を通して、神が人々の心を深くご覧になり記録した事柄である。エレミヤ2・13に聴いてみよう。

わたしの民は二つの悪を行った。
いのちの水の泉であるわたしを捨て、
多くの水溜めを自分たちのために掘ったのだ。
水を溜めることのできない、
壊れた水溜めを。

このテキストから二つのことが分かる。一つは、**人々は渇いている**ということだ。渇きはだれにでもあると直接的に言及されていないが、それを前提としているのは明らかである。聖書では、神のみが与えることのできる充足を喜ぶように人は造られたと言われている。それと同じくらい頻繁に、渇く心についても言及されている。つまり、人はだれでも渇いているということだ。人が喜ぶようにと神が造られたものを、私たちはみな心から熱望する。それはたとえば、他者との深い愛情に満ちた、受容し合う関係をもつことや、他者に対して重要な存在になることである。注意深く観察してほしいのは、神は人々が渇くことを当然としており、渇きゆえに人々を非難しては決しておられないということだ。渇きが問題なのではない。神が非難しておられる二つの悪に、人は渇くという事実は含まれていないのである。

二番目に気づいてほしいことは、**人々は自分の渇きに反応して間違った方向に行こうとしている**、ということだ。つまり、人々は自分の渇きを取り扱ってくださる神を信頼するのを拒否した。信頼する代わりに、自分自身の満足を得ようとコントロールし続ける。心の熱望を満足させようと決意してシャベルを手に取り、水溜めを掘ろうとあちらこちらを探し回り、そうして自分で充足を得ようとする。簡単に言えば、自分で自分の人生を歩みたいのだ。堕落してしまった人間は、傷つくことにおびえながらも、同時に神に頼らないように懸命になる。「自分自身のやり方で生きれば、もっと満足を得られる」とうそぶくサタンの偽りにエバが屈服したとき、人類は道を踏み誤ったのだ。アダムが神のみこころでないところでエバに加担し、いのちを得ようとしたとき、アダムは自己操縦という病をすべての子孫に伝染させてしまった。こうして今や、いのちを得ようとするとき、だれも神を求めない。自分自身の持てるものに懸命にしがみついて、いのちを得る戦略を生み出すことが人生において当然のことになってしまった。こうして、自己防衛は人の典型的行動になった。

聖書は常に、人を渇望する存在、また愚かな存在としてとらえている。神が意図して人が喜ぶようにと与えられた充足を、私たちは熱望する。しかし、神から離れてそれを見つけようとする。心の内側を探ることによって、私たちの心の内に深く埋め込まれた二つの要素が明らかにされる。すなわち、⑴持っていないものへの渇望、あるいは**心の奥深いところにある熱望**。そして、⑵強く願っているいのちを得るための**間違った戦略**に、はっきりと表れている頑なな自立心である。

この根本的な二つの要素が分かっていれば、日々の問題の表面下にあるものをよく探ることができる。最初の要素、**心の奥深いところにある熱望**は、神の似姿である人に授けられた人間性と尊厳を表している。人は他の被造物が享受し得ない、関係性と意味の本質を熱望している。私たちは、神が与えてくださる食べ物を喜ぶのと同様に、神のご人格を心から喜ぶものとして創造されたのである。

二番目の要素である**間違った戦略**は、人が罪人であるがゆえに生じる。愚かで反抗的で傲慢な人だけが、いのちの根源から離れ、自分たちの力で左右できる充足を探す。しかし、それはまさに私たちがやってきたことであり、今まさしく行っていることだ。夫と妻はいのちの条件として互いにある応答を要求し合っている。人々はみな、かつて経験したような傷を再び受けたくないと思う。安全な距離を保ったままで互いに心地よくかかわれるような戦略を考案する。他者からいのちを得、自分のいのちを脅かすと思われるあらゆるものから自分を守って生きている。

心の内側を探っていくと、心の奥の満たされていない熱望が明らかになる。その熱望は、**堕落**ゆえに痛みから逃れるためにとった愚かで無力な戦略であり、同時に**尊厳**の証拠でもある。私たちは神の栄光を帯びた「堕落した存在」なのである。したがって、心の内側を見つめていけばいくほどに、互いのかかわりを喜ぶ力があることに驚嘆すると同時に、傷を受けないよう自分で自分を守ろうと必死に手を打つ悲劇をますますはっきり見ることができる。

眼鏡をかけて、自分自身を見てみてなさい。片方のレンズで、神の似姿である人の尊厳を見ることができる。もう片方のレンズで、あなたの堕落を見ることができる。その堕落は、神の善に委ねる願いを、自分自身だけに関心を注ぐ熱情へと堕落させてしまったのだ。

心の内側を探ること

水面下に二つの要素が働いていることを、一つの簡単な例で見てみよう。二十二歳の息子がいる一組の夫婦の例である。息子は飲酒の問題で大学を中退し、家に戻りたがっている。彼らは息子にどう対処したらいいか悩んでいる。彼らの問題に対するクリスチャンのアプローチは、たいていは「専門家」のところに相談に行き、その助言が聖書の原則に合致しているかどうかチェックする。そして自分たちが誤った決定をしていたら、神が取り消してくださるように祈る。そうした後で、息子に家に戻ることを禁止して彼の責任について教えるか、あるいは、息子が家に戻ることを歓迎して恵みを示すかのどちらかに決めることになる。

どちらか決める前に、心の内側を探ることにしよう。この息子の、尊敬とかかわりを得たい熱望は満たされないできたと思われる。というのも彼の家庭では、父親は疎遠で敵対的で、家族にかかわりをもたない。母親は、夫が与えない親密さを求めて息子にしがみついている。そのような家庭で育った彼の熱望は充足されていない。こうした状況では、父親と母親がこれまでのことを理解する必要がある。そうして息子は家庭に受け入れられなければならない。父親はこれまでの疎遠をわび、心をこめてかかわるように努めること、母親は息子と健全な距離をとると同時に、自分の痛みを、もっと心を開いて夫と分かち合うことが求められるだろう。そうして初めて、息子は家庭に迎えられるのである。

こうした変化が生まれるために、両親は自分自身の心の内側を探り、自らの満たされない渇望と自己防衛的な関係のあり方を知る必要があるだろう。たとえば父親は、自分自身を惜しまず与えて相手から尊敬を得ることができない自分に直面する必要があるだろう。たぶん彼の父親は、息子の勤勉ぶりだけを見て評価していたのではないか。その結果、彼は一生懸命働くが、自分自身を惜しまず人に与えることはほとんどしない生き方を身につけた。こうした人とのかかわりをすれば、欲しいものは手に入ると考えたかもしれない。自分の息子が十代になってやっかいなことをもち込み始めたとき、憂鬱にさせる息子に怒りを覚えながら、仕事に逃げ込んでいたであろう。そして、自分の心を息子に打ち明けても受け入れてもらえないだろうと恐れ、進んで心から分かち合うことをしなかったのではないか。この父親が人からの尊敬を願い、息子との関係を熱望するのは当然のことである。しかし、拒絶されることから自分を守るために相手と疎遠になるという戦略をとったことは、罪なのである。

母親のほうは、決して自分自身を与えてくれることのない夫と何年も生きてきて、気むずかしい女性になり、母親としての義務を事務的に果たしてきたのではないか。彼女の女性としての魂は、孤独と無視で痛んできたであろう。その痛みは本当にひどく、彼女の中で考えた唯一の解決策は、自分が傷つかないようにだれにも近づかないというものであった。自己防衛的冷淡さというバリケードを築いて、息子への深い愛を隠してきたかもしれない。さらに事態を複雑にしていたのは、義務的な世話であったけれども、自分の子どもに操作的にかかわることで、親密さへの抑えられない願望を満たそうとしてきた、ということである。その息子は、父親に望まれていないと感じ、母親に支配されていると感じてきたに違いない。

両親の失敗に焦点を当て、息子の罪ある行動を大目に見たとしても、もし息子が家に戻ったら、この家族は互いの関係の問題に直面するだろう。他方、もし父親が穏やかで、息子の願いをいつも受けとめ、母親は従順にもどんなことにもノーと言わない家族だとしたら、息子を快く迎える前に、自分の責任を理解しているのか確認することは賢明だとも言えるかもしれない。

心の内側を探っても、何をするべきかについて完全な確かさが得られるわけではない。しかし、心の内側で何が起きているのか理解すると、行動に外面的変化が生じる前に、心の内側でどのような変化が起きるべきなのか理解することができる。

続く第2部では、人の心の奥にある熱望について考察する。第3部では、その熱望に対してどのように間違った戦略を立てるようになるのか、その過程をたどりたい。第4部では、自己防衛の生き方から神を追い求める方向へシフトするための聖書的方法について述べる。後に見るように、このシフトが内側から徹底的に変わる核心なのである。

第2部

私たちは渇く人である

「認めたくないが、
何かが間違っていると分かっている。」

第4章　「だれでも渇いているなら……」

もし私たちが神を**知る**人になるつもりならば、つまり、拒否や喪失といった試練の中を通るときでさえ支えてくださる神の豊かさを味わいたいならば、心の内側を探らなければならない。恵みに満ちた生活と霊的な成熟に至る方法は、神のみことばを学ぶ規律ある生徒になることだと考えるクリスチャンは何千といる。忠実に、そして熱心に祈り、福音を伝えるあらゆる機会をとらえて熱心に証しするクリスチャンになる必要があると考える。そうして、疲れを知らない教会員は自分の時間や賜物、什一献金を教会に喜んでささげる。

多くのクリスチャンは、クリスチャンとしての責任をもっとしっかり果たしたいと願う。自分は規準に達していないという罪意識が心に入り込んでいる。そして、もっと努力するならば自分の問題は解決されるだろうと考える。

最大限の努力をして頑張るものの、失敗に終わるクリスチャンもいる。努力を傾け、すべきことをすべてした後、自分は欺かれたと感じながら教会の席に茫然と座っている。そうしてお義理で礼拝をする。プレッシャーや幻滅を感じている。いったいどれほどの命令に従えば、神は自分の人生の間違いを正し、幸福にしてくださるのだろうかと考える。

また、ある人々は――ほとんどの人がそうであると思うが――聖書の学び、祈り、証し、そして礼拝出席に熱心であることが、神に特別に選ばれた者にふさわしいことだと考えている。エレミヤは生まれる前から選ばれていた。パウロは天からの光で目を見えなくされて召命を受けた。牧師は按手を受けて聖別される。しかし、通常の信徒に必要とされていることは、人に親切であること、配偶者に誠実であること、一所懸命働くこと、家族との時間や教会での活動、そして個人の楽しみにバランスよく時間配分することである。教会にはこのように考える信徒が多い。つまり信徒の多くは、テレビコマーシャルのふとした時間や、講義のような聖書研究の時間にだけ自分の人生を振り返り、それで安心し、満足しきっている。神の祝福に対して自分流に感謝をささげているのである。

クリスチャンには二つのカテゴリーがある。一つは教会への献身の基準が高い人々、そしてもう一つは、平凡だがまともな人生であることに満足している人々である。最初のグループには、高遠な理想に達していない自分に挫折感を覚える人々と、わずかだが達成していることに満足している人々がいる。二番目のグループは、経済、健康、人間関係がうまくいっている限り、ほどよく幸福な人生を送っていると思っている人々である。もし物事が散々な状態になれば、人生の秩序をすばやく回復しようとする。もしそれが不可能だと分かると、別の慰めてくれるものを探し始める。自分で得た慰めでは避けがたい苦難をどうすることもできないと思うと、苦悩やうつ状態に陥ったり、逃避したりする。

主は、宗教的行為に徹底的に高い基準を設け、その実行のために生きている人々を厳しく非難された（マタイ23・13〜16参照）。パリサイ人のことに言及したと考えればそれは当然だと思えるが、焦点が自分自身に移れば、人は見透かされているようで心地よくない。キリストは、外見上は信仰的で品行方正な訓練された生き方でも、その下に隠されている汚物があることを明らかにされた。注意してほしいのは、熱意をもって規準に達しようとしても、事によっては主が命じられた生き方ではない、ということである。平凡な人々――献身的に生きるよりも安逸を好む人々――を、主は吐き出された。「わたしはあなたの行いを知っている。あなたは冷たくもなく、熱くもない。むしろ、冷たいか熱いかであってほしい。そのように、あなたは生ぬるく、熱くも冷たくもないので、私は口からあなたを吐き出す」（黙示録3・15〜16）。

外側の汚れのなさは、それが熱心さによるものであろうと、自己満足によるものであろうと、主を感動させることはない。私たちが表面の下に隠したままにしている汚物を、主は容赦なく介入して取り扱おうとしておられる。神のみこころのとおりに人生を生きるためには、汚れたところに向き合い、聖化のプロセスにどのようにあずかればよいのか知る必要がある。心の内側を探らなければならないのだ。

二つの反応

正しいことなら何でもしようと頑張ってきたのに幻滅し、意気阻喪する人々に、福音は善きものである。つまり、努力を重ねることは答えではない。クリスチャンの規準に到達しようとする自分の熱心さや、あるいはバランスのとれた道徳的な生き方に満足している人々は、内面の事柄に取り組むようにとの主イエスのことばに真っ向から向き合わなければならない。そのような人々にとって、福音は脅威である。

心理学者が人々に内省を勧めるとき、クリスチャンは二つの反応のうち一つを示すものである。あるクリスチャンは自己没頭するようにと言われている感じがして不安に思う。つまり、教会が個人的な痛みや苦悩に夢中になって、伝道への関心を失った自己発見のためのグループに分かれていくのではないかと不安になる。

片や、心理学の勧めを好意的に受けとめる人々もいる。おそらくそういう人々は、心の奥の事柄に集中することは、「これをしなさい、あれをしなさい」式のキリスト教の息苦しい律法主義から自由になれることだと希望をもつ。自分自身を受容できないで葛藤しているあまたの人々に、肯定的メッセージを届けられると期待する。

心の内側を探ることを始める前に、私は上記のいずれの反応にも賛成できないとはっきり主張したい。最初の反応は、自己理解は自己中心につながると恐れている。また、聖書の知識やクリスチャンの活動が個人の問題を解決すると考えている。この最初の反応は、罪とは神の規準に対する意図的な行動上の侵犯だと定義する。私たちの生活の表面をほんの少し見ればどこが間違っているか分かるので、心を探っていく必要はないし、場合によっては有害だと考えるのである。彼らにとって、より一生懸命に正しい行いをすることこそ勝利の生活の鍵なのだ。

二番目の反応は、自己受容が重要であるとして、自己受容を完全に中心に置き、豊かな生活の土台だと考える。罪を単なる行動上の侵犯とする**表面的な**定義はしないが、罪を**間違った仕方で**定義している。つまり、「自分自身を愛するために神を信頼するという能力の欠如」と定義している。しかし、それは間違いである。二番目の反応は、人々の問題が深く頑なな罪にではなく、肯定の欠如に根差していると考える。この観点からすると、心の内側を探ることは、結果的に心からの悔い改めに導くのでなく、個人の価値のはっきりした自覚を促すことになる。

何のために心の内側を探るのか

心を探ることは神の前に応答的に生きるために必要であり、自己受容を高めるためではないというのが私の見解である。この章で明らかにしていくが、心を探ることによって、神への依存に向き合えるよう私たちは導かれるのである。つまり、神を心から信頼するとはどういうことか理解していくことになる。それは同時に、自分のもてる力で人生を何とかしようとする決意の醜さをあからさまにしていく。そのことがあからさまにされて、私たちはいっそうの悔い改めと徹底した従順へと進んでいく。

心の内側からの変化は、クリスチャンの規準への到達や幸福感の増加を目的としない。到達も幸福感も、霊的成熟の副産物でなければならない。本当の変化が成熟を生み出す。つまり、真に愛することができる成熟である。他者の魂の深いところで真にかかわれる人こそ成熟した人である。成熟していくには自分の心を探る必要がある。

深く愛することで他の人々をイエスのもとに導くことは、真の変化によって可能であるが、それは正しい行いをするための規律ある努力や、自己受容を目的としたスモールグループの交流で起こるのではない。そうした努力によっても自己受容によっても表面下の汚物には届かないし、私たちの愛する力が自己防衛の巧妙さでいかに汚されているか明らかにすることもできない。それらは私たちが心から変わり、問題が解決していくのを助けてはくれない。心の奥深くを正直に探り、内にある破れを探る必要がある。

第3章では、心を探る適切なガイドとして、二つの主要な聖書的テーマがあると述べた。つまり、人は**渇望**していること、そして人は**愚か**であることである。私たちは、神のかたちを帯びる者として、神と神が造られたものすべてを喜ぶように創造されたが、堕落した世界で失ったものを渇望している。堕落した人間は、神から離れ、自分でいのちを得ると宣言した。その結果、自分自身の満足を満たすために、愚かで無力で不道徳な戦略を考案したのである。人生の層を一枚ずつめくっていくと、下に隠れているものが見えてくる。そこにあるのは熱望——ある熱望は心の奥底にある——と、戦略である。戦略とは、熱望を満たすためのものであり、努力して自分自身の力で人生を何とかしようとする戦略である。最初に、熱望について考えてみよう。

どのように願望に対処するか

ほんの少し考えただけでも、人は何かを欲しがるという事実に気づく。人はある感情を味わいたい。人々に気分よくさせてもらいたい。楽しみと安心のために仕事と収入を得たい。人々に重要な存在だと思われたい。どこかに属していたい。土曜日の午後にピクニックをしたいので、気持ちのよい天気を願う。今自分がしていることの動機の元にある願望はこれだと指摘することは、むずかしいことではないだろう。

クリスチャンは自分が何か欲しているいると自覚すると、ただちに自分はわがままだと感じる。「**私は今、自分自身のことを考えている。物事が自分の願うように進むかどうか、そのようなことに関心をもってはならないと分かっている。もっと他者の利益に配慮していかなくてはならないと思う。**」そのようにして、自分のわがままさを克服できるように助けてほしいと神に祈るのだ。

しかし、熱心な祈りをささげて無私無欲で行動する努力をしても、心の奥に個人の願いが残っている事実を否定するのはむずかしい。熱望を克服できるようにとの祈りは無力である。私たちの願望を克服できる唯一の方法は、あたかも願望がないかのようにすること、そして強制的に他の人々を自分より優先させることである。

私たちが他者中心の成熟を求めて自分自身のことを心に留めないようにするならば、人との関係のもち方は機械的になる傾向がある(「私の感情とは別に、あなたにとって最善のことをしよう」)。それでは、飛行機を降りる乗客にキャビンアテンダントがかける挨拶と同じ程度の温かさしか相手は感じない。自分の中にしつこい願望がいつもあることを率直に認める人々も、霊的な方法を用いてこれらの願望を追い払おうと懸命になる。たとえば、みことばにさらに時間をかけたり、祈りの課題を増やしたり、いっそう教会の活動に参加したりする。

しかし、願望はなおもあり続ける。それは当然である。人の存在のまさに実体の部分と結びついて、心の願望が存在するのだ。妻は夫に、心をこめて大切にしてほしいと願う。夫は妻から尊敬を得たいと心から願う。親は子どもに夜遅く帰宅してほしくないと願う。独身者は単なる楽しみ以上の意味深いかかわりを願う。

簡単には消え去らない頑なな願望にどう向かえばよいのか。願望を人の罪性から生じたものと考えて、その影響を受けないように生きるべきなのだろうか。それとも全く反対に、願望を正当なものだとして、神がすべての願望を満たしてくださると主張する神学の立場をとるべきなのか。

ある女性の夫は、結婚生活三十年目に若い愛人のもとに行ってしまった。その女性は夫に戻ってきてほしいと思っている。では、彼女はどうするべきか。最初に考えられるのは、和解したい願望はさておき、神が与えたもう交わりや礼拝に行くということであるかもしれない。二番目の考え方は、彼女が本当に願っていることを挙げ、神がそれを成し遂げてくださると信じるというものだ。選択は、ストイックに願望を否定するか、すべての願いはかなうというごまかしのキリスト教をとるかのどちらかであろう。自分自身を機械にすることもできるし、神を欲しいものを提供する自動販売機にすることもできる。

これらよりも、もっと良い選択があるはずである。つまるところ、個人の活力も損なわず、互いに愛し合いなさいという神の命令も損なわない仕方で、心の願望に対処しなければならない。心から変わることによって、私たちは次の二つのことに導かれる。⑴熱望は人を温かい血の通った存在にさせるものだという確固とした理解、⑵相手を心から配慮し要求を押しつけない関係、である。

真の人としての存在を失わず、また他者への誠実な関心を失わずに願望に率直に向き合う鍵は、願望に関する二つの事実を理解することにある。第一に、願望は、複雑で多様な罪の方向へと人を向かわせる力をもつが、人の堕落ばかりでなく根本的な人間のあり様《よう》に関連する。換言すれば、**願望はもってよい**のだ。第二に、人が心から深く願うことを注意深く見ると、私たちが欲するものはすぐに手に入るものではなく、御国で与えられるものであることを理解するようになる。心からの熱望を知れば知るほど、孤独と悲しみを抱えていく。ある同僚が、そのような「巣の外にある」感情の経験を次のように述べた。

> 感じられないことがほとんどであるけれど、私たちの最も深い願望は、イエスの栄光にあずかることだ。それは、私たちが人々から畏敬の念をもたれるような神々しい姿に変えられて、

強い印象を与えることを**意味するのではない。**神が私たちを大いに喜び、私たちも神の歓喜の内に安らぎながら、自ら他者を愛する者になるということを**意味する。**私たちが他者を愛せることを神は喜ぶ。その喜びは、神がイエスにおいて抱く喜びである。

自分の熱望に対峙するときに起こる二つの間違い――熱望をクリスチャン活動の熱心さのうちに隠してしまうこと、また、満足を得ようとして熱望に集中すること――は、自分はこの世では得られないことを願っているという単純な真理を否定することだ。人は、不一致と隔たりという有害物に汚されていない完全な世界に生きるように造られた。しかし、御国に住まいを得るまで、私たちは傷つくのである。したがって、熱望することが当然であるばかりでなく、**傷つくことも当然なのである。**

日々の生活の葛藤の下では、渇望する魂が満足を求めてあえいでいる。渇いたままでいる現実が私たちの人生をどのように覆っているか理解しなければならない。まずは、ほとんど認識されていない正当な願望について考えてみよう。

願望をもつことはよい

妻と私がお気に入りのピッツァの店に行く途中でのことだった。車の後部座席には親友の夫婦が乗っていた。私はハンドルを握りながら、われながら車の運転がうまいと自信にあふれていた。店の場所も分かっていた。というのも、何度もその店に行っていたからだ。

グレイズ通りを東に行って、セカンド通りに近づいてきた。店はセカンド通りを北に一マイル行ったところにあった。グレイズ通りから左折する必要があった。私が左のレーンにゆっくり入ると、赤信号になったので停車した。そして左折のウインカーを出した。

停車して二、三分たち、信号が青に変わった。私が次の行動に移ろうというときに、妻は言った。

「左に行くのよ、あなた。」

その短いことば――左に行くのよ、あなた――によって、私は激しい怒りを感じた。私は顔をグイッと彼女に向け、ビシッと言った。「分かっているよ。」そしてスピードを上げた。私の中のすべてが右に行きたがっている。しかし、ピッツァを目指す願望が妻に復讐したい願望を上回り、私は左折した。ことばが心にあふれだした。口から出したかった。それも妻の助けに感謝するよりほかのことばを。友人が後部にいたので、それを妻に向けるのはやめた。

私は怒りを感じていた。その怒りの程度は、私の案内能力に対する妻の明らかな不信のせいで、当然感じるだろう怒りをはるかに超えていた。正直に言えば、私は妻には心を注いできたと言ってよい。しかしそのとき、何も実を結ぶことのない激情が妻に向かった。

私の優れた方向感覚によって、セカンド通りをずっと走っていくと、「ピッツァ」の文字が照らされた大きな看板が見えてきた。駐車場に入ろうとしたとき、妻は指をさして「ここだわ！」と言った。私の怒りは倍加した。なぜなのだろうか。確かに、多くの、また、やや緊張をはらんだ疑問が、こうしたよくある出来事から出てくるものである。それは、

・私の怒りの強さで、私の成熟度が分かるのか。
・これから行く場所を私が知っているかどうか、妻は本当に確信がなかったのか。それとも、いつもの癖だったのか。本当に助けたかったのか。
・夫というものは妻への怒りの感情をどのようにして収めるべきなのか。後で妻と論じればよいのか。自分はあまりにも感じすぎるので、忘れるのがよいのか。妻の良いところを並べ立て、バランスのとれた評価を妻にすればよいのか。正直の名のもとで、自分の感情をどっと吐き出せばよいのか。怒りを悔い改め、穏やかになるよう神に助けを乞えばよいのか。

このような結婚生活によくある緊張の解決を考えたところで、問題の根本は分からない。結婚生活の緊張は見過ごすようにしてあまり触れないほうがよいとか、互いの理解のために感情をオープンに話したほうがよいと勧められるが、そうした勧めは、問題の根っこに届くような問いかけ、**「このようなやり取りをしても得られない何かがある。私は心からそれを得たいと願っている。それはいったい何なのか」**には答えない。

心の中を見ていくなら、より根源的な心のひびが明らかになるだろう。そのひびが修復されるな

ら、より良い結婚生活へと導かれるだろう。自分の願望を直接に見るならば、私は**尊敬**されたいということだ。自分は**尊敬を熱望**していると言っても大げさではない。だれかが私の内に価値あるものを見いだしてくれていること、また私が与えている影響のゆえに、私の存在は重要であることを実感したいのだ。多くの人はこの熱望を、重要な存在になりたいという願望、あるいは厳密に言えば、人としての有意義性への願望と説明する。人々が私のことを重要だと思ってくれるとき、また人々が私のコメントの後に、私の意味していること、感じていることを確認するために質問してくれるとき、私は好ましく受けとめている。私がばかげた所見を述べた後でさえ人々がなおも私から聞きたがっているとき、私の心の中の深い何かが触れられている。私が何かをうまくできた場合だけでなく、やり損なったときにも敬意をもって私を扱ってほしいと願っている。

熱望をもつことは正当なことだ。妻に優しくしたのかという私の責任問題を持ち出して、熱望のこととすり替えられてはならない。熱望を無視することは、神が造られた私という存在をおろそかにすることなのだ。神がアダムにエデンの園の管理をするように命じたときに、神はアダムに意味ある仕事を与えられた。アダムは「自分が重要な存在だと感じる」仕事に任命されたのではない。アダムの働きは重要であった。アダムには影響力があった。機械的に従うのではなくアダム自らが自由に従う選択をすることが、すべてが維持される条件であった。アダムが反逆する自由を行使したとき、彼は世界に衝撃を与え、今日に至るまで世界は揺るがされ続けている。

私が重要だと考える事実は、次の二つのことに基づく。つまり、(1)自由な者として私を造られた創造主の知恵と配慮、そして、(2)罪によってもたらされた神と私の間の分離。もし人が罪を犯さなかったら、存在の意味を見いだそうと必死になるのでなく、神の世界の一部にされていることをすばらしいと実感しながら生きていることだろう。尊敬を得たいという私の願望は、私の堕落と造られた人としての性質とに結びついている。私の熱望は罪に汚されないではすまないが、しかし、このように言うことができる。私は重要な存在として造られたゆえに尊敬を受けたいと願う。その願いは正当なことであると。私が尊敬されていないと分かったとき、ちょうど、他人の重い足に踏まれてつま先が反応するのと同じように、私の魂の中で反応が起きる。「私は傷ついた」と。

簡単なことはできる私の能力を妻が尊重しないと感じるとき、ふさわしいと認められたい心の奥の熱望が痛む。その痛みがなかったようにすることができないのは、踏まれたつま先があたかも痛くなかったように振る舞えないのと同じである。私のつま先は、通常の治療よりももっと良い治療を受けるために造られた。つまり、私は尊敬を受けるにふさわしく造られたばかりでなく、尊敬を得る以上のことのために造られた。つまり、**関係性**をもつために造られたのである。私は、逃げることなく恐れることなく私のすべてに対処してくれる、心のしっかりしただれかが私にかかわってくれることを求めている。

私たちはたいてい、びくびくして互いにオープンでいることができない。それは、自分を傷つけ落胆させる人々を恐れているからではない。人々が自分から離れていくのを根本的に恐れているからである。私たちは、信頼している相手が自分の正体を知るや否や、相手を頼れなくなり、相手がそれ以上自分に深くかかわらなくなることを恐れる。堕落以来、人類は互いを完全に愛することができない。その事実を人は受け入れたくない。

ある若い女性がこのようなことを話してくれた。彼女が父親に、自分は信仰と性的な誘惑の間で葛藤していることを話そうとすると、きまって父親は、故意に、しかも急いで話題を変えようとした。そのメッセージが意味することは明らかであった。「あなたのそういったことを知るのはあまり気持ちのよいものではない。だから私に話さないでくれ。」この結果、彼女はだれも自分の心の内に触れてくれないのだと、ひどく恐れることになった。自分の考えや感情を伝えたら、相手をおびやかすかもしれないと恐れるようになったのだ。彼女は他人をいらいらさせるかもしれないことから懸命に逃避していたが、当然生まれる疑問と衝動は強まり、神についての疑問と性的楽しみへの願望にほとほと疲れてしまった。疑問と情欲は強迫観念となって彼女を圧倒し、そこから逃げられなくなった。強迫観念の下で、自分のすべてをだれかに知ってもらいたい、そして深くかかわってほしいという彼女の熱望は砕かれたままだった。

自分の家族や友人は自分を好ましく思っていると考えたところで、それは役に立たない。一生懸命やってみても、だれも与えてくれなかったものを得たいという願望を自分から取り除くことはできない。私たちは生まれつき依存している。もし、身体的または人格的ないのちを得たいならば、自分以外のところで算段しようとする。人は、自分より強力で自分を守ってくれるだれかを、また、喜ぶようにと元来備えられたものを与えてくれるだれかを、文字どおり絶対的に必要としている。

神のみこころは、私たちが相手を愛する責任を心から果たし、私たちの喜びとなるものを心から深く熱望するということであった。まことに神の計画は、いたってシンプルである。アダムとエバは、彼らが依存できる強力なお方として神を求め、**それから**、相手が格別に与えるものを喜ぶために互いを求め、相手の喜びのために自分自身を与えるようにされたのだ。

　人は、尊敬と深いかかわりの両方を、つまり相手に影響を与えることと関係性の両方を熱望する。魂が生きがいとするものを渇望する。堕落した世界の砂漠で、私たちの魂は干からびる。心から切望しているのに尊敬も深いかかわりも得ることはできない。

　宗教儀式に魂を奪われ、もはや満たされない自分たちの願望に気づくことすらできない人々の中に、主イエスは入っていかれた。彼らをいのちのない儀式から、神を知るという生き生きとした活力へと向かわせるために、主イエスは立ち上がり叫ばれた。「だれでも渇いているなら、わたしのもとに来て飲みなさい」（ヨハネ7・37）。渇いている人もいれば、渇いていない人もいるというのではない。神を喜ぶように創造されたが堕落してしまった人間は、だれでも渇いている。しかし、イエスが招いた人々の多くは――あるいは、ほとんどが――自分の渇きに気づいていなかった。彼らは充足の希望を諦め、心の痛みから関心をうまくそらせてきたに違いない。関心を他のことに向けることで、渇望する人々は自分の渇ききった魂を忘れる。

　主がユダヤ人に自分たちの渇きを認めるよう教えたとき、恐れた人々はいたに違いない。死にゆく人に水を約束したのに実は何もないと見せることは、なんと残酷なことか。しかし、主はご自分の手は空手でないこと、つまり欲している人々に水を与えることがおできになるのをご存じだった。しかし、彼らは主を信頼したのか。彼らは心の中で、イエスは何かを与えようとしているが、実際は与えられないと思っていただろう。実際に持てる以上に約束する人はいても、結局は失望に終わってきたに違いない。欲しくてたまらないものがあり、しかもそれを持っている人はいないと危惧するとき、だれかがそれを与えると申し出るならば、その人を信じることはなんと危険なことか。

ヨハネの福音書7章37節で、私にはイエスがこのように言っておられるのが聞こえる。「あなたがたの心は、あなたがたが持っていないものを熱望している。あなたがたは、親として失敗したか成功したかにかかわらず、自分の人生には意味があったと知りたいのだ。あなたは自分のことをだれかに質問してほしいと思っている。本当のあなたを知っても恐れず、何を知っても愛をもってかかわり続けてくれるだれかを求めているのだ。もし、だれでも渇いているなら……。」

私は想像する。何人かの勇気ある魂が、自分たちの渇きの現実に疲れ果てながらも、イエスのもとに駆け込んでいく光景を。「はい、主よ。私は渇いています。それを認めます。だれも私が願ったように私に触れてくれた人はいませんでした。私は自分が持っていないものを心から願っています。」

「だれでも渇いているなら……。」その次にイエスは何を言われたのか。次のようには言われなかったことに注意してほしい。「よいことだ。あなたがそれを認めていることをうれしく思う。さあ、利己的であることをやめなさい。あなたが渇いていることを悔い改めなさい。人々を愛し続けなさい。新しい責任の忙しさの中にあなたの傷を埋もれさせなさい。ところで、人々からは安全な距離を保つように。近づきすぎると、また傷つく。そうなると、またあなたは自分のことばかりに集中する。」

主は、こうも言われなかった。「さあ、あなたは今、自分の渇きに触れている。それを深く探るようにしてほしい。あなたの教会にいる、自分の願望を認め気分がよくなるために何ができるか研究している人々の輪に加わりなさい。」

主が言われたのは、「来なさい」ということであった。あなたの渇きを否定することも、それに集中することもしてはならない。渇きに気がついたら来るようにとキリストが招いておられるということは、私たちの魂の熱望に正当性を与えておられるということだ。**願望をもつことは許されるのである。**

傷つくことは当然である

第二の点について論証しよう。第二の点は、第一のことと密接に関連している。神がみむねに沿って状況を導かれるまで、人は自分が持たざるものを熱望する。完成された世界の、完成された人々の間の完全な関係でなければ、痛みから全く解放された幸福は実現しない。

私の親友の一人は尊敬されている神学者であるが、神学校の私のクラスで二学期にわたり一週間に四時間の講義を聞いていた。彼は認識論をめぐって延々と続くディスカッションを忍耐強く聞いていた。クラスは、神の似姿を負うということの意味をめぐって時間をかけて討論していた。彼は文句も言わずずっと座っていた。罪がいかに世界を破壊したか、そのダメージを取り消すために何ができるのか私が考察したことを、彼は熟考してくれた。

春も終わり頃の気持ちのよいある日に、私は最終講義をしていた。学生たちはノートをまとめていた。手首を回し、ノートをとる疲れを取ったり、試験前に配布資料をどう復習するか計画を立てたりしていた。私が講義した内容は複雑であったが、学生たちに理解してほしいいくつかの重要なテーマは伝わったと自信をもって満足していた。

神学者である友人と廊下を歩いていると、友人は考え深げに言った。「二つの講義はとてもよかったよ。きみが話したことを深く考えてきた。私も含めてほとんどの人は、クリスチャンも傷つくことはあって、それは本当に当然のことだと分かったと思うね。」

私はすぐに気持ちが少しばかり傷つけられたように感じた。私はカウンセリングの枠組みを包括的に展開しようと心も魂も注いできたのに、友人は私がしたすべてのことを容易に一つの考えにまとめてしまったのだ。

何日かした後、彼はこう付け加えた。「きみは二つ目の考えを分からせたと思うね。つまり、罪は私たちが考えている以上にはるかに大きな問題であることをね。」それは、私には小さな励ましだった。およそ九十時間かけた講義が、一つというより二つの考えに圧縮(あるいは拡張?)されたから。すなわち、**傷つくのは当然である。そして、罪は考えている以上に深刻である。**

私は少々傷ついた自尊心の手当てをしながら、この二つの考えは、実際に人を理解し助けるうえで最も大事であるかもしれないと思った。この後、二つ目の考えについては第7、8、9章で論じる。一つ目の考え、つまり傷つくのは当然であるというのは、分かりきったことであるが、完全であるように造られたのに不完全な人間にとって重要な真理である。なぜこの真理が人を理解するうえで極めて重要なのか論じたい。

私を訪ねてきたある青年は、五歳の時に父親を亡くした。死因は突然の心臓発作だったと告げられていたのでそう信じていたが、二十二年後の二十七歳の時に、本当は自殺であったと知った。[1]年上のいとこは実際に何が起きたのか知っていたが、その青年が事実と違うことを故意に伝えられていたとは知らなかった。そのため、何気なくある日、その自殺のことを口に出したのだった。さらに別の真実が明らかになった。彼の母親は他の男性と関係をもち、その後、夫に離婚したいと伝えていたのだ。不倫が明るみになって間もないある晩に、父親は破綻した結婚の痛みに直面するのを避け、浴室によろよろと入り、あらゆる錠剤を呑んだ。そして翌朝、ベッドの上で死んでいるのを発見された。

その青年が真実を知ったとき、混乱と恐れ、そして悲痛が魂の中で荒れ狂った。彼の母親はその「不倫の相手」と再婚した。青年は二十年以上もの間、その男のことを「お父さん」と当たり前に呼んでいた。このことを知った以上、どんな気持ちで家に帰れるのか。彼は自分を圧倒する感情をどうしたらよいのか分からなかった。

彼は三十歳になったとき、つまり父親の自殺の真実を知った三年後、私のもとに来た。彼は真実を知ったその時以来のことを語った。彼の目標は一つだった。心の痛みを克服するか、少なくとも弱めることだった。彼は熱心なクリスチャンだったので、心そそられるが飲酒のようなことは論外だった。彼はどんな人とも親しくなろうとしなかった。特に女性とは。ついにだれにも心の重荷を打ち明けることはなかった。

彼にとって、痛みで震える魂を静める唯一の方法は、聖書を暗唱することだった。長い章節や内容も含めて覚えるために集中するのだが、それが彼にとっては苦しみを忘れられる時だった。聖書を理解するときは、神に助けを求めた。みことばに向かっている間、自分を取り戻せた。躊躇なく錠剤のビンを握る乱心した父親のイメージが心に押し寄せるとき、母親の罪深さと裏切りが彼女と今の夫への苦々しい思いとともに心に押し寄せるとき、そのようなときはいつでも、すぐに聖書に向かい聖句を覚えた。これまでの三年間、このようなやり方をしてきた。その結果、彼は神経質になった。彼は痛みを感じないようにしようと決意し、生きてきた。

私たちのだれもが、自分が得られないものを必死で求めている。これが真実ならば、みな、この青年と同じジレンマの中にいることになる。私たちの人生は、一風変わっていると言えないまでも、それぞれ違っている。しかし、私たちの存在の中心に直面したくないむなしさがある。むなしさの原因は、子どもに何も聞こうとしない父親だったり、過干渉となって子どもに無力感を感じさせる母親であったり、満足を与えられない配偶者であったり、深まらない友情であったり、神に関心を示さない子どもであったりする。それぞれが様々なストーリーをもっている。しかし、テーマは同じだ。つまり、私たちはみな、自分にとって重要な人との関係に心から深く失望してきたということだ。それゆえ、私たちは傷ついているのである。

その青年が聖句暗唱に取りつかれているのは、どんなことをしてでも神を知りたいからでは**ない**。彼の目的は痛みを和らげることだ。歩き続けるために靴に入った石を振るい出すことは、当然、何も間違っていない。痛みを除くことが人生の最終目的ではないならば、責任ある道徳にかなった人生である限り、快適な人生を送りたいと思うのは当然である。**しかし、堕落した世界が与える避けがたい痛みを除くことが優先されるならば、神を追い求める道から外れていくのである。**人生に対処する神の処方箋は、痛みを除くことではない。痛みでこの世界が終わりになるのではない。神の処方箋によって、私たちはこの世界のただ中で忠実でいることができる。従順の道は時に、痛みを増すことさえある。そのような時、神は全く不公平で意地悪な方だと思えるものだ。

自分自身や人生に対する失望は、何かをつかむ機会であり、解決すべき問題ではない。渇望するクリスチャンはますます神を求めるのである。自分の渇きが神の祝福によって満たされたクリスチャンは、神に頼り、祝福のうちにとどまり、ただちに神を喜ぶ。

人生の痛みに直面する

私たちが人生に対して向き合わずに罪ある仕方で対応するのは、この世の痛みを懸命に消したいからである。なぜ懸命になるのか、それは、痛みに直面すると幸福への希望が完全につぶされると恐れるからである。もし自分の人生を守りたいのなら、渇望が満たされないために生まれる魂の痛みを取り除かなければならない。それが私たちの考え方だ。その考えは間違っている。しかし、拒絶される痛み、孤独や失敗、そして弱さの痛みが胃に忍び込み始めるとき、あたかも死が近づいているように思えるものだ。そこからまさに生き延びるために、人は痛みを麻痺させ、気分がよくなる方法を見つけようとする。食べること、聖書を暗唱すること、自慰行為、風呂場の掃除、聖歌隊への参加――これらは、ひどく恐れている痛みを避けるために何かしなければいられない私たちの姿だ。

私は決して、人は自覚できる魂のどんな痛みにも、過敏なほど向き合わなければならないと提唱しているのではない。ただ、避けられない痛みを経験しないように労することは、現実の否認であると述べたいのである。私たちのだれもが、渇望しているものを十分に享受してはいない。人は人を落胆させる。直面しなければならない事実はこれである。つまり、**すべてのことがどこか間違っている**。どれほど主とともに歩んでいても、私たちを失望させ、時に邪悪なこの世界の影響からは逃れることができないという事実だ。消すことのできない心の深い悲しみは、霊的に未成熟であるから感じるのではなく、悲しい世界であることを正直に認めて生きていることの証しなのである。

良い心持ちでいなくてはならないとプレッシャーを感じているクリスチャンがあまりに多い。個人的な事柄を他の人と深く分かち合うときは慎重さが必要であると私も認識しているが、クリスチャン・リーダーたちには、自分の葛藤についてオープンに話してほしいと願っている。牧師の不道徳な行為を詳しく聞きたいとは思わないが、周りの人々に立派な態度と生き方を示しているリーダーたちには、自分の鈍感さやプライド（不道徳と同じく全く重大な罪である）とどう闘っているのか、恐れや労苦とどう闘っているのかを話してほしいと思う。他のクリスチャンたちが疑念や挫折、そして落胆を話してくれるとき、私は励まされる。つまり、自分はひとりではないということが分かるのだ。そして、葛藤の中で神がどのように出会ってくださるのか知っているクリスチャンから希望を与えられる。

キリストの美しさを思い巡らすより、自分の問題を長々と考え、分かりきったことを大げさに言うほうが確かに容易である。「人前に立つ」クリスチャンが自分の人生を語る一方で、聞く人々は、いったい何が間違っているのか、説教者はそうでないのになぜ**自分は**傷つき不安で気が狂いそうなのか、分からないまま取り残される。何百というクリスチャンに届くメッセージは、痛みからの癒やしがあり、罪のない完璧さに到達する方法は手に入るという内容である。彼らはこう教える。「すべての傷を覆い尽くすほどの喜びを経験できる。地上の楽園は今、ここにある。そして、後からそれ以上のものが来る」と。

主が「今日パラダイスに入る」と約束されたのは、今や死なんとする人に対してであったことを想起すべきである。主は地上の人生が残されている人々に説教なさったとき、至上の幸福についてではなく、失敗、迫害、そして苦難について語ったのである。

- 「あなたは三度わたしを知らないと言います。」（ヨハネ13・38）
- 「彼がわたしの名のためにどんなに苦しまなければならないかを、わたしは彼に示します。」（使徒9・16）
- 「キリスト・イエスにあって敬虔に生きようと願う者はみな、迫害を受けます。」（Ⅱテモテ3・12）

健康と豊かさの約束は現実にある。しかし、今ではない。その約束は、出産の苦しみにある女性に、医者が「あなたはもうすぐ赤ちゃんをその手に抱きます」とことばをかけて励ますようなものである。まず、痛みがある。癒やしがたく困難な痛みである。その後に喜びがある。夕暮れに涙が宿っても、朝明けには喜びがあるのである。「あなたがたは心を騒がせてはなりません」と主は悲しむ弟子たちに言われた。「もう少ししたら、――今ではなく――あなたがたのために用意しに行く住まいを、あなたがたは見るでしょう。この地上で生きている間、わたしの臨在の力とわたしの約束の喜びがあるでしょう。しかし、人生は困難です。あなたがたは傷を受けます。しかし、そのあとに言い尽くせない幸いが来るのです。わたしを信じなさい」（ヨハネ14・1～3参照）。

私たちが喜ぶように神から意図されたものを、私たちは熱望する。つまり、**願望をもつことは当然**だということだ。そして、御国に入るまで得ることができないものを欲する。つまり、**傷つくことも当然**なのである。「だれでも渇いているなら、わたしのもとに来なさい。」

私は渇いている。持っていないものを熱望する。それでは、キリストのもとに行くとはどういう意味なのか。私はすでにクリスチャンである。自分の心の内では、キリストに従いたいと思っている。私の魂の中の満たされない願望をどうしたらよいのか。どのようにしたら、痛みを抱えながらキリストを信頼し、もっと深く愛せるようになるのか。

これらの問いに答えるために、私たちの内から生ける水の川が流れ出るという主の約束をしっかりと考察しなければならない。

第5章　生ける水の泉とは何か、そしてなぜ、こんなにも心の痛みがあるのか

私がある男性のカウンセリングを始めるや、彼はいきなり要求してきた。「すぐにでも気持ちを楽にしたいんだ。」

私は一息置いて、こう答えた。「それでは、こう提案しましょう。まず、お好きなアルコール飲料を一ケース手に入れて、だれか協力的な女性を見つけ、一か月バハマに滞在してください。」

すると、今度は彼が一息ついた。私をじっと見て、困惑した表情を浮かべてこう聞いた。「あなた、クリスチャンですか。」

「なぜ、そんな質問を？」

「いや、あなたのアドバイスは全然聖書的だと思えないものですから。」

「これが、あなたの要望に対する最善の答えです。すぐに気分がよくなって、嫌な感情を追い払いたいのなら、キリストに従いなさいとは勧めません。お酒に酔い、不道徳な楽しみにふけり、バ

ケーションを楽しむほうがはるかに役立つでしょう。長い目で見たら役に立たないでしょうが。短期間でしたら、それらはあなたが欲しいものを与えてくれますよ。」

アメリカ中の説教者は、今や非の打ちどころのない幸いを約束してメガチャーチを作っている。クリスチャンの喜びとは、日々熱心に奮起する熱心さにあり、それは年を重ねると穏やかな温かさとなり、やがて永遠の天上の喜びで終わっていくと理解されてきた。

聖書の記者たちは、違う理解をしている。人生は圧倒的に混乱に満ちている。だから信仰が必要なのだと。人生の失望に本当に直面したとき人が頼るのは、善き日が来るという希望である。そして、神の目的のためにある人生、キリストと人々とにかかわる人生にしていくための唯一の道は愛である。困難な世界のただ中での信仰と希望と愛――これこそ、人生に何が期待できるかを分からせるものだ。いつも気分よくいられるという約束とは全く違う人生の理解である。

主はキリストのもとに来た人々の魂に、生ける水の泉がこんこんと湧き出すことを強調された。主は何を言わんとされたのか。明らかなのは、痛みをうまく扱うよりも、さらに優れたことがクリスチャンの生き方にはあるということである。

豊かな人生とは

私の人生は、どちらかといえば楽しい経験に彩られている。長椅子にゴロンと横になって二、三時間良い本を読んだり、友人と夕べを一緒に過ごしたり、すがすがしい秋の日にゴルフをしたり、夕食のテーブルを大切な人たちと囲んだりするのは楽しい。

自分の働きは満足をもたらしてくれる。当然、多くの失敗もある。かかわる人々の問題が氾濫した川のように感じられる。その中に沈まないように奮闘するが、うまくいかないこともある。三度、私は沈んでいくように感じたことがある。しかしやがて川は静まり、私は岸にたどり着く。そして、教えたり、本を書いたり、セミナーに呼ばれたり、人々の人生について語ったりと、自分の働きに戻っていく。私は自分の働きを大事にしている。

家族や友人たちも喜びの源である。だれでも人との関係が緊張状態になることがある。時にそれは深刻で長引く。私の場合も例外ではない。しかし、私の人生で経験する人とのかかわりの多くは、深い感謝と温かい感情を呼び起こす良い経験である。

かなりのクリスチャンは、同様の経験、つまりおいしい食事や暖かい住まいなどの身体的に心地よいもの、有意義な仕事、良い人間関係をもっている。富と成功を手に入れるために生きてきた人がいるのも知っている。そういう人はすべてを手に入れているのに、なおもひどいむなしさを心に抱えている。多くのクリスチャンは、良い人生に**加えて**、クリスチャンとしての誠実な取り組みや道徳的に信頼できる正直さをもち、何かが欠けているという感情から遠ざかるようにしてくれる教会とのかかわりがある。

しかし、そうした生き方が、私たちの内から生ける水が川となって流れ出ると言われたときにキリストが約束されたものなのだろうか。率直に言って、私たちは、「個人の楽しみ」と「霊的な面での取り組み」の両方があることがイエスの与えてくださる豊かな人生の意味だと信じたいのではないだろうか。私は安逸を好む。息子たちが順調にやっているとうれしく思うし、妻と自分が互いを慈しみ合えることは喜ばしいことだ。友人とおいしい食事を囲むことも楽しみだ。しかし、私は分かっている。私の中のもっと深いところにある何かがそれ以上のものを求めている。そのため、霊的な取り組みを新たにしたり、神のことばに熟考を重ねながら、神との関係に向き合ってきた。このようにして、自分の楽しみと霊的な取り組みの両方を楽しんでいるとき、私は極めてよい気持ちでいる。しかし、このような問いかけがなされなければならない。「**それが生ける水の泉が与えようとしているものなのか。**」

イエスは実りある豊かな人生を約束してくださった。しかし、豊かな人生とはどのようなものなのか。私たちを気分よくさせる、間断なく注ぐ祝福の流れなのか。それとも、神が喜んでくださる、愛する力という川なのか。私たちはどちらを望むのか。イエスはご自分が与えないものを欲する人には、何もお与えにならない。

多くの教会は、特に礼拝をテレビで放送する教会は、信徒がキリストを証しするときに、生活がうまくいっている人々にだけ語らせる傾向がある。そのメッセージは一貫している。つまり、楽しむことと取り組むこと、この両方が有効であると。神に従う決意をする一方で、あなたが不愉快だと感じていることは何でも神が変えてくださると神を信頼しなさい、というものだ。

私はよく思い巡らす。惜しみなくキリストに自分をささげているが、その人生は心痛む悩みで満ちている人々のことを。そうした人々がこのような証しを聞いて、心の内に罪責感や、魂を破滅させるほどの痛みをどれほど感じているだろうかと。家族の温かい再会、宣教の働きに備えている子ども、緊張を抱えた関係が和解に変えられたこと、経済的損失を神が奇跡的に回復してくださったこと、そのような話を人々がするとき、心の中で神の善を喜ぶ人はどれくらいいるだろうか。

たとえば、次のような人々はどう感じるだろうか。三十年間の結婚生活の後で三年前に去っていった夫は今や、夫の年齢の半分ほどの若い女の子と、隠し立てもせず一緒に暮らしている。その妻はどう感じるだろうか。希望か、混乱か、苦しみか。嫁にわけもなく嫌われているため孫にも会えない祖父母はどう感じるだろうか。あるいは、教会の独身者グループの陽気な騒ぎ好きに嫌気が差していて、大人としての意義ある交わりを切望している独身の女性はどうか。彼女は、個人的な楽しみゆえに神を賛美し、教会のことにしっかり取り組めたと謙虚に神に感謝する人々の証しを聞けば、恵まれるのか。あるいは、真の喜びがもたらされる希望をおとなしく諦めるのか。

私たちはたいてい、私のような者も含めて、適当に楽しみ、誠実に神を追い求める。しかし、答えの見つからない多くの問いがあること、心からの失望、最善の人間関係でさえも決して埋めることのできないむなしさがあることを認めなければならない。私たちは、こうした内的現実を無視しながらクリスチャンとしての取り組みを誇り、同時に個人の楽しみにも集中できるのだろうか。十分に生活を楽しみ、やっかいな問題や感情を考えないようにしている人々が現にそうしていることに危惧を覚える。強い葛藤――たとえば、破綻した結婚、反抗する子どもたち、孤独の痛み――を抱える人々のために、私たちはこのように祈ることしかできないのか。「彼らが神に信頼し続ける中で、神が彼らの個人的な楽しみを回復させてくださるように。」

内的現実の無視が、教会をゴルフクラブに、つまり、成功していて、きちんと振る舞える人には会員権を認め、恩典を与える場所に変えてしまう。日曜日が来るごとに、私たちは、快適で信仰的なことに取り組んでいる人々との交わりを楽しむ。しかしその一方で、窓の方に顔を向けたまま、恨みや嫉妬、失意を抱きながら私たちを見ている悲嘆にくれた人たちがいる。

もし、私たちが心から深く変えられた人々のコミュニティーになりたいのなら、自分たちの渇きを認めるだけでなく、その渇きのためにキリストが約束してくださったことを苦心して探求しなければならない。キリストは、私たちがある程度キリストに献身的である場合には、心地よい人間関係と楽しさ、やってきたことへの報い、楽しい活動を与えると約束されたのだろうか。それとも、こんこんと湧く泉のある豊かな人生とは、それと全く違うのだろうか。夫との豊かなコミュニケーションがないのに、なおこの泉の冷たい水を味わえるというのだろうか。主から離れてしまった成人の息子をもつ両親は、真の平安を知ることができるのだろうか。

主は、私たちの心の奥から生ける水があふれるように流れると約束された。主のみことばが霊的な取り組みと引き換えに個人的な楽しみを約束しないのであれば、――私は約束しているとは思わないが――主は何を言っておられるのだろうか。もし、主のもとに来たすべての者に生ける水の泉を約束されたのであれば、なぜ誠実なクリスチャンは痛みを抱えて生きているのだろうか。

人は心の内側から全く変えられるとき、キリストの約束の現実性に触れることができると私は確信している。キリストの泉から深く汲み出し、生ける水を自由に飲むことができると。このことを正しく理解するために、私たちの魂の熱望について、さらに深く論じなければならない。

熱望には三つの種類がある

主が生ける水を与えると約束されたとき、私たちの心の奥底から泉が湧き出てくると言われた。「**心の奥底**」と訳されることばは――あるいは、いくつかの節では「**腹**」と訳される――、私たちの内側の中心にある空洞の場所として言及されている。また、食欲という意味もある。言い換えれば、キリストは私たちの魂の中心にある願望に何かをなすと約束してくださった。当然、重要さの点では様々な他の願望がある。しかしキリストのことばは、御国のこちら側、つまりこの世界で、それらが満たされる保証を与えなかった。

基本的で最も根本的な熱望とは何か考えてみよう。それは、人生が生きる価値のあるものであるために、充足されなければならない熱望である。それを**非常に重大な熱望**と呼ぶことにしよう（訳補・人はどのような存在として造られたのかに関する熱望）。人は、確固たる強さと愛をもってかかわってくださる方との関係の中で生きるように造られた。その方は、重要な使命を私たちに与え、それを達成できるようにしてくださるお方である。その方との関係がなければ、人生は根本的にむなしい。何事も――欠点のある友人も、感動的働きも、興奮も、楽しみも――真ん中の空洞を満たすことはできない。神が人を造られたときに、人が経験するように神が意図し、人に与えたものだけが、その空洞を満たすことができる。神が与えてくださる関係のみが、人の非常に重大な熱望を満たすことができる。

しかし、非常に重大な熱望をもっているとするなら、非常に重大ではない熱望を経験しなければならないことになる。これを二つのカテゴリーに分け、それらを**重要な熱望**と**通常の熱望**と呼ぶことにしよう。

神のみが満たすことのできる心の深い熱望以外にも、熱望はあること。そのことはだれもが知っている。そのような願望には、極めて重要に思えるものがある。たとえば、仲間から愛され、尊敬されたいと願うこと、自分の子どもが近くにいて幸福で責任ある生き方をしてくれるようにと願うこと、必要なときに助けてくれる友人を望むことなどである。私は、**重要な熱望**とは、人生に豊かな喜びをもたらす意味ある関係を願う、正当で重要な願望であると思う。

三番目のカテゴリーは、**通常の熱望**である。前述の二つ以外のあらゆる願望を指す。取るに足らないもの（「このレストランに好みのサラダドレッシングがあるとよいのだが」）から、意味あるもの（「主治医から良い検査結果を聞きたい」）まで含む。**通常**ということばは、私が本当に伝えたい意味を表していないかもしれない。私が通常と呼ぶ願望の中は、確かに意味あるものもある（たとえば、心配な兆候があったが、医者がどこにも異常はないと診断してくれること）。私の見解では、通常の熱望と重要な熱望の区別は、他者との関係に関連していると思う。相手が自分自身を与えてくれたゆえに満たされるものというのでないならば、それは通常の熱望と言うことができる。人との関係によって初めて満たされるならば、それは重要な熱望であると言える。関係への熱望が深く、しかも神が与えてくださるものだけが満たせるというならば、それは非常に重大な熱望と言うことができる。

満たされない熱望がもたらすもの

熱望が満たされない場合の結果を考えると、熱望を三つに分類する重要性が分かるであろう。「通常の熱望」が満たされないとき、人が経験するのは、後で**処理できる苦痛**である。その苦痛は時に耐えがたいものであるが、満たされなくても人としての自分の存在を脅かすものではない（死という可能性は身体的な面で脅威であるが、**人格としての**存在への脅威ではない）。このような場合、時に極めて難しい場合もあるが、私は気持ちを静めて人生を歩み続けるだろう。通常の熱望が満たされない場合、クリスチャンもノンクリスチャンも意味ある生き方をするために、自分自身で方法を見つけることができる。

「重要な熱望」の場合は違ってくる。自分のしていることが些細なことと思えるとき、自分にとって極めて重大なことをする能力が自分に欠けていると分かるとき、自分が気にかけている相手が配慮してくれないとき、自分にとり重大な人間関係を失うとき、そうしたときは傷を受け、恐ろしいほどのむなしさを心に抱える。身体的痛みは、時に孤独、拒絶、あるいは失敗の苦悶より耐えやすい。他者との関係や特別な活動を願う重要な熱望が阻まれたときは、自分で対処できる苦痛以上のことを経験する。深い悲しみや**回復しがたい喪失感**を感じる。それはしばらくの間、歩み続ける気力を魂から奪ってしまう。しかし、時間や他の経験が助けになることもある。いつもではないが、そういうことはよくある。生活に動きが戻ってくる感じがする。以前の楽しみを喜び、責任感をもって前に進む力が次第に出てくる。人生に色彩が戻ってきた感じがする。鮮やかでなくても、灰色を明るくするには十分な色合いである。

三番目のカテゴリーは全く異なる。「非常に重大な熱望」も「重要な熱望」も、関係性と影響力への願望である。前者は、人間が決して与えることのできない関係の質と影響のレベルを熱望するものである。人は見返りを求めないお方から無限の愛を求めるように造られた。そして、最高に重要な目的を実現されるお方の影響を求めるように造られた。ただ神だけが、私の魂が最も深く心から願っているものを与えることがおできになる。非常に重大な熱望が満たされないとき、その痛みに触れなければならない。時間は否定と逃避の機会を与えるが、それ以外に時間は助けとはならない。深い痛みの中にあるとき、どのような励ましも楽しみも、砂漠の旅人にとってはバケツ一杯の砂と同じである。人生は、神経的な知覚のレベルでなく、事実として失われていく。助けてくださるお方がいなければ、すべき重要なことがなければ、人生は、避けたり、歪めたり、否定したりしてしまいたい、ことばで表せないほど悲惨な経験となる。「非常に重大な熱望」が満たされない人生は、地獄の始まりである。

達成を求める

キリストは私たちを生ける水で満たすと約束されたとき、明らかに、渇いた人々に与える満足を考えておられた。キリストが満足させようとしていた渇きの意味はまだ曖昧である。どのようにキリストは満足させようとしておられたのか、キリストが満たしてくださったと感じられるのはいつなのか、はっきりとは分からない。

生ける水と渇望する人々との関係を理解するために、それぞれのカテゴリーを円で表し、左図のように同心円状に表してみよう。

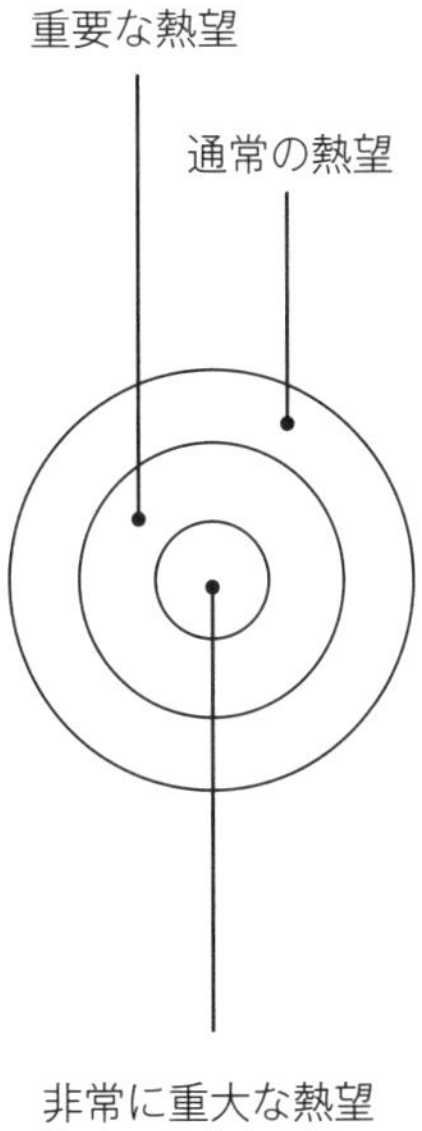

私たちは、重要性のいちばん低い熱望をよく分かっているのは自分だと思い、毎日を過ごしている。その結果、他者より自分の満足により多くの関心をもつ。心地よく過ごすため、かなりのエネルギーを状況の改善に注ぐ。食事がおいしかったとき、胸のレントゲン検査で異常がないと分かったとき、気分はよい。「通常の熱望」が満たされ、楽しい気分を味わっている場合を、外側の円の部分を濃い色にして表そう。

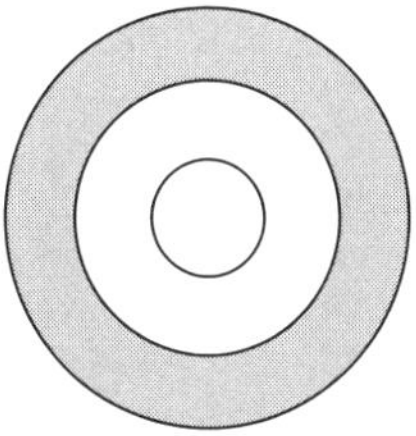

同様に、人との関係で緊張があるとき、「重要な熱望」に触れることになる。伴侶が冷淡なとき、怒りを覚え、裏切られた気持ちになる。友人が不親切なときは傷つく。しかし、身近な関係が温かく健全に思えるときは、この世界は生きるにはむしろ楽しい場所となる。神の善を熱心に賛美し、冗談にすぐに笑い、古き友人と夕べを過ごすのを楽しみにする。まことに心地よくなる。もし通常の熱望が満たされないままなら、かなり不快な気持ちにはなるが、より深い心の部分で重要な熱望が満たされているなら、大丈夫だと感じる。このことは次のように描けるだろう。

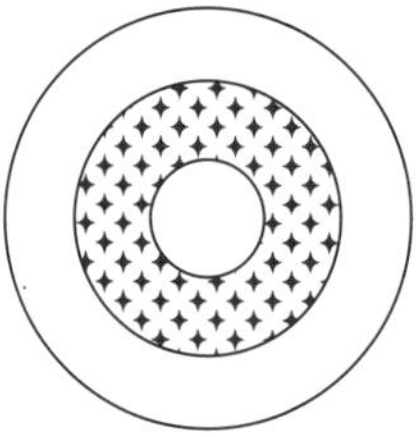

満たされた
重要な熱望

献身したクリスチャンの少数は、人生がぼろぼろになりそうなとき、神の臨在の現実がどういうことなのか分かっている。体調もかんばしくない、友人は人の気持ちが分からず疎遠である。しかし、キリストは優しさと力をもって、彼らの魂の奥深くに触れてくださる。「私の魂を震わすことのできる方はイエスである」という証しは、苦難の渦中にありながら、不思議と私たちの心を惹きつける特別な人々の証しである。このような人々を次のように表せるだろう。

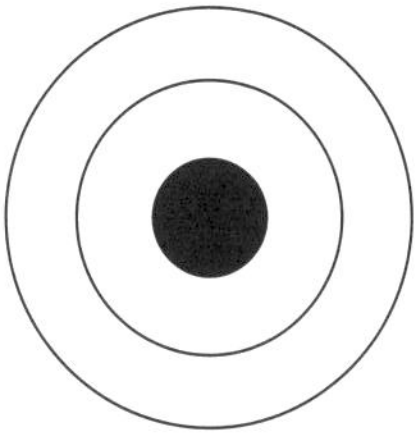

満たされた
非常に重大な熱望

この状態は、経験されるよりも願望の対象である。外側の二つの円が満たされることは、ことばで表しがたいほどの主を知る喜びと、よく間違えられる。神の**祝福**を喜ぶことと神の**性質**を喜ぶことが時に混同されてしまう。

三つの円がすべて満たされることを熱心に願うのは、全く正常なことだ。つまり、心地よい環境、深い関係性、そして神との交わり。まさにこれらはクリスチャンの希望である。そこで問われるのは、完全な幸いの確実性に関係することではなく、それがいつ、どのように実現するのかということである。

喜びに至る道には二つの主要な考えがあると思う。一つは、神は外側から内側に向かって願望の円を満たしてくださるというもの。最初に、神は私たちを心地よい環境に置いてくださる。健康や経済のゆえに神を信頼する。そうして、私たちの人との関係も改善されていく。結婚生活が強固にされる。自分と同じように祝福された人々とかかわりながら、自分のお金、性、人格を楽しんでいくようになる。充足した幸福な人々の共同体として、神の善を一緒に賛美する。神の祝福によって、さらに神の臨在へと私たちは導かれるのである。この考えは一般的な見方である。しかし、聖書を理解していけば、この見解は確実に人々を成熟から遠ざけていくものである。

二番目の見解は、そのプロセスについて全く違う考えをする。心の奥深くにある熱望の充足は、快適でない生活や張り詰めた人間関係からくる困難な葛藤を通して実現されるという考えである。神を知ることは、心の内側から発展していく。以上の二つの対照的な道を、次のように図示できるだろう。

道 その1

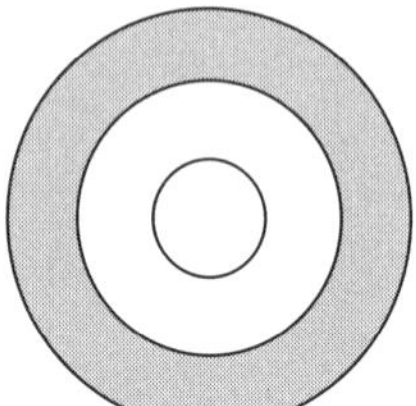

物質的・身体的満足

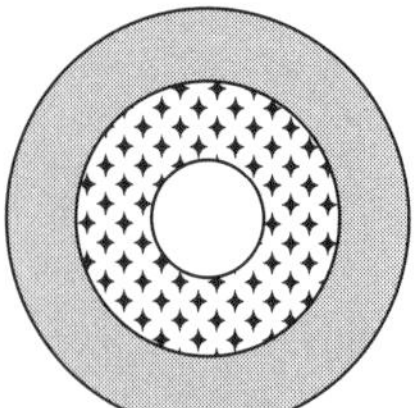

関係性の喜びが
加えられる

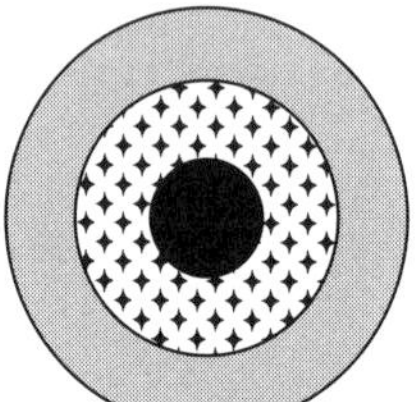

現時点と永遠に続く
すべての充足

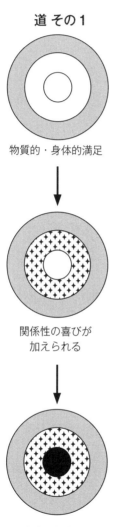

道 その2
神を追い求めて
報われる
神と他者との交わり。
ただし他者との関係は
どんなによくても不完全
御国以前では実現しないが、
永遠まで続く
すべての充足

神に至る道は痛みなくしては歩めない

右図は、どちらの道も、起こりうるすべてのことを表しているとは言えない。むしろ、それぞれの道の本質的なことを強調している。第二の道は霊的成長の真の姿を表していると私は理解するが、鍵となる原則を前提としている。その原則とは、**環境や人との関係に心を痛めて失望している自分を認めて初めて（特に後者）、深い渇きを覚え、神を追い求める、ということである。あるいは、もっと簡単に言えば、人生に満足しているときは、神に依存することを学ぶことはほとんどない**ということだ。

私たちの内に清新なる泉が湧き出す約束は、今のところ、キリストが「非常に重大な熱望」のために何かをしてくださると保証するだけである。[1] キリストが健康や富や楽しみを保証してくださる約束は一切ない。私たちが望むように人間関係を温かく満足のいくものにしてもらうために、キリストに頼るということはできない。日々の糧の約束も、キリストの豊かさのゆえに必要なものを与えてくださるとの約束も、どのような意味なのか注意深く理解する必要がある。それらの約束は、キリストの目的を果たすために必要なものすべてを神が与えてくださると期待してよいという意味なのである。

成熟したクリスチャンは永久に神を体験することができ、満たされると考えることは間違っている。神を**体験する**とは、主権者なる聖霊の働きによる。神への**渇望**は、クリスチャンが成熟するにつれ、絶えず経験するものである。したがって神を**体験する**こと以上に、神への**渇き**が、私たちの人生を支えるのである。

このような約束が、どんな局面でも痛みから自由になる生活を保証するものではないことは明らかである。キリストご自身のもとに私たちを引き寄せることが、キリストの意図である。また私たちは、神のみが与えてくださるものを喜ぶように造られている。それゆえ私たちは、人との関係のあり方をよく考えるときに、深い悲しみや絶望があること、時に魂がねじれるほどの失望を感じることを正直に認めなければならない。求めるものがそこにないとなれば、堕落した存在として、おのずと神との関係以外のあらゆるつながりの中に喜びを探そうとする。その結果、心の最も奥深いところで挫折を味わうことになる。その挫折が正しく扱われるなら、私たちは神のもとに導かれる。

神に最も近いところを歩む人々が、自分の絶望を最も深く感じている。**物事のあるべき姿**を理解すると（そうなる日が来るのだが）、**物事の今の現実の姿**は、なおさら醜悪なものになる。いかに主を体験していようが、堕落した存在として堕落した世界に生きているために受ける影響は避けられない。主もまたその影響を受けられた。主は神と完全な交わりの中におられたが、それでも悲しみの人であり、人々の頑なさに涙するほど人の心に向き合われた。

従順なクリスチャンはいつでも気持ちが良好でなければならないと考えるのはやめるべきだ。生ける水の泉は、主の現在の臨在と後の約束によって心の奥にある熱望を潤すが、他のレベルの願望が満たされないために感じる痛みを取り除くことはできない。悲しむ気持ちがないかどうかで、どれほど主とともに歩んでいるかを測るべきではない。子どもが反抗する場合、親としての心の痛みは正常で現実であるばかりでなく、健全なものである。霊的に深い人ほど神への反抗がどれほど悲劇的なのかを見分けるのだから、霊的に深いということは、痛みをただ強めることになる。

人生の避けられない痛みがあるにもかかわらず、すさまじい問題が人生に起こっても、無傷でいることは可能である。なぜなら、何ものも私たちを神の愛から引き離すことはできないからだ――神の愛こそ、己を知っている魂が最も欲しているものである。心の内側から変わるということは、神の不変の愛という生ける水から、どのように飲んだらよいかを知っていくことなのである。それが分かれば、人生が平穏か困難かにかかわらず、神にある目的やアイデンティティーや喜びが、人生に向き合う勇気を与えてくれる。

想像してみてほしい。キリストの姿をはっきりと見ることができるならば、困難な時を神の平安をもって歩むことができることを。すでに経験した人もいるであろう。思い描いてほしい。性的虐待などおぞましい経験を振り返ると同時に、確信をもって神との麗しい交わりを心待ちにするということがどのようなものなのかを。それはむずかしいかもしれない。しかし、可能である。

誠実で偽りのない人々というものは、避けがたい人生の苦しみを経験する。それは、時に身体的苦痛であり、常に経験するのは人との関係で味わう絶望である。変えられた人々は、神の善を深く味わい、良き家庭、健康、そして豊かな人間関係を味わえるときも神を追い求め、そして喜びが取り去られたときも神を追い求める。

要約してみよう。

1　人は渇望する。人は以下のことを熱望する。

a　身体的快適さ（通常の熱望）

b　人との良い関係（重要な熱望）

c　神との関係だけが与えることのできる喜び（非常に重大な熱望）

2　キリストは、通常の熱望や重要な熱望のどちらについても満たすことを約束してはおられない。物質的問題や報われない人間関係で困難にぶつかるかもしれない。マタイの福音書６章25～34節の主の約束の意味は、私たちの中で、また私たちを通して、神のみこころが実現するために必要なすべてを神が忠実に与えてくださる、ということだ。私たちが今すぐ得たい快楽を主がお与えくださるという約束ではない。

3　キリストは人の非常に重大な熱望を充足すると約束してくださった。しかし、

a　その充足は、今現在は、単なる前味である。宴は後に来る。人は今あるもの以上を得ようとして、なおも痛みを抱える。

b　非常に重大な熱望が満たされても、通常の熱望や重要な熱望が満たされないときの失望の痛みが和らぐことはない。

4　失望は、己を知ったクリスチャンにとって長期にわたる現実である。少なくても以下の三つの理由によってそう言える。

a　神による完全な喜びは、御国に入るまで私たちのものにはならない。

b　この世にある限り、人との関係は完全ではない。その結果、重要な熱望の充足にも失望する。

c　堕落した人間は、非常に重大な熱望の充足ですら、神ではなく別の力（お金、行儀の良い子ども、温かい教会、愛する仲間、功績）に頼ろうとする。そうした中で、当然生じる嘆きに加えて、さらにかなうことのない要求（たとえば、「私から離れるな！」）によって深刻な痛みが生じる。要求がかなわず、悲痛や恐れ、自責の念、そしてうつ状態を引き起こすのである。

私たちは自分の心の熱望に向き合わなければならない。魂の絶望を経験しなければならない。そうして初めて、キリストの再臨、つまり、すべての願望が永遠に満たされる時を熱心に待望し、神を熱望するのである。そのように神を求めるとき初めて、自分の熱望の挫折に心奪われた自己中心的なとらわれから自由にされる。そうして、神と他者を本当に愛することができる。人生の失望という現実にどのように向き合うのか、これが次章の焦点になる。

第6章　渇望に気づいていく

私たちのほとんどは、それらしく振る舞いながら人生に対処している。実際はそうではないのに、自分の持てるものに満足しているふりをする。本当は傷ついているのに、それほどではないというふりをする。失望や痛みに直面したくないときに、不満をもらすなとの聖書的な命令に従うことは容易である。しかし、不満を引き起こす人生の失望や痛みをしっかりと探ることを私は勧めたい。

「それでは、すべてのことに感謝し、いつも喜び、イエス・キリストの良き兵士として前進するのは正しくないのか」と問う人がいるだろう。自分が抱える問題を内省することは、してはならないことのように思える。なぜ、充足されないままの人生の願望について、憂鬱な思いで悩むことを躊躇するのか。それはとてもネガティブなことのように聞こえる。人は人生について考えてはいけないのか。

多くのクリスチャンの間では、心の内側の問題とほどよい距離をとるのがよしとされている。十代の若者たちが親への反感で葛藤するとき、あるいはアイデンティティーが混乱するとき、ユースリーダーが勧めることは、聖書の学びに時間をかけること、さらに、心新たにして従順になることだ。どちらの示唆も良いことである。しかし、困難な問題は大量の暗唱聖句の下に隠され、クリスチャンの個々の行動規準を厳格に守ることの中に隠されていく。若者の困難な問題はただ無視され、解決したように見えるだけだ。公然というより巧妙に、十代の若者の健全な成長は損なわれている。良いクリスチャンになるようにとの励ましは、迷える十代の若者にはっきりした生き方の方向性を与えるというより、むしろ、牧師が自分に脅威を与える問題に取り組まないですむようにしている。

性的虐待の記憶に悩まされている女性たちも同じ状況に置かれている。恥や罪の強い感情は、虐待がなくなった後も何年にもわたり女性たちを苦しめているのだが、そうした感情に直面するより抑圧するほうがはるかに易しい。相手の身勝手で食い物にされるのでなく、優しく愛してくれるだれかに抱かれたい熱望は深いのに、それは往々にして否定される。強く求めているものを得る保証がどこにもない場合、その熱望があると認めることは、あまりにつらいことだからである。

人は心の痛みを認めることに対して、信じられないほど抵抗する（世間の人々よりもクリスチャンのほうが抵抗は強いと思われる）。少しでも落胆や恐れに目を向けてしまうと、勝利したクリスチャンがすべきことを考えるのを妨害するというのだ。保守的な教会や家族の多くは、自分たちが傷ついていることを否定するように訓練されてきた。本当はどう感じているのか、誠実な関心をもって問われることはほとんどない。気持ちを尋ねられても、「ああ、上々だ。ありがとう」と答えるだけで、それ以上話すことは不適切だとされてきた。**私たちが**質問をしたところで、相手が正直に余すところなくその心情を分かち合ってくれることはほとんどない。互いの感情にほどよい距離をとろうとする。自分の心の内に何が起きているのか触れることは心を動揺させ、あまりにも居心地が悪くなるため、他の人々から心の真実を隠そうとする――そして自分自身からも。そうやって、人生はうまく運んでいく。これが教会の教師たちから受け取ってきた明確なメッセージであり、私たちも人と深くかかわらないようにして、このメッセージを伝えてきた。

この教えのむずかしいところは、これがほとんど本当であることだ。キリストの美とキリストへの礼拝に心惹かれることは正しい。心の痛みに焦点を合わせることはぞっとする作業で、それによって皮肉っぽくなったり、抑うつ的になったり、目標を失ったような状態になることがある。これが心の内側を探ることの危険性である。心のむなしさに向き合うことが信頼に先立って必要だと認めたとしても、充足されなかった熱望を探るプロセスには確かに痛みが伴う。そして、痛みは人生を混乱させる。睡眠を奪い、愛する人々にひどい態度をとらせる。一瞬の解放を求め、責任から逃避させる。気分が優れないときは、家事の手伝いをして妻を助けるよりは、テレビを見るほうに気持ちが惹きつけられる。

クリスチャンの多くが魂の痛みを深く探ることをせずに、問題なく人生を送れるようにしている。少しでも向き合った人は、発見したことの重さの下でボロボロになっている。それでは、なぜ心の内側を探る必要があるのか。自分でも思いがけないほどの悲しみがあるのを知るだろう。なぜそのように面倒なことをするのだろうか。砂漠を旅する人に喉の渇きのひどさに気づかせることは、残酷ではないだろうか。渇きを知った結果、自分の惨めさをただ感じるだけならば、心を探ることは愚かであり間違っている。他方、渇きを知ることで神とより深い交わりが始まるならば（神の栄光の御座には余りある喜びがある）、意味があることである。痛みが長期に及ぶか、あるいは深刻であるかにかかわらず、痛みを少しでも感じるならば、それは意味あることだ。

私たちの前にある選択肢は、はっきりしている。心を楽しませて生きるか（内的にも外的にも。だが、特に内的に）、神を知るために生きるかである。両方を選ぶことはできない。一方の選択は他方を排除する。

この章では、なぜ自分の渇きを知ることが本当の変化――キリストに似るという変化――のために避けてはならない最初のステップであるのかを論じ、願望が満たされない痛みを経験するために何が必要かを述べたい。

なぜ自分の渇きに向き合うべきなのか

満たされない魂の奥底を直視することは、傷つくことでもある。それなのに、なぜ直視するのか。渇き（訳注・渇望）の痛みを感じることは、内側から全く変えられるための必要な一歩である。その理由を三つ述べたいと思う。

衝動的な罪から解放されるためには、深い渇きを知る必要がある。

深いところにある渇きを知らないでは、罪は表面的にしか理解されない——つまり結局は、罪への取り組みは無力になる。

渇きを知らないでは、神を追い求めることは、たかだか訓練のレベルに終わるだけである。渇きを知るなら熱烈に神を求めることになる。

理由1　衝動的な罪からの解放

多くの人は身に染まった習慣と葛藤している。行為の習慣と同様、心の思いの習慣もある。押し寄せる性的な空想、説教者に対する反抗癖、わざとらしい快活さである。また、自慰行為、過食、抑えがたい怒り、泣き癖、怒りにまかせた思考、怠惰などの、より明白な問題に葛藤する人たちもいる。罪意識にさいなまれたクリスチャンは、助けを求めて神に嘆願する。克服する力を求めて涙にくれる祈りを重ね、眠れぬ夜を過ごしても、それは助けとはならない。習慣は支配し続ける。なぜなのか。懸命に努力し、泣きながら悔い改め、従う約束をしても、ほとんど何も得られないのはなぜなのか。何ができるというのだろうか。

二つのみことばが、このむずかしい問題に光を当てている。ローマ人への手紙16章18節と、ピリピ人への手紙3章19節において、パウロは、欲望を神とする人々について語っている。これらの節で欲望を指すことばはヨハネの福音書7章38節でも使われ、キリストだけが満たすことのできる心の深いところにある部分として言及される。すなわち、「非常に重大な熱望」と呼んできたものである。これらのみことばによれば、心の奥底にあるものを満たしてくださるようにキリストに依存することを知らない人は、魂の痛みを経験すると、一瞬で得られる癒やしに向かって突き進もうとする。

「通常の熱望」が阻害され不快な思いを経験しても、対処の方法はある。「重要な熱望」が充足されないときは、心は悲痛な叫びを上げ、喪失感で押しつぶされそうになる。しかし、「非常に重大な熱望」に触れられないとき、いのちの土台が粉々にされる。自分のしていることに意味がなく、人との関係に愛を得られないなら、人生は生きるに値しないのだ。[1]孤独の痛みと無意味の痛みが心を突き刺し、癒やしを**要求する**。

たった一つの事実——神を離れた人生の痛みは耐えがたいものであるという事実——は、罪というものが恐ろしいほどグロテスクで愚かなものだということをあらわにする。私たちは強情にも、**神のみこころのとおりに**神のもとに行くことなしに、癒やしを見つけようとする。渇いた人は水を求めてキリストのもとに行く——熱烈な祈り、再び何かに取り組むこと、熱心な奉仕。しかし、それらの動機は癒やしを要求することであり、どんなことが起きようとも信じ、希望をもち、愛するという決意ではない。神が私たちの要求に応えてくれないとなれば、自分たちの力で痛みをどうにかしようとする。魂の中にうずく恐ろしい痛み——人から求められず、用いられもしないことへの恐れ——から、何とかして自分を引き離さなければならない。唯一の選択は、痛みに無感覚になるために、自分たちの統制下にある持てるものを使うことである。選択は、自分が深く傷ついたことを否定するか、あるいは、一時的な満足を求めるかのどちらかに限定される。

はっきりしているのは、痛みに向かっていくのは自殺行為であるということだ。**しかし、真実は全く逆なのである。**いのちに至る道が死に至る道のように感じられ、死に至る道がいのちに至る道のように感じられるという事実は、私たちが軌道からはるか遠く外れてしまったことを悲惨にも解説している。渇きを知る過程は痛ましく、傷つく。それは死に至る道のようだ。その過程がひとたび私たちを穏やかな水の流れのほとりに導くや、緑豊かな川辺から苦悩の谷に再び突き落とされる。しかし、心の奥底にある傷を探り、受け入れることは、渇きを知る人々の小さな群れに身を置くことである。**その人々は、渇きを知っているがゆえに、**深く心静かな信頼をもってキリストのもとに行くことの意味を知っているのである。

渇きが確実に神のもとに私たちを導くというわけではない。時にうつ状態になる――「いったい何をしたらいいというのか。何も私を満足させないのに」と。あるいは、操作しようとする――「私の気分がよくなるために、あなたが何かをしてくれなくてはならない」と。心を開いて神に聞こうとする渇いた人々だけが、神のもとに向かっていくのである。

満たされない熱望の痛みに無感覚になったところで、痛みを去らせることはできない。痛みはただ潜行しているだけである。癒やしの求めはますます切迫し強まっていくのに、痛みが隠されたままでは対処しようにも効果的な方法はない。表面的には問題がないように見えてもその陰に痛みを隠している人は、罪の習慣が強迫的に強められているのに、危険にもその攻撃に身をさらしている。それは、主にある喜びを断つ間違った戦略に対し、打撃を加えて倒すことができないからだ。認識されない魂の痛み、ほとんど感じられない痛みはなおも癒やしを求める。一瞬の興奮や達成感を与えてくれるようなものに出会うと、すぐに罠にかかってしまう。魂の痛みの瞬間的な癒やしは、自分が知っているどんなものよりも、喜びに満ち生き生きとした経験に最もよく似ているのだ。これまで神に従うためにしてきた数々の努力よりも、喜びに満ちた生活に近づけてくれるように思えてしまう。

なぜポルノに耽溺するのか考えてみよう。これまで性的な不品行を起こすこともなかった若いクリスチャンの男性が、友人のゲストルームに泊まることになった。そこにはケーブルテレビがあった。彼はベッドを整えながら、深夜のスポーツ番組を見ようとテレビをつけた。テレビは映画のチャンネルにセットされていて、次の瞬間、R指定の性的な動画が目に飛び込んできた。彼の目はくぎづけになり、心に何かが湧き起こった。興奮以上のものが心に起こった。性的興奮よりはるかに深いものを感じた。生き生きとして活気に満ちた感じになった。

同じ状況になったら、そのような刺激に自分をさらすことは悪いことだと信じてすぐにチャンネルを変える人もいるだろう。その映画を見て心が生き生きとした感じにまでならなくても、映画を楽しみ、やがて終わればテレビを消し、見た内容もほとんど忘れてしまう、そういう人もいる。

チャンネルを急いで変える人は（私の見解では賢明で正しい選択であると思う）、神に対してというより社会文化に対する一つの応答として、道徳規準を厳格に守ろうとしてそうするかもしれない。その刺激からくる偽りの魅力を拒絶する人もいるだろう。その人は、確かに快楽がもたらされることを知っている。しかし、そのスリルは浅く、ほんの一瞬しか続かないこと、高い代償を払うことになることを理解している。このような人は、性的楽しみが深い熱望を麻痺させるだけで決して満足させないことを知っており、神だけが良しとされるものを選び、見せかけの充足感を意識的に拒絶する。性的刺激はスリルのある満足を与え、しかも、実際よりもっと深い効果があるように見える。しかし自分を理解している人は、自分の心が全く違うものを熱望していることを知っている。

このゲストルームに泊まった若い男性は、典型的な良いクリスチャンである。神のために生きることに真摯であり、主との交わりのうちに歩もうとしている。しかし、彼は自分の魂の渇きに直面してこなかった。自分にかかわりをもとうとしない父親への深い失望をいろいろな失望のうちの一つくらいにしか考えず、無視していた。「父は家にいないことが多かった。でも慣れっこになっている。そんなに気に障ることではない。父は父のやり方でぼくを愛してくれた」。不安定な母親の過保護も、彼を煩わせることはなかった。「母のこと？　母は大丈夫だよ。時々いらいらさせるけどね。ぼくがまだ小さい子どもだと思いたいのだろう。とてもよくしてくれるし、母とはうまくやっている。」

彼のことばを聞いて、自分の傷を否定しているのが分かるだろうか。彼は、普通だれもが望むように、父親が深くかかわってくれることを、母親が温かく受け入れてくれることを願っている。しかし、彼は冷ややかな父親と支配的な母親の現実を「大したことはない」と頭から追い払う。他者が与える失望を正直に感じることは、なぜそれほどむずかしいのだろうか。なぜ、忠誠、尊敬、強さといったことばの背後に失望を隠すのか。なぜ自分をいじけさせるような親を誇りに思うことはできないのか。自分が頼る大切な人たちが自分の要求に応じてこなかった事実に向き合うことは、自分を破滅させる恐れのある痛みが表面化することである。その痛みは心の奥底にある熱望が否定される痛みなのである。さらに、否定されることは死と同じように思える。それならば、その痛みから離れていたほうがましなのだ。

人はこう考える。その青年が失望を否定するのは成熟ゆえであり、自分は神から愛されているから自分を揺るがすものは何もないと認識しているからだ、と。それが本当ならば、その青年は、神との並外れた深い交わりを確かに実感しながら神について語るだろう。さらに、両親に対する愛情や感謝を見せかけのものにせず、感受性のない両親が与えた苦しみを十分に理解したであろう。相手の不完全さが現実に赦されるときこそ、本当の愛が最も試されるときなのだ。だれかの過ちに目をつぶることは、その人に過ちがないふりをすることとは全く違う。愛する人の不完全さに自分が向き合いたくないとき、私たちの愛は自己防衛によって腐敗している。それは、私たちが相手に実際の姿以上のものを求めているからだ。しかし、相手の欠陥を十分に承知しているなら、私たちの愛は真に喜ばれ、相手の益のために向けられる。友のために死ぬことは称賛される。しかし、敵のために死ぬことは究極の愛の模範である。

この男性の親と神に対する愛に、成熟した信徒としての温かな強さはなかった。彼は深い霊的成熟を必要としていなかった。時々、聖書大学時代からの旧友と夜遅くおしゃべりをしながら、クリスチャンとしての人生は、今の自分の魂の中で燃えている熱情よりももっと強く閃光を放つべきではないかと思うことがある。彼は退屈な生活をしていると分かっている。しかし、信念や習慣、周囲からの期待を支えにコツコツ励み続けている。

人生は確かに楽しいものである。彼の「通常の熱望」は、良い仕事や健康によって満たされている。多くの友人――二、三人は特に親しい友人だ――がいて、「重要な熱望」も満たされており、深刻な苦しみはない。若い人々にありがちな楽観主義で、いつか「ふさわしい女性」と出会い、成功した幸福な家庭人になるだろうと思っている。

神と深くかかわりたいという「非常に重大な熱望」を、彼は自分の課題として自覚していない。彼は献身的な福音主義者として尊敬されているが、キリストとの深められた関係が必要であるとはほとんど考えていない。キリストとともにある骨太の熱い人生を送りたいという願いは、昔の信者や奮闘している宣教師たちの関心事だとして彼の念頭から消えている。

彼は、人生の楽しみが妨げられるほどやっかいな問題を抱えているとは思っていなかった——多少あるにしても、全く深刻ではないと。時々、怒りが込み上げてきて悩むこともあった。教会の責任ある仕事を引き受けたくないのに「はい」と返事をする習性は、彼に時間的制約を与えた。自慰行為はずっと引きずってきた問題だった。特に十代の頃は。規則的なディボーション、運動、そして決意の祈りをして、この自慰の習慣をほぼ完全にコントロールできたと思っていた。

この男性の中にポルノへの衝動が生まれていようなどとは、ほとんどだれも考えなかっただろう。なぜ彼は五秒間の性行為のシーンにこれほどまでに満足して、自分の生活に必要だと思ったのか。なぜ何時間も何日も、何週間さえも、彼の頭にそのイメージが洪水のようにあふれてくるのか。なぜ、あのケーブルテレビを持っている友人のもとに泊まる理由を見つけようとするのか。二十四時間スポーツチャンネルを受信してアクセスできるからと自分自身を説得して、三か月後にはケーブルテレビと契約を結んだのか。友人の家で過ごした晩から四年たって、彼はポルノに強迫的に没頭してしまうことで私のもとに来た。いったい彼に何が起きていたのか。

問題というものは、解決するより説明するほうが簡単である。しかし、説明するにあたっても注意深い考察が必要である。理解の原則はこうである。**自分でコントロールできない習性のほとんどは、心の奥底にある「関係への熱望」が満たされず失望に終わったとき、失望に対処できなかったことからくる耐えがたい緊張から解放されるための試みなのである。**彼がなぜ、ポルノに引っかかってしまったのか。それは、彼にとって性的な楽しみが、これまで経験してきたどのようなことよりも、深いかかわりの純粋な喜びに近いものであったからだ。浅薄な関係だけで生きることは危険である。神が私たちに向けてくださる愛をもって他の人々にかかわるのでなければ、強烈な快楽の誘いにいやおうなしに惹かれるだろう。

悪い習慣は、それが与える楽しみに力があるのではない。罪の習慣に衝動的に惹かれるのは、その習慣が与える楽しみ自体よりも、他の何にも増して魂の深い失望を癒やすからである。[2] たとえば、性行為を楽しんだり、おいしいものを食べたり、熟練した雄弁術で群衆をコントロールしたりするときはよい気分になる。そのよい気分が、満たされなかった熱望の痛みを麻痺させるのである。一時的でも、他のものでは満たされなかった満足を与えるからである。楽しみにふける最中、人は生き生きとした感情を味わう。楽しみを与えるものは何でも正しいように思える。神を体験しない限り、身体的喜び（性行為、食事のようなな）や、精神的喜び（力や称賛のような）は、真のいのちの驚くべきまがい物になりうる。まがい物は、すぐさま嘆きからの解放を、よい気分以上の感情――いのちを感じさせるような――を与えることができると、狡猾にアピールしてくる。

「非常に重大な熱望」を満たす（少なくても鎮める）ためにあらゆる楽しみが利用されるならば、神のみが与えてくださるものを求める渇望は、癒やしがもたらされるならば何でも求めるようにと私たちを突き動かす、要求がましい君主に変わってしまう。私たちの神はもはや欲望である。神を切望するように意図された非常に重大な熱望が、一瞬でも心地よく感じさせるものへの耽溺を強めてしまう。なんという悲惨であろうか。

「だれでも渇いているなら、**わたし**のもとに来て飲みなさい」(ヨハネ7・37。太字筆者)。だれもが渇いている。しかし、それを理解し、渇きの痛みを深く経験する人はほとんどいない。そうできる人は、欺きの誘いが何であるかが分かり、充足の味わいを約束するあらゆる偽りに抵抗する備えができている。失望と傷に正直に向き合うことを拒否する人々(ポルノに耽溺する青年のような)は、天使を装った浅薄な楽しみのサタン的な力に無力になっていく。

理由2　罪の表面的な理解を超えて

なぜクリスチャンが満たされない渇きの痛みを認めることができるのか、二つ目の理由を考えてみよう。自分が熱望しているものを理解し受けとめるのでなければ、自分自身を痛みから守るために愛を侵害していることが分からない。その結果、愛する力は制限される。満たされない熱望の存在を知ることと、自己防衛という見えない罪を認識することとの関連性を考えてみよう。

自分の渇きが分からなくても、明白な罪への誘惑に抵抗できる人もいる。それは当然、立派なことだ。罪に抵抗することは正しい行いである。しかし、自分の渇望に触れることのない人は、明らかな罪を避けるために、たとえば次のようなものを組み合わせて頼りにしている。自己訓練、聖書の黙想や祈りの励行、クリスチャンの友人たちの励ましや期待、道徳的堕落がもたらす結果への懸念、神の命令に従って行動する真摯な取り組みなどである。以上の際立った行動項目に頼って歩んでいく人生は、せいぜい、高度な基準や犠牲的な取り組み、たゆまぬ奉仕や厳格さといった特徴をもつ非難されることのない人生である。クリスチャンが魂の深い痛みを心から経験することも、受けとめることもなく高遠な召命を称賛するならば、何か大切な生き生きとしたものが失われていると言えないか。そのようなクリスチャンが人々にかかわるとき、そのかかわりは人間らしくなく、真実でもなく、実体があまりない。他の人々を指導したり、動機づけを与えたり、奮起させることは多いが、彼らの生き方は人々を主に導くことに失敗している。人々を惹きつけるのでなく、圧迫するのだ。

誠実な愛や、定義することはむずかしいが間違いなく影響を与えるものは、魂のいちばん奥底からしか湧き起こってこない。その奥底にあるものは、愛されることを熱望し、あらゆる失望を一つ一つ敏感に感じ取るのであるが、神と人を豊かに愛することができる、まさに私たちの本質なのである。根源にある失望から目をそむけることは、人が人であることの最も生き生きとした部分に触れないことである。痛みから自分を守ろうとすれば、愛する能力は鈍っていく。

満たされない熱望の痛みに触れることなく、訓練、献身、知識ということがクリスチャン生活の中心になるならば、愛することは心からではなくて、義務的行為になってしまう。そういう場合、私たちは信頼されるが、深くかかわってくれる人として受けとめられることはない。正直な友人は、私たちと一緒にいると楽しいけれど、やっかいな感情は漏らせないと言う。親友でさえも（伴侶を含む）、私たちに対して少々緊張し、何となく距離をおいて身構えるのだ。クリスチャン・リーダーに本当の友人がいないというのは、珍しいことではない。[3] これは悲しい事態である。このことによって、多くの人々（リーダーを含む）が不必要に孤独を感じ、燃え尽きるか、倫理に反する親密な関係をもちやすい。さらに悪いことには、心の奥底の失望を否認する人は、自分では気づかずに、重大な罪によって堕落した仕方で他者にかかわろうとする。魂の渇きが理解されず受けとめられもしない場合、愛は多くの点で侵害されているが、通常は気づかれず、したがって解決されない。では、そのことについて説明しよう。

パウロは、他者の利益を自分の利益より重んじるように教えた。肉のままに生きることと聖霊に力を与えられて生きることとの境界線は、自己中心か他者中心かにある。どの対人的行為にも動力源が一つある。それは自分の利益を優先させるか他者の利益を優先させるかである。クリスチャンであるしるしは、自分の幸福より他者の利害にエネルギーを注ぐ愛にある。名ばかりのクリスチャンも不信者も、いくらでも親切な行いをする。しかし、信仰をもつクリスチャンだけが、自分自身の願望より他者の願望に関心を払うことができる。しかし残念なことに、そうできる人は本当にまれである。教会がその力を失っている。というのは、教会は貧しい愛しか示せないからだ。

「**他者のことより自分のことが行動の動機づけになっている場合はいつでも、失望に終わった熱望の痛みを和らげるために行動している**」。このことを考えてみよう。すでに述べたように、心の奥底にある熱望は、人生が生きるに値するものになるために充足されなくてはならないが、御国が来るまで十分に満たされることはない。幸福は現在の経験にではなく希望に根づく。堕落した世界に生きている限り、魂の癒やされない痛み、他者によって傷つけられた麻痺するほどの痛みを経験する。友人からの不親切なことば、同労者からの冷遇、子どもの不機嫌などがきっかけとなって、傷の痛みと表現できないほどはるかに強烈な反応が起きる。なぜなのか。心を騒がせる出来事によって、消えることのない痛みや、死に物狂いで否定したい絶望の痛みに触れることになるからであろう。私たちの前には選択肢がある。痛みから逃れて自己防衛という包みで自分を覆うか、痛みを受けとめながら主の約束の中に休息するかである。「あなたがたは心を騒がせてはなりません。……わたしが行って、あなたがたに場所を用意したら、また来て、あなたがたをわたしのもとに迎えます。わたしがいるところに、あなたがたもいるようにするためです」（ヨハネ14・1、3）。自己防衛か信頼か――どのような行動も最終的にどちらかの選択の結果である。嘆きを生き方として受け入れ、主に一心に献身し来臨を熱心に待つか、人生が当然あるべき姿でないことを思い出させるものはすべて否定し、嘆きの苦しみから逃げるかのどちらかである。

後者は自己防衛という罪である。愛するための最善の努力を汚し、自己防衛の目的のもと他者へのかかわり方を変えてしまう。丁寧なやり取りや楽しい交わりは、ほとんど自己防衛的なかかわり方である。多くの夫婦は互いに距離を保ちながら人生の大半の時間を過ごしている。金婚式の祝いのときも、永らく続いてきたが熱情のない結婚生活を祝うのだ。

親しみやすさと適度なかかわりという方法で断絶し、かつて味わった失望の痛みに触れないようにしている。私たちはずっと心くじけてきた。それは傷となっている。再び傷を受けまいとする。そのため、距離をとって愛情を示そうとする。しかし、それは無理な話である。それでも私たちがそうやって愛情を示そうとするのは、神や他者との真の親密さを得るよりも、痛みから距離をとることのほうが重要であるからだ。

子どものときに父親から無視されていると感じた男性は、自分の子どもに対して距離をとる。父親の罪は、自己防衛という動力を通して、子どもに受け継がれていく。無視されることは傷となる。その傷は、他者に対する自分の価値について疑念を抱かせる。そして、さらなる拒絶の痛みを避けるため、受け取ってもらえたとしてもその後無視されるのではないかと恐れて、自分自身を与えることを拒否するのだ。

自己防衛的になってかかわらないようにする仕方は、様々な形をとる。あまりにも懸命に働く父親もいる。家庭にいるより仕事をしているほうが楽なのだ。すべての家族の活動にかかわる父親もいる。息子の野球の試合は必ず見に行く。週末は家族と必ず外出する。眠りにつく子どもたちに物語を話して聞かせる。しかし、すばらしい活動の動機も自己防衛でありうるのである。自分がかつて受けられなかった親からのかかわりを得ようとして、懸命に（そして要求がましく）家族にかかわる男性もいる。しかし、それも自己防衛であって愛ではない。

第3部で、自己防衛的罪をさらに論じたい。自己防衛は真のコミュニティーを壊すサイレントキラーなので、論述する価値のある主題である。自己防衛は治療を受けていない高血圧のようにほとんど自覚されないが、人との関係から健全さといのちを損なっていく。

私たちの主イエスはクリスチャンがさばかれる日に、それぞれの行いの下に何が隠されているのか明白にするために、一人一人の心の内を探ると言われた。純粋な愛ではなく自己防衛のために行われた親切な行為は、うそや感情の爆発、性的罪とともに、積み上がって燃え尽くされる。自己防衛は目に見えないが、他者にどう振る舞うかの動機になるという意味で重大なのである。拒絶から自分を守るための親しみやすさもある。ユーモアは孤立を避ける手段になりうる。テキパキと効率よく物事をこなすのは、自分の優しさが利用されないように人を遠ざけるためかもしれない。内気さは愚かに見えないようにするための手段であるかもしれない。

自己防衛の理由でなくても、親和的な人、おもしろい人、物事をテキパキとこなす人、内気な人がいるのは確かだ。生来の固有の人格傾向で「そうした人」もいると主張するのはもっともらしい（極めて科学的であるわけではないが）。しかし私たちは、あまりに自己防衛の動機をごまかそうとしていないか。「そうですね、それが自分らしさということでしょうか。たぶん私はそういう気質なのでしょう」と言い訳する。

痛みから守りたい自分を真に理解して初めて、自己防衛という見えない罪を認識する。これが今、私が論じていきたい重要な点である。魂の渇きが理解されず経験されもしないなら、自分の関係のあり方が執拗な渇きの痛みから逃れ安全でいるためのものなのかどうか、自分に問う気も起きないだろう。罪、すなわち愛を侵害する様々なやり方を深く理解するためには、最初に自分の渇きを知らなければならない。心の奥の失望に直面することは、クリスチャンの成長に必要である。

理由3　神を心から追い求める

私は長い間、明らかにキリスト教には真摯にかかわっているのにキリストに対する熱心さを欠いている人々の多さに戸惑ってきた。砂漠を旅する人がオアシスを見つけたとき、冷たい泉を求めて灼熱の砂漠を歩いてきた体を引きずりながら、喜びで興奮するだろうと人は考える。

そこが問題なのである。いったいどれほどの人が自分自身を、砂漠だけを見ている渇望の人、あるいはキリストだけを見上げている渇望の人として理解しているだろうか。自分が渇いていないなら、水の入ったコップにはほとんど関心は示さない。心の熱望が分からないならば、キリストへの熱心さは、身体的な快適さや関係性の充足（自分の「通常の熱望」と「重要な熱望」のためにキリストがしてくださること）への期待と同じである。こうしてみると、主イエスとの親しみを求める熱意が全く見られない。聖書の学識とクリスチャンの職務の取り組みの点で秀でた人々がキリストとの関係を語るとき、まるで彼らが属している仲間への忠誠度を他人が話すかのように語ることがある。キリスト教を思想体系だと考える人もいる。命題の研究が主要で心の熱望を見過ごしているキリスト教では、花嫁なる人々と結ばれ、実を結ばせたいと熱望する花婿キリストのイメージは失われている。

長い間、教会は、教理的真理に根差した**堅実な信仰**と、キリストを体験することから生まれた**高揚する信仰**を区別してきた。カリスマ派は退屈なクリスチャンに活気を与えたように見える。一方、カリスマ派でない保守派は、みことばの研究と学び、そしてみことばへの従順へと私たちを引き戻す。前者は聖書の裏付けよりも、どう感じたかで教えの真理を測り、気持ちを高揚させない聖書の真理を軽んじる主観主義の危険を冒している。後者は「冷淡な正統主義」に陥っていて、神の真理が人生のあらゆるところにかかわり、キリストと他の人々との豊かな交わりへと人々を導くものであることを忘れている。

両陣営は、聖書の重要な教理、つまり人は神に依存する存在であることを見失っている。すべての人が神を必要としていることは即座に理解できる。しかし、何のためなのか。確かに救われるためである。そして教えとそれに従う力のために、である。しかし、それ以上のことは求めなくてよいのか。渇きを扱っている聖書箇所はどうなのか。熱望する詩篇の作者の熱情は、神により頼む人の存在の中核としてほとんど研究されてこなかった。神なしに人は生きることができない。それは、神のみが与えてくださるものを喜ぶように人は造られたからだ。熱望とはまさに、神に頼るべき人間の存在の中心にあるのである。

堕落の教理は（第３部でしっかり取り上げるが）、より鮮明な依存の教理で補足される必要がある。人の熱望に言及したからといって「心理学者になる」のではない。熱望という概念は全く聖書的なのである。「冷淡な正統主義」というフレーズは名辞矛盾である。真の正統主義は決して冷淡ではない。それはいつも熱い血が通い、生き生きしている。教理的立場に熱望の概念、すなわち神に依存する心、求め渇く心の理解を加えるならば――そして、私たちの魂においてその教えの実体を**感じる**意気をもつならば――神への熱い思いを保ちながら教理的啓示に立ち続けることができる。

実に多くのクリスチャンは、幾年月も信仰に堅く立っている。しかも、信仰のリアリティーはどこにあるのかと問い続けている。しかし、見逃されている重要な鍵は、聖書全体にわたって示される健全な関係の重要性を認識することであると、私は信じている。聖書という織物全体は、関係性という糸で織り合わされている。神は、私たちの心を神にささげるように心から願っておられる。神は私たちを愛してくださっている。自分の渇きを受けとめ、神がどのようなお方かを知るにつれ、私たちは神を熱望するのである。天の花婿と、傷ついているが移り気な花嫁の間の愛に、くすんだところはない。心の内側に閉じ込めていた傷に正直であればあるほど、優しい御手の力でもって私たちの心の願望に絶えず応答してくださる、愛のお方のすばらしさに惹かれていく。

自分の傷に触れないようにしている人々は、キリストとの関係も事柄としてとらえる傾向がある。関係を結ぶことより、知識や主義、活動にエネルギーを注ぎやすい。このような人々は、親和性があり思慮深くさえある。しかし、彼らの存在感は感じにくい。悲劇が襲うとき、傍らにいてほしい友人として心に浮かぶ人たちではない。

孤独な人々が教会には満ちている。日曜学校に参加し、教会の夕食会でよくおしゃべりし、スモールグループの聖書研究会でも良い意見を言う。当然、幸福を感じ、楽しいことは何でも楽しみ、休息も忘れて絶えず突き進んでいる。しかし、こういう瞬間が起こる。それは、むなしさが刀のように心を突き刺す瞬間である。彼らも涙するかもしれない。やがてそこから回復し、人生をやっていくだろう。熱を込めて話すクリスチャンがいると、彼らの心は波立つ。何年も、時には何十年も休眠していた魂のある部分に触れられるからだ。冷たい水が喉を通ると、自分がどんなにか喉が渇いてカラカラだったか分かる。希望が戻ってくる。いのちとは楽しみ以上のものである。いのちは何かを**意味**している。格闘していても、深く生きていると感じられる――時にその闘いが厳しくとも――まさに**生きている**と感じるのである。

痛みを受けとめる人は、情熱を注いで神を追い求めることができる。その熱意は伝わるものである。熱意をさほどもたない人は、他者に聖書的生活とは何かを**指導**することはできるだろう。熱意に満ちた人だけが、聖書が示す関係に人々を**招く**ことができる。

以上を要約すると、渇きを理解し経験するのは、次のことのために必要である。

- 機械的に自制するのでなく、人を惹きつける温かい人間性を保ったまま**悪習を打ち破るため**。
- **見えない罪を自覚するため**。すなわち、自己防衛のために関係を破壊してきた自分の方法を自覚するため。
- 神を追い求める**熱意を起こさせるため**。その熱情は、キリストにある意味ある人生に人々を惹きつける。

どのようにして自分の渇きに向き合うのか

奥底にある熱望を自覚することは痛みが伴うプロセスであり、簡単にできることではない。一時的には抑えられても、決して解決できないむなしさや、満たされない空虚さが分かってくると、快適な生活を送ることがむずかしくなり、すでに苦しんできた人生をますます困難に感じていく。そこで、自分でどうにかできる問題だけを認めようとする。「あなたは怒りと格闘しているのですね。分かりました。やるべきことがここに書いてあります。」「結婚生活に不安があるのですね。経済的問題ですか。このステップに従ってみなさい。そうすれば、あなたの悩みは祝福に変わりますよ。」

聖書的原則に従って生活をコントロールしていくと、防衛なしの信頼や堅固な信仰に必要な渇きを感じなくなってしまうことがある。もちろん、金銭問題（たとえば、予算を立てること、賢明なお金の使い方、寄付、家計簿をつけること）、家族問題（コミュニケーションのあり方、家事の分担、対立したときの解決）、個人の習慣（適切な食事のとり方、運動、祈り、聖書の学び）の責任を負うことは正しいことである。しかし、どんなに責任を取っても、関係を求める渇きは癒やせない。御国だけが完全な充足を与えることができる。そのときまで、不完全さへの不安な感情は、最も応答的で最も祝福された人生を傷つけ続ける。不安な感情を否定できるし、忙しさや楽しみでそれを隠すことはできるが、それを除くことはできない。

人生で味わった避けがたい失望の現実をかみしめることが重要であると論じてきた。それでは、どのようにそれができるのか。人生が総動員して否定しにかかる渇きをどのようにして感じるのか。渇きを知る手立てを三つの提言にまとめてみよう。

１　心が**混乱**するような、苦しくなる問いかけを自分にする。
２　深い**失望**を経験するまで、自分にとって重要な人との関係がいかに欠陥だらけだったか探る。
３　**罪が示される**のを恐れずに、自分自身の人との関係のもち方についてよく省察する。

１　心が混乱するような、苦しくなる問いかけを自分にする

神は私たちが信仰を打ち立て、方向性を決め、信仰を養うのに十分なことを教えておられる。しかし、混乱に終止符を打つようにとは命じておられない。神がなさることと許しておられることには、時に当惑し混乱させられる。

たとえば、最近回心した両親が、自分たちが得た新しい価値観や規準を深く学び、十三歳になる娘をキリスト教主義の学校に入学させようと決めた。その入学した学校の教師の一人が、娘に薬物を勧めた。彼女の十代の日々はずっと薬物依存の問題が中心になってしまった。家族は混乱に投げ込まれた。トンネルの先に光が差し込むまで在宅治療に数年を費やした。

娘の学校への入学を簡単に決意したわけではなかった。相当な祈り、何人かの牧師からのアドバイス、学校についての徹底したリサーチのすべてが決定の過程にはあった。彼らの私への問いは、これまでも何度もなされてきた問いだった。何の落ち度もないのに人生がめちゃくちゃになってしまった人々はいつも私にこの質問をした。「神はなぜ、こうしたことが起きるのを許されたのか。」

分からないことにどう向き合うのか、その態度が神との関係に強く影響を与える。私たちは不可解なことを嫌い、否定し、事態を説明することで人生を再びコントロールしようとする。しかし、不可解なことを受けとめるときだけ、暗黒の夜に神への信頼へと扉を開く――人が理解も予想も支配することも決してできない神というお方を知るための扉を開くことになる。

私たちは、痛みに満ちた問いをきれいな紙に包む方法を探そうとしたがる。物事を前向きにとらえる答えを出したがる。しかしそれができそうもないときは、少なくても、居心地の悪い論議で終了させる。

骨の折れる問いに、聖書の真理は答える。十字架上で示された神の愛は、あらゆる疑いに決着をつけた。たとえば、神は私たちとともにおられるのかという問いにも決着をつけた。神の主権という事実の前に、私たちは最終的に心の平安を得る。しかし、困難な問いを締め出すために理路整然とした真理が用いられるなら、その真理は決まり文句にすぎなくなる。痛みを抱える心から真摯な問いがなされるならば、混乱への扉が開かれるに違いない。しかし、扉をぴしゃりと閉じて、神を追い求めることに混乱などないと断言するとき、真の生き生きした確信ではなく、強制的で機械的な信頼に行き着く。

混乱を避けるもう一つの戦略は、やっかいな状況が起きたとき、その状況に何をなすべきかと限定的に焦点を当てて考え、対応することである。ある人は、子どものために善良で信仰的な家庭を築こうと懸命に働く。子どもが成長するにつれ、これからすばらしいことが起きるようにと期待する。電話の知らせ一つですべての希望がつぶれてしまうとき、自分の人生に起こると想像すらしなかった事態を何とかしようとするに違いない。心はただちに解決を求める。へたへたと崩れてそのままでいるより、立ち上がってできることをするというのは正しいことである。どのような状況でも、神のみこころにかなうあり方がある。それが私たちのゴールでなければならない。つまり、苦悩すべてを解決することではなく、神に喜んでいただくことが目標でなければならない。しかし、真正面から困難な問題に向き合う強い決意は、解決しない魂の混乱がかき乱されるのを避けたいという強い願望から生まれることがある。人生が自分の手に負えないというのは脅威である。しかし、涙する混乱の中で眠れない夜を過ごすほうが、冷淡で効率的なかかわりをするより、はるかに健全なことである。

混乱に真摯に向き合うなら、信仰が成熟する契機が与えられる。人生に意味がないと思えるとき、身動きのできない混乱が魂をずたずたにするとき、私たちにできることはたった三つである。すなわち、⑴キリスト教信仰に疑念をぶつけ、すぐに手に入る癒やしと幸福を探す（あるいは、それが見つからないとなると自殺を図ることもあり得る）。⑵ちょうど狩人が空腹の熊から逃げるように、混乱から逃げることもできる。混乱を終わらせるためのクリスチャンの戦略は、心を煩わせる問題の存在自体を否定することだ。否定した後で、神の真理に取り組む。そのような戦略をとると、硬直したドグマが生まれ、信仰から生き生きとしたいのちを奪っていく。律法主義に立てば、困難な問題に向き合って悩むことなど許されない。問題を探るより、教理に傾倒していく。(3)混乱や当惑に直面したとき、キリストだけに目を注ぐという訓練を選ぶかもしれない。キリストの人格、教えにだけ関心を向ける。混乱が少しも収まらないままなのに。ハバククの人生の記録は、混乱し、ますます狼狽していく一人の預言者の姿で始まる。彼は沈黙しなかった（ハバクク書2章参照）。自分の混乱に向き合い、それを表出した。神はしもべであるハバククにご自身を示し、どのような混乱によっても揺るがない、神への確信をハバククが告白できるように導かれた。その姿がこの項目の例である。

あなたの人生に起こるすべてのことを、心を開いて見てほしい。心を煩わす出来事や洞察から即刻逃げて、仕組まれた信仰に逃げ込まないでほしい。困難な課題を探ってほしい。心を動揺させる問題を引き起こすだろうが、しかしそれは、ますますキリストを知って信頼していくためなのである。

- あなたは子どものとき、おじから性的虐待を受けた。おじは教会では尊敬されている長老である。いったい、あなたはこのことにどう向き合うのか。人の誠実性を疑うだろうか。
- 仕事の関係で引っ越しをした。そのことについて、神ははっきりとみこころを示されたと思えた。しかし、生き生きとした教会のすばらしいユースグループからあなたの子どもを引き離すことになった。今は、あなたは何年も満足のいく教会生活を送っていない。ユースグループは規模が小さく、規則もとても厳しいので、子どもたちを参加させたいとは思わない。子どもたちは今や主からも離れている。これらのことを、あなたは心の中でどう整理するのか。

• 主治医があなたを誤診した。今や、あなたは発見されるはずだった病気によって回復できない状態になっている。主治医は善良な医者である。彼は、あなたのときに「たまたま」ヒューマンエラーを起こしてしまったのだ。あなたはただローマ人への手紙8章28節を思い出し、前に進むのだろうか。怒りに満ちた混乱をどう収めていくのか。

これまでのところで、私は論点を明らかにしてきた。つまり、人生に正直に向き合えば、混乱や当惑が生じるのである。しかし、混乱することは悪いことではない。むしろ良いことである。なぜなら、混乱の渦中でこそ、自分の心からの願いに気づく。その願いとは、力をもち配慮してくださるお方が、目に見えるすべてのことの背後で働き、状況を喜びの結末へと正しく丁寧に導いてくださっていることを知りたいという願いである。

神は私たちにいくつかの点で啓明を必ず与えてくださる。私たちは、神が啓示してこられたことを学ばなければならない。

そして、それらがすべて明白であると信じなければならない。しかし、最優秀の神学生ですらお手上げの論点がある。ある混乱はこれからも消えることがないこと、そして、私たちはその事実を受け入れなければならないことである。さらなる研究と調査をすれば私たちの混乱を解明できると考えている限り、熱意ある信仰には導かれない。しかし、人生の重要な事柄がいまだ混乱に覆われていると認めるとき、神への信仰の中で平安でいることができる。堅固な信仰は心地よさを求める心の中では育っていかない。しかし、私たちの心が相当悩まされていて、神を信じるか人生を諦めるかの混乱にあるとき、堅固な信仰は間違いなく育つのである。**信仰だけが満たすことのできる渇望を経験しなさい。渇望を生む混乱を経験しなさい。**

2　深い失望を経験するまで、自分にとって重要な人との関係がいかに欠陥だらけだったか探る

この書の目的を思い出してほしい。私たちは、神を追い求めるとはどういう意味か、渇きを抱えてイエスのもとに行くとはどういう意味なのかを知ろうとしている。渇きを覚えている人々だけが神を求める。渇きは人が神に依存する存在であることを突きつける。その渇きを否定することに人は長けている。それゆえ、心の奥底にある渇きを知る方法を見つけなければならない。混乱に向き合うことが一つの方法であり、失望を感じることがもう一つの方法である。

多くの人にとって、受け入れるのに最も困難なことは、自分の親によって失望させられたという事実である。児童虐待の犠牲者でさえ、虐待した親は本当に自分を愛していて、その愛を自分に表す仕方を知らなかっただけだという希望にしがみつく。自分が心から欲していた愛で親は愛してく

れなかったという事実に真正面から向き合うことは困難だ。私がカウンセリングで経験してきたことだが、人は親の愛に失望してきた自分を認めるよりも、他者を愛せない自分自身の失敗のほうを容易に認める。

多くの親はすばらしいし、人は心から親に感謝している。しかし、私たちはだれもが、最善の親さえも与えることのできないものを熱望している。それは完全な愛である。常に理解し、**どのようなときも**私たちの幸福を心から献身的に気遣う愛である。自分のことに手いっぱいで私たちのことに心を向けられないことは決してない愛である。私たちの過ちを何もかも知っても離れていくことのない強い愛である。岐路に立つときは適切に導いてくれる賢明な愛である。どのような親もこの基準に達しない。しかし、人は基準以下のものに甘んじない。当然ながら、どの子どもも必死に願っているものを第一の養育者に求めるのである。しかし、どの子どもも失望する。

相手に対する、とりわけ親に対する失望は、次のように説明されて沈黙させられることが多い。それは、相手や親の私たちに対する関係が損なわれてきたのは、彼らもまた他者によって関係が損なわれてきたからだという説明である。相手の罪を努力して理解すればよいというならば、赦しの恵みは必要なくなる。福音は、相手の罪のためにこちらが言い訳をしてあげるのでなく、私たちを失望させた相手に対し、恵みのうちに近づいていくように私たちを招く

ものなのである。

ごく普通のレストランで凝った料理を期待すると、今出されているおいしい食事に失望する。しかし、後から凝った料理が出ると分かると、今出されている料理も喜んで食べることができる。まさに、親や他の人々への失望に直面するとはこういうことである。自分が必要なものを求めて人に期待する。相手への失望を完全に隠すことによってその人を愛そうとするならば、私たちの愛は否定の上にあることになる。しかし、自分の魂の痛みを認めるならば、つまり、もし親が自分を完全に愛してくれていたら**存在することはなかったであろう**痛みを認めるならば、だれも与えてくれなかったものをどんなにか自分は渇き求めていたか分かり始めるのである。人に対し要求がましく依存する自分を悟ることができる。人ができないことを私のためにするようにと強要する罪（偶像礼拝と言える）を知ることになる。しかし、もはや自分を失望させた相手に自分を満足させるようにと要求することなく相手を受け入れるならば、自ら相手を愛し、相手の反応に失望する自分の感情から自分を守る必要もなく、相手のためにかかわろうとする。

主は律法全体を二つの命令に集約された。神を愛し、人を愛せよと。成熟したクリスチャンは、相手が自分の望みどおりになるのを願って愛するのでなく、相手をありのままに愛することにおいて成長している。いかに自分が人々に失望しているか知るのは、批判や怒りに油を注ぐためではなく、また人とのかかわりの失敗を親の育て方のせいにするためでもない。全くその反対である。すなわち、他の人々にいつも自分の要求に応えなくてはならないと求めていたことがいかに間違っていたかを自分自身に突きつけ、そうした要求なしに他者にかかわり、自発的に純粋に愛するためである。

しかし、失望に向き合った結果、遺恨や自己憐憫に浸るのではなく愛を強めることとなるためには、満たさなくてはならない条件が一つある。それは、希望をもつということだ。失望を感じると、自分の魂のある部分に触れることになる。この世のだれも与えることのできないものを求める魂に触れるのである。自分にはないものを欲する現実を悲しみ痛みながら、パウロがいかに主イエスの再臨を待ち望んでいたか、その熱心さが分かり始めるのだ。今現在を痛ましく感じることは、将来を熱心に待ち望む希望の力を与えてくれる。

キリストの再臨の希望は、確信をもって待ち望むクリスチャンの人生に影響を与える。その希望は私たちをきよめる（Ⅰヨハネ3・3参照）。再臨のときに心のあらゆる熱望が永遠に完全に満たされることを知るならば、今、私たちは何も要求することなしに生きられるようになる。希望は、失望と失望が生み出す他者への強要という毒を消す解毒剤である。主にある確信をもって自発的に愛し、あえてもっと失望し、失敗が避けられない現状に向き合い、その挫折を熱い希望への刺激剤として受けとめていく。**失望を感じることは、希望だけが充足できる渇きに触れていくことなのである。**

3　罪が示されるのを恐れずに、自分自身の人との関係のもち方についてよく省察する

第3部で、満たされない熱望のために罪ある戦略をとることについて取り上げるが、ここでは簡単に次のことを述べる。他者に失望することは、御国を待ち望む希望へと私たちを導くばかりでなく、自分の他者へのかかわり方（関係のもち方）が実は愛によるのではなく、しばしば自己防衛のためであるという罪に気づかせる。

ある男性がクリスチャンのスモール・サポートグループでこのようなことを語った。彼は、クリント・イーストウッドのイメージで人間関係のパターンを身につけてきた。そのイメージとは、タフで語らず、感情を表さないというものだ。彼はそうした男らしさが、実は人から傷を受けまいと自分を守るためのものだったと気づき始めた。自分が妻に深くかかわれないことが露呈するのではないかと不安で、妻に心を打ち明けて話すことを恐れていた。

自分のかかわり方が分かると、より深く愛したいと根本的に願うようになる。人は愛されるだけでなく、愛するように造られた。愛することに失敗した自分に向き合い、自分の行動に、傷を避けたいという自己中心がいかに染み込んでいるか理解し始めると、神の御霊は私たちに罪深さを悟らせるのだ。悔い改めに導かれ、より深く神の愛を喜び、自ら神と他者を愛するようになる。「神よ私を探り　私の心を知ってください。……私のうちに　傷のついた道があるかないかを見て　**私をとこしえの道に導いてください**」（詩篇139・23～24。太字は筆者強調）。**自己理解を求めて祈るとき、純粋な愛で他者とかかわりたいと渇望するのである。**

混乱をどうすればよいのか。答えは信じることにある。失望をどうしたらよいのか。希望だけが答えである。罪を自覚させられたならどうすればよいのか。愛し方を学ぶことだ。「こういうわけで、いつまでも残るのは信仰と希望と愛、これら三つです。その中で一番すぐれているのは愛です」（Ｉコリント13・13）。

混乱に直面し、失望し、そして罪が自覚できるように祈るならば、私たちの魂がいかに渇いているか、深く理解することになる。そうして私たちは、主の呼びかけに熱心に耳を傾けるだろう。「だれでも渇いているなら、わたしのもとに来て飲みなさい。」

渇きに直面すべき理由を要約しよう。

1　自分の渇きに向き合うことによって、人を束縛する罪の力から解放される。つまり、人を欺きワクワクさせるけれど一時的な満足しか与えず、犠牲を払わせる罪の力から解放される。

2　渇きに直面すると自分がいかに他者を傷つけているか知ることができる。その結果、豊かな関係へと導かれる。

3　渇きを知ると、神を追い求める熱意がますます強められる。渇きに直面した人は、人々をキリストに惹きつけていく。

渇きに向き合う道筋には、三つの重要な段階がある。

1　混乱を認める

- 苦しくなるような問いを自分に問いかける。
- 教条主義や安易な答えという覆いで混乱を隠さない。
- 混乱を信仰への導き手にする。

2　失望があることを認める

- 他者がいかにあなたを傷つけたか、あるいは、要求を聞いてほしいというあなたの心からの望みに応えなかったか思い返してみる。
- 否定、義務的な愛、あるいは安っぽい赦しという麻酔で失望の痛みを鈍らせない。
- 失望を希望への導き手にする。

3　自覚された自分の罪を受けとめる

- 人々から距離をとることによって、関係の中で失望することから自分をいかに守ってきたか、真っ向から見つめる。
- 正しいことをしようと懸命に努力することで、自分の罪を知ることから逃げない。正しい行動の下に隠されている動機を吟味する。
- 罪の自覚を、他者を愛するための導き手にする。

心の内側から徹底して変わるために、自分の渇きを知ることから始めなさい。自分の力や持てるものを使って自分の渇きをいかに充足させようとしてきたかを知りなさい。そうして知ることで、変化は継続していく。

私たちは、どのようにしたら自分の井戸を掘ることを諦めて、生ける水の井戸のもとに行くことができるのであろうか。主が私たちの渇きを癒やしてくださるとは、どのような意味なのか。これが第３部のテーマである。

第3部

壊れた水溜めを掘る

「欲しいものが手に入るときでさえ、
それは私が欲しいものではない。」

第7章　間違った場所すべてに立ち寄る

「あなたは喜んでイエスに従いますか」と、講演者が朝の集会で声を大にしてチャレンジの呼びかけをすると、何百という十代の若者たちは身の置き所がない様子だった。

「キリストはご自身のもとに来るようにあなたを招いておられる。本当に来るようにと。すべてを明け渡して来るようにと。あなたがキリスト教ごっこにうんざりしているならば、キリストの招きを真剣に聞き、そして来るのだ。ドラッグもポルノ雑誌もロックのテープも、つまりあなたを汚《けが》すものはすべて今夜、この大会に持ってきなさい。これら悪魔のツールをすべて燃やして、燃え上がる火をキリストに従う決意のシンボルにするのだ。」

その夜、多くの子どもたちが目に涙を浮かべ、口をつぐんだまま、マリファナ、雑誌『ペントハウス』、そしてボン・ジョヴィのテープを集会室の外に投げ捨て、山のようにした。火が燃え上がるのを見ながら、彼らは手をつなぎ、こう歌った。「私はイエスに従う決意をした。」

私は十代のとき、同じような経験をした。キャンプファイヤーの火が消えていくのをじっと見ながら、ディボーションを決して忘れないこと、そして毎日、証しするのだと堅く決めた。しかし、こうした瞬間は霊的な健全さに向かうように見えるが、山の上の約束は、日常の生活という谷間に戻ってきたときに自己満足の中に消えていった。私の心の中の扱われる必要のあるものに全く触れないままに。

子どもが心の中でキリストに従うと決心するとき、良いことが起こるだろうと私は信じている。自分の息子や娘が――特にその生活ぶりが心配でならないような子どもが――違法薬物やポルノから離れる約束をしたことを知ったら、どのクリスチャンの親も身震いするほど喜ぶ。もうロックを聞かないという決意も、霊的な関心からではなく気晴らしを求めて聞いていた程度だとしても、たいていの人は称賛する。ユースの集会は、そうした点で価値があるということだ。

山積みになったものを燃やすのに貢献した若者たちの中には、聖霊が御手を働かせ、意味ある決意をした者たちもいた。しかし私は、ユースへのメッセージが、キリストのもとに行くということがどのような意味なのか正確に伝えているとは全く思わない。欲望からの逃走、悪と見えるものさえ回避すること、この世のものから離れることはみな、キリストへの誠実な従順に含まれることだ。しかしこれらのことは、キリストのもとに行くことの**核心**というより、**結果**なのである。頑なに明らかな罪を続けながらキリストに従っていると主張できないことは確かなことだ。『ペントハウス』は燃やさなければならない。

しかし、心の内側から変わり、行動も変容していくことには、木から腐った実をもぎ取る以上の意味があるのである。罪に対する葛藤は、正しいことをし、悪いことはしないという葛藤よりも、はるかに困難な戦いが必要である。聖書のすべての命令を一生懸命になって実行し、その戦いを戦っても、敗北するかもしれない。敗北と失敗の中に踏みはずすか、あるいは、訓練されて聖書の規準と一致した行動をとるが、またその結果、堅苦しい自己義認に陥り、神とも人とも深くかかわりをもたない生き方をするかのどちらかになるのである。

不道徳はよこしまで欺く心の表れだと、聖書は述べている。問題の中心は**心の内側**である。正しいことをするために、努力がいつも必要である。しかし、**心の内の罪**を認識し、どう対処すべきか理解して初めて内的な変化が起こり、罪の行動から信仰の行動に変わっていく。しかも、その変化は現実に起こる。イエスが言われたように、「まず、杯の内側をきよめよ。そうすれば外側もきよくなる」（マタイ23・26）のである。

では、それはどのような意味なのであろうか。心の変化より行動の変化を理解するほうが分かりやすい。たとえば人をだますとか、マリファナを吸うなど間違った行為をすれば、それは自分で分かる。しかし、自分の心が変えられているのかどうかをどのようにして知ることができるのか。自分の心の何が間違っているのか。心の中でイエスに従う決意をし、正しいことを行ってその決意を表すのでは十分でないのか。主が内側のきよめについて話されたとき、何を言わんとされたのか。

罪についてより明らかに理解する

主の教えをもっと深く理解するために、罪についてより明らかに理解する必要がある。とりわけ心を汚す罪深さについてである。論点を整理していくために、罪の問題を二つのカテゴリーに分ける。すなわち、⑴**聖書に記された明確な規準を犯す、行為に表れた目に見える罪**。⑵**愛せよとの主の命令に背く隠れた罪**。二番目のカテゴリーが深く理解されない場合、人々は聖書的規準を注意深く定義することに霊的な力を全部注ぎ、それらを守ろうと一生懸命になる。たいていは、パリサイ主義の正義が生まれることになる——あるいは、挫折して心がとがめられる結果となる。しかし、最初の罪のカテゴリーだけに対処しても、心の内側からの変化は導かれてこない。

モーセが「はかない罪の楽しみにふけるよりも、むしろ神の民とともに苦しむことを選び取」ったという箇所を読むとき（ヘブル11・25）、ファラオのこの世的な楽しみ、つまり権力、豪奢、ぜいたくな食事、官能的な楽しみなどをモーセが諦めたのだと考えがちである。そのような見方は確かに間違ってはいない。モーセはすぐに得られる快楽に背を向け、神の目的を追い求めたのである。しかし今日、この節を私たちの生活に適用するならば、私たちはせいぜい、やってはいけないことをリストアップするだけで終わる。エジプトの楽しみは断念しなければならない。十代にとって、エジプトの楽しみとは、ドラッグ、ロック・ミュージック、ファッションへの没頭であると言えるかもしれない。大人にとって、このリストには飲酒、物質主義（高価な車を持っているとか、半分にされた什一献金など）、不倫や企業の利益追求、昼メロの禁止というものがあるかもしれない。

教会はそれぞれ違う害悪を強調している。しかし、ほとんどのクリスチャンの間には、霊性が測られるような行動規則（成文化されていても不文律であっても）がある。真摯に成長したいと願う福音主義のクリスチャンは、専ら罪の一つ目のカテゴリー、つまり見える形での規準の侵犯が気がかりでならない。そのように侵犯ばかりに気をとられると、教会は中心的な問題が置き去りにされ、変えられないままの無力な教会となる。

　これでは、焦点を当てる場所が間違っている。人々に明らかな罪の行為をやめさせ、正しい習慣を身につけるように勧めるやり方と争うつもりはない。それに、忠実なコミュニティーの中であるべき生き方をしていれば重んじられるという人々のあり方に反目するつもりもない。しかし、目に見える行動に限定し、正・不正の規準に一致しているかどうかに厳しくフォーカスするだけなら、関係性に対する罪をとらえられなくなる。

　主はパリサイ人の厳格な什一献金を厳しく非難された。それは、規準を固守することが間違っているからというのでなく、彼らが**もっと重要なこと、**たとえば、正義、あわれみ、誠実（マタイ23・23参照）、すなわち、人々の互いへのかかわりとしてふさわしいあり方をおろそかにしているからである。問題は彼らの献金の仕方にあるのではない。関係性の罪に向き合えないことにある。

ヨナを思い出してほしい。彼の不従順は関係性の罪、つまり唯一のお方への罪であった。ヨナは、イスラエルの敵を赦したいとの神の願いに示された善を大切にしなかった。彼は、ニ

ネべの脅威が取り除かれることを願った。ヨナの心は自分中心であり、他者中心の神の心にある善に信頼することを拒否した。

主は渇いている人々をみもとに招いたとき、汚れた雑誌を燃やす以上のことを私たちにさせる意図をもっておられた。自分の関係のもち方を注意深く探り、どのようなところで私利私欲が愛を腐敗させているか探るように求められたのである。律法全体の目的は、神や他者と豊かなかかわりをもつ道を示すことにある。来なさいと招かれた意味を理解するためには、見える罪に対して正当な関心を払う以上のことをしなくてはならない。そして、関係を死に物狂いで求め渇望している人々が、愚かにも愛の命令にどのように違反しているかを探らなくてはならない。

私たちはすでに、人生は失望であるという、理解しがたい真理を論じてきた。だれ一人として私たちが望むように応じてはくれない。神は私たちに、今のところは完全な満足を後回しにして（いずれにしろこの世界では得られない）、さらに善き日を求めて神を信頼することを求めておられる。しかし、私たちは待つことが嫌いだ。人は今、傷ついている。今、癒やしを求めている。もし神が人の要求している癒やしを与えようとされないならば、人は自分自身のやり方を優先する。生計を立て、責任を果たし、週末の楽しい時間を計画し、楽しくかつ意味ある関係を築きながら、人生をやっていこうとする。そうして私たちは、失望と痛みを最小限に抑えようと懸命に生きているのだ。

人との関係がいちばん傷を受けるところなので、人々に近づくときに最も強く勧められるアプローチは、自己防衛に努めることである。

心の内側から変わるためには、人生の表面下を見なければならない。それは、渇いた魂の深い渇望を知るためでなく、私たちの欺く心がどのように私たちを自己防衛へと向かわせるかを知るためである。第2部では渇望について考えてきた。第3部では、私たちを失望させる不完全な人々にかかわるときにとる戦略を探る。そして、私たちが要求する癒やしをもって応えるのではなく、理解と約束でもって痛みに応えてくださるおひとりの神に、私たちがどのようにかかわっていくべきなのかを考える。

自己防衛という罪

だれもが甚だしい罪を犯すわけではない。多くの人は立派で節度ある生活を送っている。しかしだれもが、深い痛みを避けるためのかかわり方のスタイルを身につけている。これが自己防衛という罪なのである。

身体的にも対人的にも快適であるように願うのは、何も間違っていない。そう願わないことは、成熟の証しでなくマゾヒズムの場合もあるであろう。痛みに対して適切に警戒することは批判の対象にならない。夜遅くに無人の通りを避けたり、泥酔した夫が野球のバットを取り出して振り回すとき、家から逃げるのは理にかなっている。私も、意地悪な男性から結婚の申し込みをされた女性には「ノー」と言うように勧めるだろう。予想される害から自身を守ることは、当然正しい行動である。

私が指摘している自己防衛の罪は、愛を受けたいという正当な渇望が傷つけられたくないと強く要求し、他者への愛のかかわりを拒絶するときに生じるのである。自己防衛の要求が、他者に向かって心を傾けるのを阻むとき、人は愛の法を犯すのである。

その侵犯は巧妙に行われる。家族や友人が貧しい人にとってお金を稼ぎたいと思うのが自然であるように、自分自身を守ることは自然だと思える。他のだれにも頼ることはできない。自分にとって重要なことを他の人に任せられないなら、自分で自分の面倒を見たほうがよい。自己防衛的な関係のあり方はこれだと分かるのはむずかしい。それは、その関係のスタイルが正常に見えるだけでなく、人を惹きつけるようなクリスチャンの外側の装いの下に簡単に隠蔽されるからだ。

謙遜で柔和な人物として周囲から尊敬されている牧師の例を考えてみよう。彼のかかわり方は次のような点で際立っている。他者の長所を見いだそうとする一貫した努力、対立する見解を調和させる能力、教会の理事会を平和に保つ賜物という点である。確固たる意見があるときでさえ、彼は決して押しつけない。彼は深々と椅子にもたれ、すべての意見のメリットを思い巡らし、自分の立場の利益になるようにいくつかのコメントを付け加えるのだ。そして投票に持ち込む。彼はこうしたやり方を好む。人々は彼を賢明で忍耐強く、全く無私無欲の人だと思い描いている。このようなスタイルで、彼は人とかかわっている。ほとんどの人は、多くの人が認めるかかわり方を注意深く探ろうとは思わない。この牧師を罪深く自己防衛的であると考えることは、中傷か魔女狩りだと思われてしまう。

罪の一つ目のカテゴリー（周知の規準への明らかな侵犯）からすると、非難されることのない生き方をし、人とのかかわり方が明らかに称賛できる（謙遜で丁重である）人の場合、情欲のような誘惑の罪は別として、その人にとって罪はもはや問題ではないと私たちは誤って考えがちである。しかし、（残念なことに）罪の第二のカテゴリーが分かってくると、暗黒の部屋に通じる新しい扉が開くことになる。

もし、その牧師の妻、子どもたちや親友が、彼は直面すべき軋轢を避けていると感じるならば、彼らに聞いてみたい。ある状況では厳しい質問や方針が必要になる場合があるが、この牧師は次のような質問ができるだろうか。たとえば、「息子よ、私はおまえが深夜二時半までどこにいたのか知りたい。門限は十二時なのだよ」と。また、次のような方針を言えるのか。「きみがどんなにか新しいカーテンを欲しいのか、ぼくは分かっているよ。でも、ぼくの判断では、今それを買うのは家計が許さないよ。」あるいは、平静を保ち忍耐強く――つまりは弱々しく――相手が怒ったり失望したりするのを避けようとするだろうか。断固とした態度をとるべきときに、その牧師が柔和であろうとするならば、私はこう推測する。人を惹きつける彼のかかわり方は、妻をいらいらさせるばかりでなく、物事を心地よいものにしようとする欺きの企み、弱々しくあろうとするが自己防衛の企みの表れであると。

　このようなパターンがどのように生まれたのか考えてみよう。おそらく、牧師の父親は暴力的に感情を爆発させる人であっただろう。もしそうであるならば、その牧師は人生の早い段階で、容易に起こる父親の爆発によって深い痛みを経験したであろう。彼はすぐに学習したはずだ。自分の好みや意見をはっきり言えば、父親を怒らせることになると。父親の卑劣さほど彼を傷つけるものはなかった。父親が何年も前に怒って言ったことばは、彼の心を深く刺し、今もなお激しい痛みとなっている。その痛みは現実のものであった――そして、自分の人生はその痛みから逃れられるかどうかで決まると思わせるほど、重大なものであった。

私たちは人生を振り返って幸福な日々を思い出し、いのちをその幸福なときに味わった感情として理解する。痛みを経験しているときは、死とはその困難なときに忍耐した感情としてとらえようとする。こうして、私たちは偽りのいのちを追い求め、偽りの死を避けて人生を生きている。

　自分の考えや要求をしまい込んで父親の感情の爆発を最小にしていたとしたら、もう一つ別の考えを言ってその場を調和させる方法が、脅威の状況下での人への習慣的なかかわり方になっていた

可能性がある。大人としての成熟とクリスチャンとしての規準が相まって、彼は忍耐強い謙遜さをまとい、その下に自己防衛的な和解をしていたのである。

このようなことが起こりうるとして、気づいてほしいことは、彼の人に対するかかわり方の目的は、尊敬を受け愛されたい熱望がさらに傷つけられないように、自分を守ることにある。彼の穏やかなスタイルによって、論争も拒否も回避され、批判も鈍くされる。彼の人への影響はすぐに表れ、互いに対する温かさが助長され、激しいことばは回避される。箴言15章1節の「柔らかな答えは憤りを鎮め、激しいことばは怒りをあおる」ということばが、彼の人との関係のもち方を聖書的に支持することになる。

確かに、柔らかな答えは憤りを鎮める（聖書がそのように述べている）。**柔らかく答える目的が怒れる人と親しくなるため**ならば、それは適切である。しかし柔らかな答えが、**脅威となり破滅させるほどの怒りに直面することから自分を守るために意図されたもの**ならば、それは愛ではない。それは自己防衛の罪である。

人との関係のあり方

人との関係のあり方は雪片のようなものである。つまり、一つとして同じではないということだ。それぞれのかかわりの意図は、自己防衛か愛のどちらかに隠された動機がある。強い意見で教会を導き、難しい問題にも確固たる姿勢で臨む牧師も、穏やかな牧師と同様に弱さをもっているかもしれない。その人が、自分はふさわしいと感じるために成功者だと自己証明しなくてはならないと考えているならば、そして頭をよく使って影響力をもつように相手と話す人であるならば、その人の自己防衛的かかわり方は、先述した牧師のあり方とは正反対である。しかし、やはり間違っているのである。

最初の牧師の柔和さ、後述の牧師の強さは、両方とも愛の成熟さを表していると言えるかもしれない。それらは、神の目的を進めていくために人に必要なものが与えられているのだとも考えられる。成熟は均質ではない。成熟すればするほど、人へのかかわり方は驚くほどユニークなものになるであろう。しかし自己防衛へのこだわりは、私たちの堕落した生き方に深く組み込まれているので、それが人との関係にどのように潜んでいるか探らなくてはならない。

私たちは変わろうと努力するのだが、対処しようとするのは、聖書的規準との不一致が外見から分かる罪の行動だけである。間違った行動をやめ、祈りに専念し、聖書を読む訓練をしても期待した変化がない場合、さらに間違ったことを避けて正しいことを行い、学びに専念するか、あるいは自分をより理解し、埋もれた葛藤に向き合うために、希望をもってカウンセラーのもとに急ぐかのどちらかである。本当に変わるための核心、つまり、人との関係のあり方に最もはっきりと表れる自己防衛に汲々としている自分の姿にしっかり向き合うことの価値を、ほとんどの人は考えない。人生の中心的で重要なことが、「神が私たちを愛してくださったように、私たちも人を愛すること」にあるならば、人生を安全に過ごすことに優先順位がある生き方は、愛の目的と衝突する。

人は愛するように造られた。そして、人を愛するとき、良きものが心の内に生まれてくる。きよく豊かで、安定した気持ちになる。なおさら良いことには、自分の感情がどうなのかとそればかりに気をとられるのでなく、他者の人生にもっと関心を寄せるようになる。自己防衛にとらわれた心が、何を、どのように、だれに言うべきかに影響を与えるならば、じりじりとした不安が、慰められたい魂にこっそりと入り込む。そうして、他者が自分に配慮してくれないと、だんだん怒りが湧いてくる。率直さを強調する交わりのグループに入っている場合、私たちは自分の失望をグループに「分かち合い」、より強いつながりと愛を求めるかもしれない。要求する心は私たちが願っている愛を侵害する。しかし、他の人々が私たちの関係のあり方に「要求する心」があるのを感じ取っても、それは触れられないままになる。

人々が要求に応えてくれないとき、心に苦々しさが生じる。ある人は自分自身の怒りに驚愕することさえある（「もし他の人が私の怒るのを見たら、もはや私のことを拒絶するだろう」）。そうして、抑うつ、不安、またはだれかを傷つけるのではないかという強迫観念の下にそれを隠す。また、公然と意地悪をして怒りをより直接的に表す人もいる。つまり、過度に批判的になり、あからさまに反抗的になり、または自分を失望させた人に不機嫌になり、不愉快な思いをさせるのだ。

自己防衛的に生きる結果はひどいものだ。愛情の結果はすばらしいものである。私たちは、他者を惜しみなく十分に愛せるように、神の愛を信頼するように神によって造られた。神は、傷をさらに受けないために自分の熱望を守るようにと人を造られたのではない。しかし、なぜ私たちは愛することにおいて貧しいのか。その答えは、そのことが根本的であるゆえに容易である。自己防衛を捨て、渇望の中で神のもとに行くことを拒絶するからである。神のもとに行く代わりに、単に聖書を読み、ポルノ雑誌を焼き捨てる。私たちは神の水溜めを通り過ぎ、シャベルをつかみ、自分と人々との関係の中で水を求めて掘り始める。

なんと愚かなことであろう。しかも、なお悪いことに、**知らない間に巧妙に**壊れた水溜めを掘っているのだ。先ほどの穏やかな牧師は、人々と**自分自身とに、**自分の忍耐は聖霊の実であると思わせた。彼の忍耐は醜い自己防衛でしかないかもしれないのに。心の内側から変わるために、この自己防衛を悔い改めることが必要である。渇望する魂に取り組む最善の方法について、自分自身の考え方を変えなければならない。最初に自己防衛とは何であるのか、どのように自己防衛をしているのかを知ってこそ、それを放棄できる。自分の人とのかかわり方を注意深く探らなければならない。自分のかかわり方を考えるうえで、次の二つの例が何を探るべきかの理解を助けてくれるだろう。

メアリーの場合

私が最初にメアリーに会ったとき、彼女は人を惹きつける、三十歳の独身の女性だった。自分の教会で活発に奉仕し、そのリーダーシップは高く評価されていた。歯科医の助手としてパートタイムで働いていたため（彼女に言わせれば、テントメーキングのような仕事であった）、時間とエネルギーの大部分を女性のためのミニストリーを取りまとめるボランティアスタッフの働きにささげることができた。牧師はキリストに献身する彼女を称賛し、講壇からよくこう言うのだった。「この教会にたくさんのメアリーがいたらいいのに。」

メアリーは独身のクリスチャン女性の模範であった。つまり、文句を決して言わず、親しみやすく、よく働き、独身であることを奉仕のために熱心に用いたのである。結婚についてどう思うか尋ねたとき、彼女は一言で答えた。「神様がなさることなら何に対しても心をオープンにしています。それが結婚だとしたら、それもよいと思います。しかし、男性が現れるのをじっと座って待つことはしません。やるべきことがあまりに多いのですから。」

メアリーの友人たちに彼女のことを聞いたら、勤勉で、真面目で、絶えず活動していて、有能な人だと言うだろう。メアリーからは、柔和、女性らしい、愛情深いということばは簡単には思い浮かばない。

彼女が私のところに来たのは、その頃生じてきた抑うつ気分と、説明できないほどの活力の喪失について相談するためだった。彼女は教会の働きに対して無関心になり、深く悩んでいた。新たな奉仕に取り組んでも、心から祈っても、その状態を変えることができなかった。最初の相談のとき、彼女は事務的で慎重で、少しおびえた感じがした。おどおどした様子が、私が最も気になったところであった。

私は人々に相対するとき、彼らが与える印象に注目する。彼らの態度は私と距離をとりたいのか、会話を軽いものにしたいのか、それとも、私に強い支持を示そうとしているのか。彼らが話すことすべてに反論したくなるのか、あるいは、まるで熱心な生徒に深い分別を授ける老人のように自分を感じるのか。私たちの魂は人との関係を喜ぶように造られているので、人は関係を渇望する。そのため、互いにかかわり合う仕方は、人の渇望と関係してくる。関係がもたらす痛みがどんなものか分かっているので、人々から安全な距離を保つことで、自分自身を今後起こるかもしれない痛みから守ろうとするのである。

このことを心に留めて、人々がどのように私を「引き込んで」かかわりをもとうとするのか、私は探るのである。つまり、彼らの私へのかかわり方が、私が彼らに応答しようとするとき私を引き込んで何かをさせようとするのだ。いったい、何を私にさせようとするのだろうか。私へのかかわり方を通して、自分たちの自己防衛の目的にかなうものなら何でも私にさせようとするのだ。私を笑わせ続ける人もいる。そういうとき、真面目な意見を言うのは場違いなように思える。また、真相を深く突きとめさせようとする人もいる。そういう場合、もう少し責任を負ったらという、ちょっとしたアドバイスも浅薄に聞こえるだろう。**私たちは心地よさを維持し、脅威となる相互関係はどのようなものであれ回避しようとする。回避の目的を隠したままで互いにかかわり合う傾向がある。**

私が人にかかわっていて自分が何かをさせられるような感じになる場合、相手の自己防衛的関係のあり方、つまり魂の渇望に対処するその人自身の戦略に、波長を合わせてじっと耳を傾け、その意味を考えていく。

メアリーの場合、私は招かれざる客のように感じた。心からの意見を言ったとしても不適切なようだった。それはまるで、渋滞した道路で乗客を降ろそうとあくせくしているタクシー運転手に、家族のことを尋ねるようなものであった。プレッシャーを感じながら、彼女の問題とその過程を深く考えようとした。私は、魂に配慮するカウンセラーというより、賢いコンサルタントの役割に押し込められていく感じであった。

メアリーは容姿でも振る舞いでも、男性的だというのではなかったが、彼女は女性性を抑圧しているように思えた。彼女は、男性と付き合っているより、教会のスタッフと教会活動の計画を話し合っているほうがはるかに快適であるように私には感じられた。仕事の会議で、家にいるようなくつろぎを感じることは間違ってはいない。しかし、近しい関係の中で居場所がないというのは危険信号である。

話をしているうちに分かってきたことは、メアリーのきびきびとした親しさには、ある目的があったということだ。自分自身の抑うつ状態に彼女が恐怖を感じる様子が見て取れたとき、私はその懸念を彼女に話した。すると、「ええ、残念ながらそれは本当です」と単に言うだけでも、彼女は緊張していた。むしろ、彼女は私の指摘が正確であることを理解していて、解決を考えようとしていた。「ええ、私は恐れています。たぶん、これまで自分のすることに自信をもっていたのです。でも今、私には合わない仕事を引き受けるように頼まれたのです。それで、私の手に余る仕事をしているのかどうか、ご意見を伺いたいのです。」

彼女の憶測について考察し、専門家としての意見を言わせるように、彼女は私を「引き込んだ」。その一方で、女性として魂の中で彼女が感じている恐れを探ろうとすることから私を遠ざけようとしていた。私は、彼女をして教会の活動の関係以外のすべてから引きこもらせているのは何かと考え始めた。何が彼女をそれほどまでに恐れさせ、有能さと献身という厚い壁の後ろに、彼女の魂の温和で優しく受容的な部分を隔離させているのか。

能力や献身に何一つ間違っているものはないことははっきりしている。それ自体、ともに称賛すべきものだ。**問題は、それらが何のために機能しているか**だ。察するに、メアリーは近しい関係の中で起こりうる痛みから自分を守るために、備わった能力と霊的な関心を利用していたのではないか。このことが正しいなら、彼女はクリスチャン生活の周辺部を生きていたことになる。人とかかわるためにではなく、義務、奉仕、学び、連携、社交に取り組んでいたのである。彼女は、不完全だけれど真実の他者からの愛情を喜ぶことも、（そしてもっと重要なこととして）他者への愛情の中で自分自身を与えることもなかった。常にトップであることが最優先される彼女の生き方は、人との関係に失望して生じる痛みから自分自身を守る自己防衛であった。

彼女が教会のことに無関心になるそのときまで、彼女にかかわる人々はだれも、彼女の人へのかかわり方に疑問を抱くことはなかった。教会以外の話題では、男性とは二、三分くらいしか会話がもたないことに、だれも気づかなかった。一人の男性が異性として関心を示しても、彼女は態度を硬化させて、献身したしもべであり続けた。彼女の人へのかかわり方を注意深く見る人はいなかった。だれも彼女を知恵を働かせて愛する人はいなかった。

メアリーのような人々で満ちている教会（こうした教会は多いと推測する）は、健全な教会とは言えない。キリストのからだは、おのおののメンバーが分に応じて働いているときに成長するとパウロは書いている（エペソ4・16参照）。その聖書箇所では、それぞれのクリスチャンは、贖われ、賜物を備えられた者として、ともに信じる仲間というからだに自分自身を与えることができるという考えが示されている。その人は自己利益から自由になって自分自身を他者に惜しみなく与えるのだ。しかし、メアリーは自由ではなかった。勤勉で疲れを知らない様子であっても、召された者として本当の働きをしてはいなかったのである。神の目的の前進のために用いられたけれども、彼女の働きは神に深く触れられた心の発露でもなければ、他者の祝福を何よりも願ってなされた努力でもなかった。心はおびえ、動機は自己防衛にあった。彼女の存在の最も豊かなところ――他者に力強く影響を与え、男性も含む他の人々からの愛情を温かく受け入れる――は、彼女の人との関係のあり方、つまり教会活動でしか人々とかかわらないスタイルの下に何事もなくしまい込まれた。

メアリーと話しながら、私はこんな指摘をした。あなたは温かさよりも、有能な印象を人に与えているように見えると。彼女は、自分はよく働くし、そういう印象をもつ人もいるだろうと、私のコメントにうなずきながらうまくやり過ごした。この見方についてどう思うかと彼女に少し対峙して質問をしてみた。彼女はいらいらし、不愉快そうな様子を見せた。

いくつかのセッションを経て、彼女は自分が孤独を感じていたことが分かってきた。その後、何か月かの間で、彼女は大切な人との関係の中で感じた失望を注意深く探った。過去にトラウマになるようなことは起きていなかった――いとこから性的虐待を受けることも、アルコール依存症の父親からぶたれるようなこともなかった――しかし、彼女はかわいがられたという記憶がなかった。彼女の父親は数年前に亡くなっていたが、善良な人で、しっかりしたクリスチャンだった。何よりも主に献身することを尊ぶ人であった。しかし彼女には、父親から温かく語りかけられ、心の深くにある大切なことを話すように促された記憶が全くなかった。彼女は転校してきた男の子に夢中になった秘密を自由に打ち明けることもなかった。父親と「そうしたこと」を話すというイメージは奇異で無縁なものだった。実際そのようなことはなかったし、考えもしなかった。

私は彼女に全く違うタイプの父親、つまり自分が分かち合いたいと思うことを何でも温かく丁寧に聴いてくれるような父親の姿を想像してみてほしいと言った。そのとき、彼女の眼は涙でいっぱいになった。彼女の心はこれまで得ることのなかったものを渇望していた。父親からのメッセージははっきりしていた。「私の愛情の中でくつろいではならない。それよりも、神にもっと献身しなければならない。」彼女は抱かれたいという願いが生まれるときはいつも、愚かで未熟な自分自身を叱ることで、自分が本当は願っていたものへの渇望を否定した。こうして、さらにクリスチャンとしての働きに自分をささげていった。

それはなぜなのか。彼女の世界の中で、人生はそうやってうまくいっていた。自分に欠けたものをひどく熱望していることを否定すれば、それ以上失望を味わわないですんだ。教会のために懸命に働けば感謝してもらえた。それは時に思いがけないほどで、とても気持ちのよいものだった。しかも、それは非常に明快なサインを人々に（特に男性には）送っていた。自分は親密な関係を求めて売りに出されているのではないというサインを。霊性という厚い化粧張りをして防衛のコーティングを完成した。教会に身も心もささげた人に、深い個人的関係を求める人はさほど多くない。距離を隔てて褒めることのほうが、直接的に関わることより求められた。メアリーは、人々を引き寄せて彼女を尊敬し認めるようにさせたが、愛されたいという心の奥に隠された熱望には決して触れさせなかった。

メアリーは、父親が決して行わなかった仕方で向き合ってくれるだれかを深く熱望している自分自身を感じるようになると、人との関係に潜む自己防衛の目的を認め始めた。重要な原則を思い出してほしい。すなわち、**自分の渇望を否定する限り、人々へのかかわり方に潜む目的を理解することはできない。**しかし、渇望が理解され自己防衛が明らかにされると、キリストへの信頼はさらに深くなり、悔い改めはより深まっていく。キリストだけが与えることのできるものを自分がどんなに必要としているか分かると、ますますキリストを信頼する。私たちの罪があまねく明らかにされていくと、罪に徹底的に向き合うことができる。問題のすべてを見ている外科医のほうが、問題の一部だけを見つけた外科医より良い仕事をするものだ。

その後、メアリーは失望する世界をより鋭敏に感じている。しかし、愛するために必要な勇気をもって人にかかわろうとしている。主との関係は以前よりはるかに豊かなものとなった。絶え間ない忙しさにあっても、以前は引き受けるのが当然と追い詰められた責任に、心を平静にして「ノー」と言えるようになった。さらに、友人との心通う交わりも楽しんでいる。男性にも心を開き、女性として生き生きとした感情を経験している。メアリーは心の奥から変わってきている。その過程はゆっくりであるが（本当の変化はたいていゆっくりしている）、その変化は本物である。

フランクの場合

自己防衛的かかわり方の二番目の例を考えてみよう。フランクは成功したビジネスマンである。人は彼のことを、活力がみなぎっていて、才能もあり、自信もあり、親しみやすいと評価していた。最近、彼はクリスチャンになった。彼特有の熱心さによって、すぐに見識のある優れた聖書教師として評判を得た。

フランクはすべてを持っていた。美しい妻、三人のよくできた子どもたち、素敵な家、そして、職場でも教会でも尊敬されていた。自分の人生に本当に満足し、イエスのために生きる喜びを、熱意をもって証ししていた。

彼らの教会で私が講演した後で、彼の妻が二、三分私と話をしたいと言ってきた。彼女は十二歳になる息子ロニーのことを心配していた。二人の姉たちはよくやっている。しかし、ロニーはこのところ何か月も家族を避けて引きこもっていた。ロニーは普通以上に快活で良く育った子どもであったのに、静かで気難しい少年になってしまった。何かがきっかけとなって、ロニーは悪いことばを使いながら怒りを爆発させ、本を部屋の壁に投げつけた。彼女はだれかにこのことを相談しようと心に決めた。

私は彼女に、このことを夫はどう考えているかと質問した。

「ロニーが変わってしまったことに夫が気がついているのか、私にも分かりません」と彼女は答えた。

「ご主人に心配事を話しましたか。」

「いいえ、まだ話していません。」

「それはなぜですか。」

「フランクは、こうしたことにはうまく対処できないのです。彼は良い父親です。ロニーとはよくラケットボールをしますし、ロニーのバスケットの試合を見逃したことは一度もありません。でも、ロニーとこのようなことについて話せるだろうとは思いません。」

彼女はため息をつき、少しほほえんだ。「フランクはいつも陽気で、ロニーといると子どもっぽくなって、ついには二人でレスリングをするほどです。もうこれで大丈夫、心配ないとフランクは思うのです。」

フランクは妻の目にどう映っているのだろうか。彼女は彼の良いところを挙げて褒めているが、彼の欠点を真正面から見ることができない。問題が起きても、それを彼には伝えない。それは、彼がよく収めることができないことを彼女が恐れているからだ。

私は彼女に、もしあなたの心配事をフランクに話したらどんな反応をすると思うかと質問した。

「彼がすることははっきり分かります。腕を私の肩に回し、ほほえんで言うでしょう。きみはあまりに心配しすぎる典型的な母親だと。それでも、もし私が心配事を強く言ったら、たぶん彼は私の手を取って祈るでしょう。それで話し合いは終わりです。もし、本当にこれまでなかったような大きな問題が起きたら、彼が何をするか私には分かりませんが。ある時、学校の教師が家を訪ねてきて言ったのです。長女はもしかしたら拒食症かもしれないと。フランクは彼女に食べるように強く要求しました。それは功を奏しました。でも、彼はけっして長女と話そうとはしませんでした。長女はかなりつらいことを経験していたし、父親に怒りも抱えていたと思います。」

もっともらしいことばをもう一度聞いてみよう。「物事はうまくいくはずだ。私は温厚だし、霊的である。そしてぶれない。そうなのだから、私の人生はうまくいって当然である。もし見えないところに問題があるとしても、その問題が何かなど聞きたいとは思わない。物事はうまく運んでいくだろう。」

フランクは仕事をしているとき、むずかしい決定を下す機会を楽しんでいた。悪い知らせを聞くと、彼はいつもより攻撃的な行動に出た。思いあぐねるより、すぐさまどうすべきか考えた。彼の成績を見れば、集団を進ませる超人的なコツを身につけていたことが分かる。

教会でも同様であった。建築委員会、財務委員会、財産管理委員会それぞれが、やっかいな問題が起きたときはフランクに意見を求めた。フランクは決して気落ちせず、いつも何かアイディアをもっていた。彼が教師をしている日曜学校の出席率はいつも高かった。クラスが終わると、メンバーはいつも彼の回りに集まって質問をした。彼はそれが気に入っていた。彼はしばしば礼拝に遅れて会堂に入ってきた。それは、クラスで彼が投げかけた話題をめぐり熱い議論が交わされていたからである。

彼の人へのかかわり方ははっきりしている。陽気で、独断的で、博識で、とにかくやってしまおうというタイプの人物である。フランクを最初の罪のカテゴリー（周知の規準を侵犯する明らかな罪）で判断するならば、彼の人生は申し分なく立派で尊敬に値する。彼は地域教会のリーダーとして十分な資格がある。家族のこともよく治め、評判も良いようだ。

彼の人との関係のもち方をもっと注意深く見て、それがどんな役割をしているのか考えてみよう。彼がとる方法は、自分が解決できないと認めなくてはならない問題から逃げて、安全な場所にいるというものである。彼は、自分で対処できない問題からは上手に距離をとっていた。妻の懸念が何であるか探ろうともしない。娘には、彼女の本当の問題を分かろうともせずに叱った。息子のことでは、重要な問題の兆候に全く向き合うこともなく、息子を機嫌よく神に委ねるだけだ。エゼキエルは、漆喰で強固に見えるもろい壁のことを述べている（エゼキエル13・10参照）。フランクの人とのかかわり方は実に自己防衛によって動かされているのに、人として成熟しているように見えるのである。

フランクの心の内側を探ると、そこには敬意にあふれたかかわりへの深い熱望がある。彼はこれまでそのようなかかわりを味わうことができなかった。存在の核心のところで、人生が運んでくるすべてのことに立ち向かうことができるという自信をもてなかった――私たちのだれもが心の深くにもつ恐れである。痛みに満ちた不全感に向き合う恐れは、自分に大事な仕事を任せ、それがよくできるように必要なものを与えてくれるだれか、ひどく失敗した後ですら信じてくれるだれかと深くかかわることで初めて癒やされるのである。しかし、人とかかわる経験によって、そのような人がいるという楽観主義は消えていく。結局、自分自身の力や持てるものしか自分には残されていない。フランクは高校や大学時代に、失敗するかもしれない人生の領域から身を守るために自分の人格や能力を利用できることに気がついた。彼は多くの人々が尊敬するだろう責任ある男のイメージを保ち続ける方法を見つけた。自己防衛の独自の計画はぴったりと彼の人生に収まった。

核心の問題に到達する

心の内側から変えられようとするなら、私たちは自分の人との関係のあり方を注意深く探らなければならない。成熟の証しは愛である。愛の本質は自己防衛なしに愛することである。

この章で、さらに二つの点について論じたい。最初の点は、人は神に頼ることなく道徳的になることができ、思慮深くあり、訓練されもするが、自己防衛なしに生きるためには根本的に神を信頼しなければならない、という点である。

メアリーは、どんな嵐も自分を転覆させない安全な港を自分自身で作りながら、立派な人生を生きてきた。フランクの場合、人の心を惹きつけ、結果を出すかかわり方をして、自分の城の周りをせかせか走り回り、愛想はいいが強硬さという堀を固め、妻でさえも近づけさせないようにして城を守った。どちらの場合も、自己防衛を放棄したら傷ついた姿をさらすことになり、最後には自分自身を破滅させる——神が約束を守ってくださるのでなければ。

第二の点は、こうである。かかわり方に潜む**目的**を果たそうとする行動の**細部**をよく見るならば、そこに頑なで醜悪なものが見つかる。そのため、メアリーやフランクの自己防衛のエネルギーの貯蔵庫に飛び込んでそれらを見つけるより、彼らに特別の指示を与えてやらせるほうが簡単であろう。

「メアリー、あなたはもっと自分を表現していいのではないでしょうか。あなたの感情を人々にもっと話してごらんなさい。男性とのデートに心を開いたらどうでしょう。もしあなたに関心を示す男性がいたら、次はデートの誘いを受け入れてみましょう。」

「フランク、ロニーのことを奥さんと話すべきでしょう。ロニーを連れ出して長めの朝食をとってごらんなさい。彼と真正面から話すのです。ジョークは後にとっておいて。」

これらは良いアドバイスであるし、心に留めるべきでもある。メアリーもフランクも、人が言うことはきっちりできるだろう。しかし、彼らが心の内側で変わることはない。**懸命にしてきた自己防衛を悔い改めないまま、人に対するかかわり方の間違いを正すことはできる。**懸命にしてきた自己防衛は明らかにされ、探られ、熟考されなければならない。そこに葛藤が伴うであろう。私たちは死に物狂いで自己防衛の放棄に抵抗するのだ。自己防衛せずに人生に向かっていくことは自殺に等しいからである。

メアリーが自己防衛を放棄し始めた頃、彼女はおびえていた。今では温かく繊細で、喜びにあふれ、優しく、孤独を知り、愛情と感謝にあふれた女性である。フランクは一度セッションを受けたが、再び来ることはなかった。彼の息子はなおも気難しいが、夕食のテーブルを囲んでいるときは前よりも少しは親しげな様子であった。妻はフランクの弱さへの怒りに直面していて、彼を赦そうと努力している。そして、今までより孤独を感じている。

次のことを振り返ってほしい。あなたは、過去に人との相互のかかわりの中で、幸福感や痛みを経験してきた。どのような経験によって、偽りのいのちを得たいと考えるようになったのか。また、どのような経験によって、偽りの死を避けたいと考えてきただろうか。

自分を安全に守りたいという要求は強い。魂がひどく願っている癒やしを求めて、間違った場所すべてに立ち寄ろうとする。恐れている痛みから自分を守ろうとして、人とのかかわり方が生み出される。自己防衛的戦略は愚かであるのに（欲しがっていた安全を得たときでさえ、それは自分が欲していたものではないと気づく）、私たちはなお、自分を守る「権利」にしがみついている。痛みは癒やされるべきだと要求する。核心にある要求を悔い改めによって放棄し、エネルギーを愛することに向ける前に、心の奥底にある要求に向き合わなくてはならない。過大な要求という問題が第8章のテーマとなる。

第8章　命令的要求の問題

心の内側から変わるには、心騒ぐが、自分の魂の醜い部分を探らなければならない。多くの人々は、そのように探るのは、せっかちな傾向や批判的な精神があるからだと考えている。むしろたいていのクリスチャンは、はっきりした規準を侵犯する個々の行動より、自分の罪性のほうが重要であると簡単に考える。もちろん、私たちは「より深い」問題、つまり自己中心的な動機などの問題と闘っている。しかし、その肝心なことについては罪として意識されることなく、一般的なこととされて手つかずのままである。

ある人々は心の内側の醜悪さの探求に抵抗する。**罪深さ**よりも**苦闘**について考察することを好む。「私には十分な自信などない。不安だらけだ。」「私はなぜこんなに完全主義者なのだろう。あまりに心配しすぎる。そのために気が狂いそうだ。」こうした問題は他の人々から共感を呼び、英雄気取りの自己憐憫を引き起こす。他方、罪深さが明らかにされていくと自分の罪が自覚されてくる。苦闘する人は自分を気高く感じ、罪ある人は自分を汚れていると感じる。

教会という教会のほとんどが、人々の人生の傷を癒やそうと誠実に対応を試みてきたが、人々を理解するときは罪を脇に置いてきた。傷ついた人は励ましを必要としている[1]という真理によって、私たちは人々の苦闘に焦点を当ててきたが、そのせいで人の罪深さを深く理解してこなかった。「傷ついた人の援助」が強調されればされるほど、それに反対する試みが、当然保守派のクリスチャンの間で起こる。しかも、スポットライトを正面からでなく後ろから罪に当てるようなことをしている。罪の原因を心理学的に説明してその恐ろしさをトーンダウンする近年の傾向に納得できない保守派のクリスチャンは、罪を最も明白な姿（姦淫、怠惰、責任転嫁、うそ）でとらえる。そうして、人は苦闘するかもしれないが罪深くもあるのだと主張する。

　確かに、他の人々の冷酷さの犠牲者として私たちは苦闘している。人々からひどい目にあわされてきた。しかし、人々が私たちを痛めつけたからといって、それは罪ある対応を彼らにする口実にはならない。私たちは自分のすることに責任がある。苦闘する者であると同時に罪人であり、犠牲者であり、行為の主体者である。傷ついた人であり、傷つけた人でもある。

　これまで何が起きてきたか注意してほしい。心の内側を探るとき、私たちは隠された痛みや心理的に複雑な問題と苦闘する者として自分自身をとらえる傾向があった。しかし、今や神を求めるときだと決意しても、表面的なことに戻り、すべきことを懸命にしようとするのだ。苦闘と心を探ること（「では、あなたが本当に傷ついているところはどこか見てみましょう」）は結びついてきた。さらに、罪の問題は典型的に、外側の行動を再調整することで扱われてきた（「それでは、このあたりで自己反省は終わりにしましょう。仕事に戻る時が来ました。あなたは妻とどのくらい一緒に過ごしているのですか」）。

変わりたいと願う誠実なクリスチャンには、二つの選択がある。すなわち、**心の痛み**を正直に探りながら援助を見つける、あるいは、**行動の罪**を正す責任を負うという選択である。心の痛み、そして行動に現れた罪――対処する必要のある二つのカテゴリーであるが、どちらも、魂の奥底にある醜悪でゆがんだ病的な部分に私たちを導くことはない。心の内側から変わるために本腰で取りかかる必要のある、**心の中にある罪**に入り込んでいくことはできない。罪は外側に表れたところ（行動上の罪）よりはるかに深いものを伴う。そして、深く埋め込まれた心理的な問題（心の痛み）よりもさらに困難な問題に、私たちは苦闘することになる。

関係性の罪は、偶像礼拝という心の罪に根差している。いのちだと信じているものを得たいと要求するとき、そして、死だと理解しているものから守られたいと要求するとき、私たちは偽りの神を礼拝する。そうして、私たちは偶像礼拝者になる。

この章では、外側に表れた罪深さと心の苦闘のどちらも探るつもりはない。心の内にある罪を探

りたいのである。私は心の内にある罪深さを、忍耐の不足によるものであるとか、たまたま危機的な精神状態だったと考えるより、より正確に考察したい。心の問題は、多くの人々が想像するよりはるかに邪悪なものである。心の中を探るとき、恐ろしい記憶とか痛みの感情といったもの以上のことにぶつかるだろう。どのような場合も、率直に探っていくとやがて恐ろしく醜悪なものが明らかになっていくのだ。——それを**命令的要求**と名づけることにする。

私たちは命令的に要求する存在だ。神が与えてくださる泉を通り過ぎ、頑なに自分の水溜めを掘る。その結果、生き延びるために自分で掘る水溜めを頼ることになる。自己防衛のために**努力し続けなければならない**。自分の責任で自分の渇きをどうにかしようとするとき、生き延びるためには、手早く水を見つけることが重要である。

配偶者に自分の必要に応えてくれることを**要求する**。自分の子どもが信仰の訓練によって結果を出すことを**要求する**。教会が私たちの関心事に敏感になって、何かのミニストリーを用意してくれることを**要求する**。追い越し車線をゆっくり走っている車にどいてほしいと**要求する**。もうだれにも、以前傷つけられたように傷つけられたくないと**要求する**。長い間味わえなかった普通の楽しみをいよいよ楽しみたいと**要求する**。

なんと滑稽なことであろうか。新兵が指令を下す軍隊、走り使いの人が方針を決める会社を想像できるだろうか。依然として単なる人間が全世界に大声で命令を発しているのだ。自分自身の幸福を独断で獲得しようとした結果が、この愚かしさなのである。この愚かしさは、また担い切れない重荷である。死に物狂いで求めるが決して自分ではどうすることもできない責任を負い、努力したことは成功しなければならないと無理に要求するのだ。

要求する心の醜悪な病は、私たちの渇望する魂に固くさびで打ち込まれている。心の中から変わるために、命令的要求の問題に向き合う必要がある。命令的に要求する心は、その醜悪さによって見分けられ、認識されなければならない。そして、悔い改めを通して放棄されなければならない。次の三つの観点からこの問題について考えよう。⑴神はこの問題をどのようにご覧になっているか。⑵この問題はどのようにして生じたのか。⑶神はそれをどのようにお取り扱いになるのか。

神はこの問題をどのようにご覧になっているか

民数記９章15〜23節では、イスラエルの人々がどのように荒野の旅を導かれたかが記されている。彼らは、空に特別な雲があるのを注視しなければならなかった（夜には火の柱となり、人々はこれも見ることができた）。雲が動き出すとテントをたたみ、雲が導くところどこへでも従った。雲がとどまるところでテントを張った。この出来事の要点を理解することはむずかしくない。すなわち、雲が動くと彼らも動き、雲が止まると彼らも止まったということだ。二つか三つの文章で状況がどう進んでいったか十分伝わる。聖書の内容を凝縮したダイジェスト版も同じように要約している。完本であるテキストの九つの節は、凝縮された一節にまとめられる。九節分と同様に一節で必要なメッセージが伝わる。

ここで、聖書のその箇所をすべて読んでみよう。反復が多いことに気づいてほしい。ところで、私の初期の著作の一つについて、編集者がかつてこんなことを言った。それは、形容詞を多用しているということだった。必要でないことばを省けば本のページ数が減るし、読みやすくなるという。しかし、どんな著者もことばが多いと言われるのはあまりよい気持ちではない。著者が特定できない原稿の九つの節を担当することになったら、その編集者はいったい何と言っただろうかとしばし思い巡らした。

幕屋が設営された日、雲が、あかしの天幕である幕屋をおおった。それは、夕方には幕屋の上にあって朝まで火のようであった。いつもこのようであって、昼は雲がそれをおおい、夜は火のように見えた。いつでも雲が天幕から上るときには、その後でイスラエルの子らは旅立った。また、雲がとどまるその場所で、イスラエルの子らは宿営した。主の命によりイスラエルの子らは旅立ち、主の命により宿営した。雲が幕屋の上にとどまっている間、彼らは宿営した。雲が長い間、幕屋の上にとどまるときには、イスラエルの子らは主への務めを守って、旅立たなかった。また、雲がわずかの間しか幕屋の上にとどまらないことがあっても、彼らは主の命により宿営し、主の命により旅立った。雲が夕方から朝までとどまるようなときがあっても、朝になって雲が上れば、彼らは旅立った。昼でも夜でも、雲が上れば旅立った。二日でも、一月でも、あるいは一年でも、雲が幕屋の上にとどまって、去らなければば、イスラエルの子らは宿営を続けて旅立たなかった。しかし、雲が上ったときは旅立った。彼らは主の命により宿営し、主の命により旅立った。彼らはモーセを通して示された主の命により、主への務めを守った。

民数記の記者には良い編集者が必要だったのか、あるいは、より少ないことばではメッセージは伝わらなかったのか、どちらなのか結論を出さなければならない。聖書はすべて神の霊感によるとする立場は後者の見方をとる。それでは、そのメッセージとは何であるのか。

実際に起こったであろうことを考えてみよう。延々と続く砂漠を重い足取りで歩く何万ものイスラエル人がいる。病気になる者もいただろう。活力のある者もいれば、足の痙攣《けいれん》に悩む者もいただろう。私は思い描くのだが、一人のくたくたになった中年の父親がいるとする。彼はフーフー言いながら歩き、子どもたちにけんかをするなと大声で注意し、ますます強くなる胸の痛みを心配している。彼は、歩くペースを落とすようにと雲が自分たちにサインを出していないか定期的に見上げる。前方の雲をじっと見ながら、落ち着かない気分になっている。

「あの雲を動かしている方は」と小声でブツブツ言う。「私が今何を経験しているかご存じないか、気にも留めておられないのだろう。妻は子どもたちに手を焼いている。私の胸の痛みはひどくなるばかりだ。――休憩が必要だ。ここで休まないと倒れてしまう。主よ、どうか雲を止めてくださ い。」しかし、雲は移動し続ける。

一、二時間が過ぎた頃、不思議と彼の胸の痛みは治まった。彼は活力がみなぎるのを感じる。まるで「ランナーズハイ」のようだ。年上の子どもは、疲れている幼児を世話している。妻を見やると、彼女は声を出して笑っている。「たぶん、神は歩き続けることが私たちみんなにとって最善のことだとご存じだったのだ。」彼は一歩一歩進みながら力が回復するのを感じた。そして雲は止まった。

その人は何が起きたのか分からず、困惑して見上げた。「私があまりに疲れて歩けないときに、神は私を進ませる。そこら中を歩けるようなときに、休めと命じられる。」

群衆とともに、彼は従順に止まる。家畜から荷物を降ろし、テントを設営する。毛布を広げながら、どんなにか自分が休息を必要としていたか実感する。疲れが彼の体を突き抜けていく。彼は感謝しながらあくびをし、まぶたを閉じる。

うとうとと深い眠りの第一段階にさしかかったとき、妻が彼を揺すって目を覚まさせる。「雲が動き始めたわ。出発の時だわ。」

私のストーリーは少々想像を交えている（聖書には確かにそのような記録はない）が、移動のペースがその雲によって命じられている人々のうち、少なくても幾人か、たぶん多くは、配慮されて扱われていないと感じていたに違いない。

神の導く方法が、時に私たちを欲求不満にさせるように独自に意図されているのではないかと思われることがある。たとえば、病院に急ぐときに車のタイヤがパンクする、台所のシンクが水浸しになり、ようやく一時間して夜間対応の修理会社が到着する、いちばん支えが必要なときに友人があなたを落ち込ませる、重要な買い手にプレゼンテーションをする日に突然、咽頭炎になるなど。失意の時、私たちの大祭司は、私たちの必要に対して同情的であるより冷淡であるように思える。

神に自分たちの叫びを聞いてくださるように祈る。状況が間違った方向に行かないように嘆願しながら。私たちの祈りの熱心さは時に**嘆願**というより**要求**を表しているのではないかと思う。欲求不満は、要求する心が育つ豊かな土壌である。困難が起きたとき、命令的な要求に向かわせる機会にせずに、成熟させる機会としながら困難に対処することは重要なことである。

欲求不満の状況に正しく対応する過程は、だれがそれを担当するのかはっきりと見分けることから始まる。神がいかに自分を愛してくださっているか思い起こすのは、最初ではなく、二番目の段階がふさわしい。被造物として創造者である神の前に自分の立場をはっきりさせ、**それから**創造者の愛のすばらしさを探るべきである。神の愛に気づくことで恐れは追放される。しかし、神の権威に服従して初めて命令的な要求に対処できる。

民数記は一つのテーマを繰り返している。つまり、雲が移動すると人々は移動し、雲が停止すると人々も停止する。神はこのようなことをおっしゃっているのではないかと私は考える。

わたしのやり方が時にあなたがたの懸念を無視しているように思われることは知っている。あなたがたがいつになく疲れているのに立ち上がれと呼びかけるとき、わたしを信頼してほしい。あなたがたが熱心に仕えたいのに止めるとき、わたしを信頼してほしい。しかし、あなたがたはわたしの権威を受け入れるまで、わたしを信頼することはないだろう。信頼は要求する心から決して生まれない。このことをはっきりと理解することから始めなさい。わたしはあなたがたに命令を与える。命じられたことを実行しなさい。初めにそうすることで、わたしの善とわたしとの交わりの豊かさを味わうことになる。そして、わたしを深く信頼するようになるのだ。

長い旅で足の痙攣が起きたとしても、何年も努力したのに家族がバラバラになったとしても、それぞれの不都合がどのようなものであれ、要求する心が正当化されることは決してない。要求する心は、問題によってますます主張するかもしれないが、要求は決して正当化されない。人々の苦難がどんなに厳しいかにかかわらず、神は被造物の側の要求する態度と常に対立される。神は嘆きの叫びや助けを求める嘆願にしっかりと耳を傾けてくださっている。しかし、怒れる人々の要求を考慮するために交渉の席に着くことはなさらない。神は、要求する高慢さと対立される。しかし、自分の傷を告白するへりくだった人には恵みを与えてくださる。

どのようにして問題は生じるのか

私たちは自分の努力に頼って充足を求める堕落した人間であるため、一人ひとりが自分の内に命令的要求という感染症をもっている。感染症が広がって霊的生活を破壊するか、あるいは感染力が弱まって熱が引くかどうかは、要因の多様性による。ヨブの苦難の記録には、潜在的な命令的要求がヨブの人生に長くとどまり続け、自分ではどうすることもできない病へと変わり、神の直接介入が必要になっていく様がはっきりと描写されている。ヨブの人生から、命令的要求が最もよくなされる状況を学ぶことができる。

強く勧めたいこと。マイク・メイソン著『ヨブ記に見る福音（*The Gospel According to Job*）』を読んでほしい。経験もしたことのない苦難に自分がどう反応するのか、よく理解できるだろう。そして、暗闇の夜に新しい希望をもって神を信頼することに導かれるだろう。

物語の冒頭から、ヨブはひどい失望に打ちのめされる。最初は、よこしまな略奪者によって牛やロバが、管理するしもべたちとともに殺される。ヨブにこの悪い知らせを伝えに来たメッセンジャーが話し終わらないうちに、次のメッセンジャーが駆け込んできて、雷が落ちてヨブの羊としもべたちが焼け死んだことが報告される。三番目のメッセンジャーが二番目のメッセンジャーを遮って、別の侵略者がヨブのラクダを盗み、見張っていたしもべたちを殺したと報告した。三つの恐ろしい知らせに動揺して倒れそうなヨブのもとに、四番目のメッセンジャーが来て、ヨブの息子・娘たちが晩餐会を催していたところ、その家が倒壊し、全員が下敷きになったと報告した。

ヨブは突然、経済的に没落し、子どもたちを奪われた。ヨブは地に伏して礼拝し、この災いに対峙した。「私は裸で母の胎から出て来た。また裸でかしこに帰ろう。主は与え、主は取られる。主の御名はほむべきかな」（ヨブ1・21）。

しかし、さらなる苦難が待ち受けていた。2章では、神が特別にサタンに、悲しみに悲しみを加えることを許す。それはヨブのつま先から頭まで腫物ができるというものだった。ヨブはそれまで健康で裕福であり、高潔な家庭人であった。それが今や、十人いた子どものすべてが死に、窮乏の人、病の人になった――神の明確な許しのもと、すべてのことが起きた。正しい信仰が健康や富、幸福を保証することを立証しない人生があるならば、それはヨブの人生であった。

結婚生活の危機も加わった。ヨブの妻は十分に満たされていたが、彼女はヨブに神を呪うように勧める。神が彼を打ち、死に至らしめるだろうという希望をもっていたからかもしれない。彼女には、死だけが夫に十分な休息を与えると思えた。

しかし、ヨブは並外れた成熟さをもって答えた。「私たちは幸いを神から受けるのだから、わざわいも受けるべきではないか。」霊感を受けたこの記録は私たちに特にこう伝える。「ヨブはこのすべてのことにおいても、唇によって罪に陥ることはなかった」（2・10）。ヨブに起こった悲劇への**最初**の応答には、不平からくる要求の心や、苦い自己憐憫はかけらもない。

命令的欲求はそれこそ、こうして動き出す。つまり、苦難を受けた直後は、私たちは自分の機略を動員して前に進みながら、神にしがみつこうとする。困難のときに何とかしようとする強さは、時に静かだが強い希望によって、つまり、私たちが適切に対応すれば試練は早く終わり、さらに良い状態に戻れるという希望によって支えられるのかは疑問である。「神よ、私はこの困難から学びました。ご覧ください。私がどんなにかよく熟慮して困難に対処したか。さあ、今、状況をよくしてくださってよいのです。」

状況がよくなるのを待ち望む時間が長びくほど、神の善を信頼する葛藤は大きくなる。これは本当のように思える。信頼のように見えることのほとんどは、祝福は再び与えられるという自信に満ちた期待でしかないのかもしれない。

三人のヨブの友人が慰めようとやってきた。一週間は、彼らは賢明にもそこにいて静かに座り、沈黙のうちにヨブを支えた。ヨブの悲惨さはあまりにひどく、単にことばをかけても意味をなさないほどであった。

硬直した七日間の後で、ヨブが沈黙を破り、自分の魂の苦悶を発した。心に深く感じている悲しみや痛みをだれかの前で吐露するのは良いことである。詩篇の作者は心からの嘆きを表現した。ゲツセマネの園での主の苦悶はあまりに深かったため、血のような汗がしたたり落ちたほどだ。ヨブは、自分の人生はなんと恐ろしいものであるかと、痛みを言い表した。生まれてこなかったならば人生はもっとよかっただろうにと。この人は根源から傷ついていたのである。ヨブの痛みは彼が持っていなかったものへの熱望のゆえというのは、ほとんど意味をなさない控えめな表現だが、真実である。ヨブも（私たちと同様に）祝福を受けるものとして造られた。しかし、彼が経験した試練は厳しいものであった。

ヨブがどのように自分の問題に対峙しているか見ていくとき、一つの大切な原則を心に留める必要がある。それは、**物事がうまくいかないとき、とりわけそれが長く続いているとき、心は喜びより痛みで占められる。そのようなとき、苦痛を取り除いてほしい願望を要求に変えていこうとする誘惑が何をおいても強くなる、**ということだ。苦悩が激しいほど、その誘惑は強くなる。

ヨブを最初に訪れた友人エリファズは、神の前に申し立てるように提案し、ヨブの隠された要求の願望を助長した（5・8参照）。ヨブは苦痛が取り除かれることを欲したが、全く手段がなかった。エリファズは一つの考えをヨブの心に植え付け、それはやがて偽りの希望、そして要求する心へと発展した。エリファズは苦難の原因について、ヨブが理解できるような説明をしようとした。ヨブに降りかかった突然の悲劇には理由があるに違いない。その理由が分かれば状況は一変し、慰めを得ることができると考えたのだ。その理由を得るために、ヨブが神の前に申し立て、神の法廷で優勢な論争をすればよいと考えた。

救済を死に物狂いで求める人々は、ちょっと落ち着いて考えれば愚かだと分かるような戦略を必死につかもうとする。[2] ヨブは、苦難から救済される戦略を見せつけられて、心が揺れ動いた。「ああ、私の願いがかなえられ、私が望むものを神が下さるとよいのに」（6・8）。

二人目の友人ビルダデは、同じテーマを続ける。つまり、ヨブが純粋に心から神に嘆願すれば、神はヨブのために奮起し、状況を回復してくださるだろうとヨブを安心させようとした（８・５〜６参照）。

三人目の友人ツォファルは、ヨブが人生の中で悪を隠していると非難し、もし罪から離れて再び神に人生を委ねるならば、神は確かにヨブの恥を取り除いてくださると納得させようとした（11・11〜15参照）。

三人の友人たちが述べたことはほとんど正しい。しかし、どれも要求の問題にかかわっていない。三人とも、ヨブの要求する心が強くなることに用心することなく、状況が改善される方法を探している。「もしあなたがこれをすれば、神はあれを与えてくださる」と彼らは言う。

ヨブは友人たちの忠告を思案し、失望の中でそれを拒否した。「たとえ、神と言い争いたいと思っても、千に一つも答えられないだろう」（９・３）。「みなさん、申し訳ない」とヨブは言う。「その忠告は役に立たないだろう。あなたがたは神に挑戦することを提案するが、もし神に論争をもちかけても、千に一つも勝てないだろう。私の言い分が十分なものであろうと、神と論争するなど想像もできない。」

しかし、ヨブの苦しみは続いた。救いの約束もなく慢性的な痛みが続くことほど平静を失わせるものはない。希望が消えかかっていくとき、辛抱強い信頼は命令的要求へと腐食していく。しかも、信頼だと考えていたものは、実は偽りの確信、つまり、自分がひどく欲しがっているものを神は最後には（一か月以内か、あるいは一年以内か、二年以内か）与えてくださるという確信であったかもしれない。私たちの祈りが思いのほか長く聞かれないならば、確信は時に揺らぐ。見せかけの信頼は取り去られ、見えないところで静かに増大していく要求する心があらわにされる。

何年か前に私は、私の著書に助けられたというお礼の手紙を若い女性から受け取った。彼女が言うには、夫に何の前触れもなく捨てられ、三人の幼い子どもの養育を彼女一人が負うことになった。彼女はその本を読んでいくうちに、キリストが私たちの必要すべてを満たしてくださるということに大いに励まされたとのことだった。

その手紙を受け取って何か月かが過ぎた頃、一人の若い女性がセミナーの休憩時間に私のもとに来て、自分が手紙を書いた本人であると告げた。会話を始めて数分、自信に満ち、熱のこもった表情で主を信頼する喜びを語る彼女に、不思議な違和感を感じた。

私はこう質問することで自分の違和感を探った。「キリストは十分満たしてくださるお方だという真理に励まされてきたとおっしゃいましたね。あなたの言うことを正確に理解したいのですが、キリストは何に対して十分なお方なのでしょうか。」

「ええ、私が必要としていることすべてですわ。」彼女は笑みを浮かべ即答した。「それでは、あなたは何を必要としているのですか。主に何をしてほしいと期待しておられるのでしょうか。」

「もちろん、夫に戻ってきてほしいのです。三人の娘たちには父親が必要です。私には夫が必要です。神は彼の心に働きかけて戻るようにしてくださるでしょう。いつかは分かりません。でも、それが起こると分かっています。」

そこで私は、彼女がそう確信していることには聖書的な根拠がないと思うと言った。すると彼女の雰囲気が突然変わった。「なぜそれをお疑いになるのですか。私にとってずっと一人でいることは簡単なことだと思われるのですか。もし神がご自身で言うように誠実なお方ならば、夫を私のもとに戻してくださるでしょう。いえ、そうしなければならないのです！」

彼女の声は、最後はひどく怒りで満ちていた。要求する心の怒りであった。彼女は深く傷ついた女性であり（心にある痛み）、今や明らかに苦々しく思っている（行動における罪）。しかし、手当てが必要な核心の問題は要求する心である（心にある罪）。彼女が神を信頼すると言ったとき、その信頼は神の性質や計画への無条件の確信にあるのでなく、むしろ彼女が望むように神が苦難を取り除いてくださるという希望に根差している。[3] 充足が長く延期されればされるほど、「神を待つ」と言いながら、彼女はますます要求するようになった。

容赦なく痛みが続く状況こそ、要求する心が増大する最も良い環境である。悲しみが少しも弱らないときに何がヨブに起きたのか見てみよう。「私のたましいはいのちを忌み嫌う。私は不平をぶちまけ、たましいの苦しみのうちに私は語ろう。私は神にこう言おう。『私を不義に定めないでください。何のために私と争われるのかを教えてください』」（10・1～2）。

ヨブが惨めさの中にとどまればとどまるほど、状況はますます理不尽に思える。ヨブの魂が耐えがたい苦難で圧迫され、どこにも解決がないとき、彼の要求する心はついに頂点に達した。「この私は全能なる方に語りかけ、神と論じ合うことを願う」(13・3)。最初は神と論争しようなど無益なことだとしていた人の中に、全くのシフトが起きた。今やヨブは、本当に**訴えることがある**と確信しているようである。

その信念は、要求する心に典型的なことである。何かを主張するために最初にしなければならないことは、要求の内容が当然であり適切であること、その要求をするにあたって相当の根拠があることを、まず自分自身が確信していることである。心の苦悩が続いていることが、まさに疲れ果てた魂には休息が必要だと確信させる。自分勝手で心の通い合いもない夫に何年も耐えた妻は、もっと良い相手を要求することは正当だと信じるようになるだろう。正当な願いなのか、不当な要求なのかの境界線は曖昧で、容易に交差する。

ヨブは自分には言い分があると確信するようになった。彼はもはや救済の**祈り**をせず、それを**要求**する覚悟を決めた。ヨブの確信の強烈さが次のことばにうかがわれる。「神が私を殺しても、私は神を待ち望み」(13・15)。この節はしばしば熱烈な信仰の例として挙げられる。しかし、後半に気づいてほしい。「なおも私の道を神の御前に主張しよう。」ヨブは続けて言う。「今、私は自分の言い分を並べる。自分が義とされることを私は知っている。だれか私と論争する者がいるのか。もしいるなら、今にも私は黙って息絶えよう」(13・18〜19)。

支配主《ぬし》である神の決定に委ねる謙遜から離れて、ヨブはこれまで受けた扱いよりもっと良い対応を受ける価値が自分にあると強く明言する。もし神がヨブのいのちを取るならば、ヨブは墓に下ると誓う。しかも、これまでの事実が知られれば、ヨブは不当に扱われてきたことがだれの目にも明らかになると確信して。

私たちのだれもが他の人の罪深さの犠牲者であり、不当に扱われてきた。これは理不尽なことである。しかし、私たちが他の人から傷を受けて神を信頼しなくなるとか、悪への愛に戻るというよりむしろ、苦難を取り除くよう要求するならば、要求に応えない神は気遣ってくれる友人以下であり、残酷な敵以上に思える。ヨブが神をどのように理解しているか聞いてみよう。

まことに神は今、私を疲れ果てさせました。あなたは、私の仲間をみな荒れ果てさせました。あなたは私をつかみました。自分の痩せ衰えた姿が証人となり、私に向かって立ち上がり、面と向かって不利な証言をします。神は激怒して私を攻めたて、私に向かって歯をむき出される。私の敵は私に向かって目を鋭くする。（16・7〜9）

神が本当に自分を愛してくださっているのだろうかと葛藤を覚えるクリスチャンは多い。ある人々はキリストのすばらしい愛を生き生きと語る。しかし、そこには燃える魂が伴うというより、自分たちの強い主張がある。なぜ神は放任しているように見えるのか。なぜ私たちの苦闘から遠く離れているように見えるのか。

要求する心が増大するのは、神が与えてくださる祝福と痛みからの回復の度合いで神の善の価値を測ろうとするときである。自分にとっての「善」を、人生のあらゆる状況の中で私たちの内に神が働いてくださる善として再定義するときだけ、神の善の中に安らぐことができる。私たちが祝福されていると感じていようが苦難の中にあると感じていようが、私たちにとっての最善は、神を他の人々に証しするために神が整えてくださった機会と、与えてくださった力の内に見いだされる。

問題は、私たちが幸福を得るために、あるいは少なくとも解決を見いだすために、明らかな計画を握りしめていることだ。これらの計画は、人生についての考え方に根差している。その考え方は私たちの人格に固有に埋め込まれていて、疑問視することなど考えられないほどである。自分の計画に相手がどれほど協力的かで相手の愛を測る傾向がある。神は、人が自分の目標を追求するのを助けようとなさらない(つまり、私たちの計画をご自身に委ねるよう要求しておられる)。このことは、神があたかも人の幸福に無関心であるように思わせる。御国は祈りが届かない天井のように見える。神は人の痛みに動じず、訴えにも煩わせられない、そういう神のイメージを人の心は作り出す。人が正義と思うことを神にしてほしい、あわれんでほしいと熱心に神に嘆願しても、それは顧みられない。

ヨブは、自分のほうが道義にかなっていると確信していき、それがだんだんと強まっていった。ヨブは論戦することで、緊急の是正処置が妥当だと神を含めてだれもが納得すると想像していたように思える。しかし神は平静を保ち、ヨブの要求に冷静でおられた。やがてヨブは突然叫んだ。「見よ。私が『暴虐だ』と叫んでも、答えはなく、叫び求めても、さばきは行われない」（19・7）。

困難な問題がますます悪化するとき、神に委ねようとする。しかし、究極の力の源であるお方が私たちの正当な言い分を取り上げようとしないならば、救済を得るために必要なものは何でも許されると人は考える。空腹の人、とりわけその人自身に落ち度がないのに空腹で、りんごを盗んでしまった人を非難できるだろうか。絶え間なく苦闘していると、人は道徳の境界線を越える傾向がある。はっきりと間違っていることも、それが救済への一縷《いちる》の望みならば、良心がとがめることはない。

中心的な問題をもう一度注意して見てほしい。それは、私たちの魂の傷（傷つくことは当然である）でもなければ、救済と満足への願望（渇望するのは当然である）でもない。中心的問題は、私たちの**要求**にあるのだ。渇きをどうにかしてほしいと要求するならば、聖書の倫理から実用主義の道徳に転落する危険がある。つまり、痛みを和らげるものならば何でも正当化される。その結果は、見え透いた道徳的妥協と堕落した人生である。また傷つき要求する人々は、明らかな罪の中に生きて神に背を向けることはないかもしれないが、自分の要求には価値があるという前提で、神と取り引きし続ける。
傷ついた人は希望を失うことを嫌がる。しかし、その人にとって希望を保つ方法は、いつの日か（御国に入る前に）神が人生を良くしてくださるだろうと期待することなのである。自分の幸福に必要だと「自分なりに考える」ものを得られるように、神がどうにかして状況を整えてくださるだろうと考えるのだ。たぶん、夫は他の女性のもとに行って自分から離れるだろう。それは、自分がひそかに何年も愛してきた男性と「聖書にかなった」結婚をするためだ。たぶん、神はユースキャンプで十代の娘の心に触れてくださるだろう。彼女の反抗に自分たちの心はズタズタにされてきたが、その心から出た祈りを神は知っておられるのだから。私たちは行き詰まっているのだから。
救済を求めて神をなおも「あてにする」ならば、なすべきことは、嘆願の正当性を神に納得させる方法を見つけることだ。良い父親は自分の子どもが困難にあうときに突破口を与えるものだと、神に分からせることができたならと思うのだ。イスラエル人がエジプトで苦難にあい絶叫したとき、神は聞き、彼らを救出された。なのになぜ、神は私たちの苦難に応えてくださらないのか。私たちの見方で神に状況を見てもらわなければならない。[4]
こうして、ヨブは神に会ってその御前で主張したいと述べる。

今日もまた、私の嘆きは激しく、自分のうめきのゆえに私の手は重い。ああ、できるなら、どこで神に会えるかを知って、その御座にまで行きたいものだ。私は神の御前に自分の言い分を並べて、ことばを尽くして訴えたい。神が私に答えることばを知り、神が私に言われることをわきまえ知りたい。神は強い力で私と争われるだろうか。いや、むしろ私に心を留めてくださるだろう。そこでは正直な人が神と論じ合うことができ、私は、とこしえにさばきを免れるだろう。（23・2～7）

私たちもほとんどが、形を変えながら同じようなことを考えてきた。神に拝謁できたらよいのに！　イギリスの国民が女王に直接話す機会があったらそれを喜ぶのと同じである。しかし、たとえ個人的に神を訪れたとしても、望みどおりの結果が得られないかもしれないと断念することもある。ヨブは、神は完全に自律しておられるので自分の嘆願に支配されるお方ではないと、いやおうなしに認めていた。

しかし、みこころは一つである。だれがその御思いを翻せるだろうか。神はご自分が欲するところを行われる。神は、私について定めたことを成し遂げられる。神にはそのような多くの定めがあるからだ。それで私は、神の御前でおびえ、思いを巡らして、神を恐れているのだ。（23・13～15）

ヨブは自分で自分の告白をよしとしていた。神は自分にとって正しいと思えることをなさらないかもしれない。そう認めるならば、すべてのことを神はさらに良くしてくださると期待するのでなく、さらに深く神を理解するようになる。生来の楽観主義者は、実在の人物の伝記よりロマンティックなフィクションを好む。しかし現実の経験を重ねるにつれ、その人の陽気さは砕かれる。幸せな楽観主義者の信心は、ケーキに飾られた甘いアイシングのようだ。それは甘く飾り立てているが、健康に必要な栄養は全く欠けている。

ヨブは浅薄な楽観主義者ではない――相当違う。ヨブは現実主義者らしく、神が彼の要望に同意してくれないことを認めていた。ところがヨブは、神は完全なみこころを示し、すべてのことをしてくださるお方であると信じる謙遜にではなく、怒りに満ちた失望をもたらす命令的要求へと進んだ。「神は要求に応じてくれないかもしれない。いや、たぶん応じてくれないだろう。しかし、**神は応じなければならない**」と。

人は自分自身が幸福になることに懸命である。「神はなぜ、あのように私をお取り扱いになるのだ。よし、傷ついてでもこのまま進むのだ」と、気高くも悲嘆に暮れる一方で、喜びへと通じる道を妨げる者はだれでも憤激の対象になる。

このような態度は神に対して全く忌まわしく、かつ醜悪なものである。私たちの主は、自分自身を愛するように他者を愛せよと命じられた。自分の安寧に関心を向けていたように他者の幸福に関心を注ぐように命じられた。この命令に人はたじろぐ。愛には何が必要か理解すればするほど、人を愛することにおいてどんなにか自分は貧しいのか分かり、そしてキリストの愛に畏敬の念を覚える。神はまことに、私たちが他者への応答に集中することを望んでおられる。そして、たとえ愛したい人が自分を失望させたとしても、高くそびえ立つような聖なる愛の基準で自分の愛を考えるようにと望んでおられる。

しかし、このことは私たちにとって全く不自然な行動であり、堕落した心がもつ通常の感覚に反するものである。ひどく失望すべきだというのは、とても正しいとは思えない。私たちはよく失望の痛みで行き詰まってしまう。失望が続きはしないかと心配せずに生きることは、食べるために耳を使い、聞くために口を使うのと同じように不自然なことである。

私たちは物事が思うように進むことを要求するだろう。たとえば、父親は娘がほほえんでこう言うのを要求する。「ええ、もちろん、お父さんと一緒にランチするのはいいわね。そう言ってくれてありがとう。」このような要求は極めて理にかない、健全で、立派であるとさえ言える。しかし、これが要求する心がもつ刺すような痛みの一つである。つまり、自覚症状なく進行する病気は十分ひどいと言えるが、調子がいいと感じさせているのに、ゆっくりと健康を損なう病気はなお悪い。

命令的要求というものは、それがほとんど問題だと感じさせない点で重大である。自分の要求が満たされるよう追い求め、そう要求することは間違っていない、当然だと何度も自分に言い聞かせるとき、実際、自分がより強固になり、もっと生き生きとした感じになる。要求の心によってあおられた嘆願を神に強硬にぶつけながら、見せかけの霊性が高揚するのを感じる。「主よ、家族間の緊張状態のために私がどんなに傷ついているか、あなたはご存じです。今、信仰をもってみもとに参りました。家族が喜びを回復するように祈ってきた私の祈りに応えてくださることを信じています。父親として、夫として、責任をとるように努めますので、どうか導いてください。」この祈りは価値あるものに違いない。その人が家族を愛そうと努めるときに、平静さと強さをもたらすだろう。あるいは、神は家族の一致を回復すべきだという要求が祈りの中に隠されているかもしれない。また、家族に向き合うときに自信を与えてくれるようにとの要求かもしれない。もしさらに緊張が高まるようなことが起きれば、彼の善良な気持ちは、神に対する恨みに変わるかもしれない。自分を正当化しているために、さらなる問題を許した神を恨むのである。

クリスチャンとして成長するには、要求の問題を明らかにする必要がある。要求の醜悪さをはっきりさせ、あらわにしたうえで放棄しなければならない。でなければ、心の深い変化は起こらないだろう。

要求する心に神は何をなさるのか

ヨブ記の最後のいくつかの章では、神が人の人生に直接に介入なさる最もドラマティックな出来事の一つが記されている。神がどのように要求する心に対応なさるのかが、驚くべきやり取りの中に記録されている。

神が特別に許された悲惨な出来事の中で、ヨブは命令的に要求する心をもつことになってしまった。やがてヨブは、自分の要求の正当性を確信するようになり、神に直接申し開きする機会を熱烈に願った。神はヨブの願いを許された。しかし、ヨブが予期したように神との対峙は進んでいかなかった。ヨブは、もし神が会ってくださるならば、次のようなことが起こるだろうと考えた。

私は神の御前に自分の言い分を並べて、ことばを尽くして訴えたい。神が私に答えることばを知り、神が私に言われることをわきまえ知りたい。神は強い力で私と争われるだろうか。いや、むしろ私に心を留めてくださるだろう。そこでは正直な人が神と論じ合うことができ、私は、とこしえにさばきを免れるだろう。（23・4～7）

ヨブは明らかに神が彼の言い分を聞いてくださると期待している。神はゆっくりと、こう答えてくださるに違いないと期待する。「ヨブよ、あなたが状況をどう見ているか伝えてくれてありがとう。きみはよく分かっているね。正直に言えば、わたしは、実際にきみが見るようには見ていなかったよ。ちょっと間違ってしまったね。それをすぐに全部正すことにしよう。」

その愚かさは明らかである。しかし、命令的に要求する心は、その馬鹿げた考えを熱心な嘆願という衣で変装させる。38章では、神がヨブの要求に直接応えておられるのを見ることができる。そしてそこから、神が私たちの要求にどのように応えてくださるかを学ぶことができる。

神は、ヨブがひどく欲していた謁見をお許しになった。しかし事は期待どおりにはいかなかった。神が現れたまさに最初の瞬間から、ヨブは自分がむずかしい状況にあることを悟ったに違いない。

「主は嵐の中からヨブに答えられた」（38・1）。ヨブの苦悶を和らげる優しい声ではなかった。やがて来る、より良い世界に建設中の大きな家を想像させて、ヨブの困惑を鎮めるというような温かい招きでもなかった。

苦難の中にある聖徒が魂の悲しみを吐露するとき、主は大祭司としてご自身を現し、聖徒の苦闘に心動かされた代弁者として立ってくださる。しかし、その悲しみが命令的に要求する苦い心に歪められるとき、その嘆きは、きらりと光るメスで病巣を切ろうとしている外科医の厳格な眼差しに見つめられる。神は雷がとどろくように挑戦の声を上げられる。「さあ、あなたは勇士のように腰に帯を締めよ。わたしはあなたに尋ねる。わたしに示せ」（38・3）。

少し本題から離れて、神のことばの要点を明確にしてみよう。私が大学生であったとき、哲学の教授の授業をいくつか取っていた。その教授は優秀な人で、無神論者を自認していた。最初の授業の後、私はこの教授に対してキリスト教の代表者だと自ら任じ、福音を携え伝道できるかもしれないと考えた。私ははっきりと神のみことばの真理に立っていた。

振り返ってみると、私のアプローチの仕方は賢明でもなければ魅力あるものでもなかった。その後の授業では、私はいつも教室の後ろの席に座って、彼の論理の欠陥を見つけようと熱心に聞いていた。見つけたと思ったら、すぐに手を挙げて彼の論証について質問した。その時は、彼が私の探求心を称賛し、説得力のある論法に興味をもっているに違いないとうぬぼれていた。今や、教授となった私自身が同じような学生に忍耐しなければならない。あの時、教授が疑いもなく感じていたことを、今の私はよく分かる。

学期が終わろうとするときまで、私は辛辣な発言をして教授の忍耐を試してきた。彼にとってはもうたくさんだったのだろう。再び手を挙げたとき、彼は突然立ち上がり、ひどく私をにらみつけ、強い調子で言った。「クラブ君、椅子をもって講壇に来なさい。このクラスの残りの時間で、必要ならば午後もずっと、私の立場に対するきみの異議を論じよう。決着をつける時が来た。」

その教授は、初めてカントやヘーゲルを学ぶ大学三年生ばかりでなく、さまざまな思想体系に関する彼の批評を評価する、格式高い学会の会員たちの間でも有名な哲学者であった。

私は実際にこの教授と論戦する意図はなかった。単に、彼に考えてほしいいくつかの点を確認し合いたいだけだった。――あるいは、伝えたときにそう思った。しかし彼は、不意を突いてくる私の質問を、彼の全思想体系を浸食し、私の考え方に取って替えようとする試みだと当然受けとめていたのだ。

彼が冷静なさばきの権威でもって私を講壇に呼び寄せたとき、私は恐怖に襲われた。私は彼に全く及ぶどころではないと悟った。才能豊かな無神論者の学者が彼の専門領域で論戦しようと挑戦してきたとき、自分の理解力では及ばないことが分かって私が恐れを感じたというならば、創造主にして全能なる支配主から、世界は不完全な状態になっているという主張を立証せよと求められたときのヨブはどんな気持ちだっただろうか。

謙遜を学ぶ最初の段階は、だれが変わらなければならないのか考えることだ。状況を違ったものに変えたいという要求は、神に対する告訴として現れる。取り扱いの誤りと義務を怠った罪で告訴するというものだ。

神はヨブに創造主なるご自分と論戦する資格があることを立証するよう求め、また証拠提出を求めた。そうすることで、ヨブに代わって物事の見方を示そうとされた。

最初の問いはこうである。「わたしが地の基を定めたとき、あなたはどこにいたのか。分かっているなら、告げてみよ。あなたは知っているはずだ。だれがその大きさを定め、だれがその上に測り縄を張ったかを」(38・4〜5)。

「ああ、自分が分かっているのか私には確かではありません。答えを考えさせてもらえますか。少ししたら戻ってきてもよいでしょうか。」

神は続けられた。「あなたは生まれてこのかた、朝に対して命令を下し、暁に対してあるべき場所を指し示し……たことがあるか」(38・12〜13)。他のことばで言えば、「ヨブ、あなたは太陽に昇るべき時刻を告げたのか、それとも、太陽が昇るときに起床できるようにアラームをセットしただけなのか。あなたはこの世界の造り主、保持者、支配主なのか、それとも単なる死すべき存在なのか。」

次の質問はこうである。「光の住む所への道はどこか。闇のあるその場所はどこか。……あなたはよく知っているはずだ。そのとき、あなたは生まれていて、あなたの日数は多いのだから」(38・19、21)。厳しいことばが胸に刺さる。まるで、外科長の確固たる手が深くえぐる鋭い刃のようである。

神が挑戦したとき、最初の試験は早くも終わった。「非難する者が全能者と争おうとするのか。神を責めるものは、それに答えよ」(40・2)。

答えは分かっていた。主張の正しさもすでに明白だった。とことん論じたいと要求していた人の高慢な鼻は折られたのだ。ヨブのことばから謙遜にさせられていく過程が分かる。それはちょうど、手術が半分終わったところで、回復に向かって良い進展が見られるのと同じである。しかし、そこに向かっていくのでは十分ではない。進展してもそれは回復ではない。変えられていく人のことばを聞いてみよう。「わたしは軽々しくものを申しました。どうしてあなたに反論などできましょう。わたしはこの口に手を置きます。ひと言語りましたが、もう主張いたしません。ふた言申しましたが、もう繰り返しません」(40・4~5、新共同訳)。

ヨブは心の内側からすっかり変わっていった。命令的に要求する心は弱められていった。今や、とどめの一撃がなされる。

神が人の魂に働きかけようとなさるとき、回復の半分で諦めることはなさらない。術後に「癌《がん》のほとんどは切除した」と言われても、その報告には安心できない。神は私たちの欺きの心の奥底に介入し、私たちが変わるために必要なことを速やかに明らかになさる。カルバリのゆえに主は私たちを**受け入れ**、私たちの心を**理解**してくださった。このことを背景にして、神は私たちの心に働きかけられる。そして、私たちの心の傲慢な命令的要求が容赦なく**明らかにされる**ならば、そこから回復が始まる。命令的に要求する心が分かり、それを憎み、放棄し、私たちの心の奥底にある熱望を主に委ねるならば、コップや皿の内側をきれいにできる。

神は第二の試験を課して、ヨブの傲慢な要求を明らかにし続けた。最初の試験では、神の力とヨブの弱さの比較に重点が置かれたが、第二の試験は、焦点を道徳に移すことから始まる。

「勇士のように腰に帯を締めよ」（40・7）と神は言われた。言い換えれば、「わたしはなおもあなたにかかわる。ここから退散してはならない。あなたは最初の試験に完全に落第した。一つの質問にさえ答えられなかった。さあ、あなたが第二の試験にどう取り組むか見よう」ということだ。

次に神はこう質問して論点を明白に示される。「あなたはわたしのさばきを無効にするつもりか。自分を義とするため、わたしを不義に定めるのか」（40・8）。

この質問が提示している論点は以下のことである。つまり、正しいか間違っているかを法によって決めるのは、だれなのか。苦難は激烈であるかもしれない。しかしどのような苦難によっても、私たちがどう扱われる**べきか**私たちが決めることは正当ではない。救済のために罪ある戦略を用いてよいと言えるほどの激しい痛みなどない。自己防衛が耐えがたい痛みをどれほど癒やそうとも、愛を侵害するときは必ず罪を犯している。

神は第二の試験を不思議なことばで終わらせている。「（神は）誇り高い獣すべての王である」（41・34）。誇り高い人々は要求する。しかも、その権利があると決め込んでいる。しかし神はまっすぐに証拠を差し出す。自分自身をどれほど高く評価しても、神にすべきことを命じる資格はだれにもない。この最終的な論点は、神の世界でどう生きるかの核心的原則を強調する。つまり、神とのどのような関係も、その土台は、神は神であり、私たちはそうではないと認識することである。したがって、魂が痛みから救済されることをどんなに熱望していようと、私たちがだれかに何かを要求する資格はない。愛する人がクリスチャンになるように、伴侶が飲酒をやめるように、生体組織検査が陰性であるように、反抗的な子どもが素直になるようになど、心の中で要求するのも間違っている。多くを願い、多くのことのために祈る。しかし、何も要求しないということだ。神を信頼するとは、何も要求しないことである。

ヨブはメッセージを受け取った。外科医なる神はもう一度ご自身の働きを十分になさった。心を変えられた人のことばを聞いてみよう。そのことばは、彼が心から根源的に変えられたことを示している。

確かに私は、自分の理解できないことを告げてしまいました。自分では知り得ない、あまりにも不思議なことを。……私はあなたのことを耳で聞いていました。しかし今、私の目があなたを見ました。それで、私は自分を蔑み、悔いています。ちりと灰の中で。

（42・3、5〜6）

ヨブが変えられる前に何を話していたか思い出してほしい。

・私は語ろう。(10・1)
・私は神にこう言おう。「私を不義に定めないでください。」(10・2)
・この私は全能なる方に語りかけ、神と論じ合うことを願う。(13・3)
・なおも私の道を神の御前に主張しよう。(13・15)
・私が……叫んでも、答えはなく、叫び求めても、さばきは行われない。(19・7)
・私は神の御前に自分の言い分を並べて、ことばを尽くして訴えたい。(23・4)
・ここに私の署名がある。……私を訴える者が書いた告訴状があれば……。(31・35)

神が命令的に要求する心の醜悪さを示してヨブの心を取り扱われたとき、神に何でも要求することは全く愚の骨頂であり、おぞましいことであるとヨブは悟った。成熟は、命令的要求があり得ないことだと自分自身が考えているか見定めることから始まる。そして、神がどのようなお方なのか、自分が何者であるのかに向き合ってこそ、見定めることができる。

私の友人は、有名なクリスチャンの指導者であるフランシス・シェーファーが召される少し前、次のような質問をした。「何千という人々が、あなたの病気の癒やしを祈っているにもかかわらず、神はあなたが亡くなることを許しておられるという事実をどのように受けとめていますか。」シェーファーの答えはこうであった。「神の御前にあるときに、神に要求することは極めて不謹慎なことだと思う。」

「知恵の初め　それは主を恐れること」（詩篇111・10）。物事が困難なときにさえ神を畏れ敬うのはむずかしいことであるが、重要なことなのである。神に勝負を挑むとき、痛みからの解放という熱心な願いも含めて、要求することの愚かさと傲慢さを理解し始める。執拗で熱心な嘆願、苦悶の嘆き、救済を求めての嘆願は、自分自身の心が全能者であるお方のみこころと同じになるように要求することとは全く違う。

ヨブは悔い改めたと言われる。何を悔い改めたのか。ヨブは救済を求める要求を放棄した。神に要求することは極めて不謹慎なことだと悟った。

では、人はどのようにして要求する心を悔い改めるのか。渇望する心を神に委ねて信頼すること、自己防衛を放棄することとは、どういう意味なのか。これらの問いを第４部で考察する前に、コップや皿の内側の汚れをあらわにするために何が必要なのか、さらに論じていきたい。

第9章　間違った方向を明るみに出す

良い行いをしたとしても、それが自動的に人を良い人にするわけではない。何時間も聖書の学びに費やす、いつも証しをする、この世の楽しみを避ける、時間とお金の多くを主の働きのためにささげる――こうしたことは信仰深い行為であるが、心の深いところで変化をもたらすにはそれ自体では不十分である。

立派なモデルとしてこれらの徳を行っても、だれに対しても深くかかわらない人々がいるものである。明らかに徳のある行いやそのための訓練が行われても、人を惹きつけてキリストに導く保証はない。キリストに人々を導く人生に変えられるためには、コップや皿の**内側**を扱わなければならない。欺きの心の中にある罪深さを明るみに出し、磨き上げる方法を学ばなければならない。

明るみに出すということは、易しいことではない。心には「事態は実際より少しはましだ」と信じさせる欺きがある。人生の過ちが何であったかはっきりさせたいと心から願ったとしても、「要求の心」がどのように巧妙に人とのかかわりに影響を与えているかを探るのはむずかしい。

明らかに問題となること（たとえば、あえて教会に行かない、飲酒、配偶者を裏切る、いかがわしい映画を見る）はかなり対処しやすい。そのため聖化の取り組みの中では、こうしたことに優先的に関心がもたれる傾向がある。それにスポットライトを当て、罪であると明白に裁定する（牧師に確認したうえで）。そうした行為をはっきりとやめることが肝心だ。映画館に入っていったかどうかは自分ではっきり思い出せる。しかし、自分のセルフイメージを作り上げるために、だれかの感情を犠牲にしたことはないか。安全圏にいたいために、愛することにおいていいかげんなところで妥協したことはないか。こうした罪は認識がむずかしい。たとえ罪だと認識したとしても、それを罪だとは言わない。では、どう言うのか。「それが自分の性格だからね。」「それが自分というものだ。」「なぜ、うるさく言うのだ。そんなに自己分析していたら、やることなすこと疑うことになる。」

自己防衛が無実のように見えるばかりでなく、時に全く堂々としたものになる。人に対しては謙遜に、強く、思慮深く、大胆に、親密にかかわるかもしれない。そうしたかかわり方の背後に、罪ある要求の心は隠されたままである。リーダーたちは懸命に働くことで自分の失敗から自分自身を守り、その熱心さで称賛される。夫は特別な優しさで妻との葛藤を避け、妻からの感謝を期待する。教会員は地域のリーダーと特別親しくなって人気を得ようと必死になり、もてなしの人だと尊敬される。

自分が安全圏にいられるために決意した行動は、どれほど人を惹きつけるように見えても、常に醜悪である。自分の幸福に必要だと信じるものも含めて何でも要求することは、高慢なプライドであり、神が嫌われる罪のリストの上位に入る。しかし、心の中の罪は気づかれないままである。人とのかかわり方に重大な欠陥があるかもしれないと懸念する人は極めてまれである。人との関係のあり方が、心の中に頑なに宿っている自己保存の強い欲求に起因することを探りもせず、そこに関心を向けることもない。主は、自分のいのちを救おうとする者は失敗すると教えられた。それなのに私たちは、自分のいのちを救うために人との関係において自分が何をしているのか考えようともしない。

傷のうわべだけを癒やす誘惑は（エレミヤ6・13〜14）、私たちの心を惹くものである。胃の痛みは癌ではなく消化不良が原因だと医者に言ってほしい。しかし、私たちの病は根深い。解決はその深みに届かなければならない。病巣の診断を受け入れてこそ、手術に同意できるのと同じである。

キリストがパリサイ人に語られたとき、キリストは彼らの立派なスピーチに潜んでいる罪深さを容赦なく明るみに出された。キリストは言われた。「まむしの子孫たち、おまえたち悪い者に、ど

うして良いことが言えますか。心に満ちていることを口が話すのです。……わたしはあなたがたに言います。人は、口にするあらゆる無益なことばについて、さばきの日に申し開きをしなければなりません。あなたは自分のことばによって義とされ、また、自分のことばによって不義に定められるのです」（マタイ12・34、36～37）。

要点ははっきりしている。良いことばを言おうと思うならば、ことばが出てくる元になるところを最初にきよめなければならない。心から愛そうと思うなら、私たちの罪の心にある自己防衛の悪の根っこを引き抜かなければならない。「何を見張るよりも、あなたの心を見守れ。いのちの泉はこれから湧く」（箴言４・23）。一心不乱に自分の水溜めを掘る渇望の人は、その心を防衛しながら、自分の満足のために必要なことを他の人々にどのように要求しようかとアンテナを張り巡らし、敏感になっていく。自己防衛的なかかわり方を悔い改めないならば、有益なことを語れるだろうか。愛することができるだろうか。

曇りのない眼で自分を探る

人にかかわるときの自分の行動やことばを振り返って、要求という病がどのように拡大しているか探らなければならない。しかも、病的に内省して絶望的になり、心を消耗させてはならない。もし自己理解が心の内側を探ることの最終目標であれば、内省という流砂にはまることになる。自己理解の巧緻な理論、つまり、なぜそう感じるのか、なぜそういうことをするのか解明する理論に従うだけなら、それ自体有益なことではない。**心の内側を探ることの価値は、それが大きな愛へ、つまり神と他者に対する愛に向かって私たちが動いていくための助けになっているかどうかによって測られる。**

時にその病は、少なくとも観察者にははっきりしている。会った最初の二、三分で、自分が相談に来た理由をはっきりと述べた一人の夫がいた。彼は通常の性行為ではない行為を好んだ。彼の妻は一緒に来るようにと言われて来たのだが、おずおずとしながらも怒りに満ちた様子で、彼の行為を嫌悪していた。彼は裁判官が権威を振りかざすかのようにして、妻の体は夫のものだという神の命令（Ⅰコリント7・4参照）に、妻が背いていると私に語った。それから彼は、不従順という彼女の罪深さをどうにかしてほしいと要請（命令と言ったほうがよい）してきた。自分の満足を妻に要求することで彼が愛の命令を犯しているのではないかと私が指摘したとき、彼は私の発言を退けて、我慢できない様子で妻の責任が問われることを期待していた。

論点は私には明らかであった。つまり、その夫は従順の概念を曲げて自分自身に合わせ、妻への聖書的愛を理解していなかった。しかも、彼はその真実に直面しようとしなかった。癌の発見よりも風邪の診断のほうが人は受け入れやすい。要求が甚だしいほど（要求は、とらえにくいか甚だしいかにかかわらず死の原因となるので、ここでは風邪の比喩は当てはまらない）、その要求が誤っているとすぐには判断しがたい。高慢にも妻や子どもから尊敬を得たいと要求する男たちは、自分のリーダーシップのとり方をすぐに正当化する。

私たちはたいてい、少しばかり巧妙に自分の要求を通そうとする。要求があからさまになって初めて問題にする。要求の問題が判明してそれらが罪深いものだと認めることは、すばらしく成熟した人々にとってさえ易しいことではない。真の変化をもたらすために心の内側を探ることは、気力を失わせることもあるが、しなければならないことだ。罪があると認めることは楽しいことではない。いつでもそれに抵抗しようとするのが私たちだ。現状よりも前に進んでいると思いたいのだ。

事の核心に到達しなければならない。行動に表れた罪**だけ**を、心の痛み**だけ**を騒ぎ立てて問題にしている限り、主が最もお喜びになる変化は起こらない。心の内側にある罪が明るみに出され、探られ、扱われなければならない。自分のことを、水を得ようと愚かにも間違った方向に行こうとする渇望の人だと理解できたとき、ようやく私たちは、行動の下に隠されている要求的で自己防衛的な動機を心開いて理解しようとし、人との関係のもち方を探ることができる。

しかし、自分の心の内にある間違った方向を探ろうとするのは、坑夫がライトなしに掘るべき場所を探すのと同じである。訓練された人々は、助けも求めず、自己防衛的（かつ興味を惹かない）硬直さを探ろうとはしない。分析的な人は自分の冷淡な論理に気がつかない。人から称賛されることもなく、彼らと親しくなりたいと願う人々を落胆させる。成功を収めた社交的な人は、自らの社会的評判をだれもが認めていると思っている。内気な人は気質ゆえに自分はおとなしい人間だと思い続けるだろうが、その内気さが防衛のための外套であるとは決して考えない。

自分を曇りのない眼で探るには、助けが必要である。心の内側を本気で探ろうとするとき、神は三つの光源を与えてくださる。

1　神の御霊

2　神のみことば

3　神の民

以上の三つの統合した明白な見方で、自己欺瞞の盲目さを取り除くことができる。

神の御霊

詩篇の作者は神に祈った。「神よ 私を探り 私の心を知ってください。……私のうちに 傷のついた道があるかないかを見て……」（詩篇139・23〜24）。

私はこれまでに、聖霊の**充満**、聖霊の**内住**、聖霊の**証印**、聖霊による**バプテスマ**についての説教を聞くことがあったが、聖霊が**探られる**という説教はほとんど聞いたことがない。最初の四つのテーマは確信と慰めを与えてくれる。神が探られるというみわざに、私は落ちつかない気持ちになる。

しかし成長というものは、嫌で不快なことを通らなければ起こらない。聖霊は慰めるためでなく悟らせるために与えられた（ヨハネ16・8参照）。もし私たちの心が問題であり、その心が自己欺瞞の下に醜悪なものを隠そうとするなら、神のみが私たちの心の中を探ってご覧になる。この真実こそが、私たちが理解し傾注しなければならない真実である（エレミヤ17・9〜10）。神の御霊は、探って見つけたことを私たちに理解させようとなさる。私たちは、どうしたら聖霊がそのように働いてくださるかを見いださなければならない。

このようなことを受けて、黙想の方法に多くの論議が集中していく。それは当然のことである。聖書を読み、説教を聞き、友人と霊的問題を探るばかりでなく、静かな場所や静まる時を騒々しい生活の中で見つけなければならない。神との心落ち着く時間、交わり以外の目的も議題もない時間ほど、視点や心の回復、新しい方向性を与えてくれるものはない。神の御霊は、私たちの魂が静まるときに最も私たちの内を探ってくださる。

しかし、神の声に聴くために時間を設けることが問題の核心に到達する方法であると、私は考えない。なぜなら、心を探る聖霊の働きに抵抗するような深い心の問題が存在するからだ。神が懐中電灯をもって部屋に入って来られたら、クローゼットに逃げこむような態度をとるのが私たちである。長期の静かなリトリートの間でさえ、自分自身を見つめることを妨げる二つの問題がある。そのことを考えてみよう。

一つは、どこに焦点を当てるかである。最も自分を見つめる必要のあるまさにその時に、相手が自分にどう対応するかを専ら考えてしまうことがある。たとえば、私のことで悪意あるうわさを広めた友人と話すとき、私の声に何かカリカリした調子がないか関心を向けることはむずかしい（本当にささいなことにすら思える）。

恐ろしいことに、自分の問題が実際に重大であるのに、自己欺瞞によって、友人の問題と比較して取るに足らないと信じ込む。聖書的に言えば、友人の目にある塵《ちり》が梁《はり》のように見える一方で、私自身の目にある梁が塵のように思えるということである。自分自身の責任に焦点を当てなければならないと促されるのであれば、嫌々ながらでも自分を探ることになるだろう。しかし、それでもなお相手が本当の罪人だと私たちは考える。

神の御霊がご自身の働きを進めるならば、私たちは焦点の方向を変えなければならない。罪に惹かれないときでさえ、聖霊が私たち自身の罪を明るみに出してくださるように常に願わなければならない。人からどんなにひどく罪あることをされても、また罪人と対決することが自分にとってどれほど正しいように思えても、**要求の心で相手にかかわろうとする傾向を、自分に対して犯された罪に劣らず重大なものとして受けとめなければならない**。「神よ、**私を探ってください**」とはふさわしい祈りである。とりわけ、他の人の罪の一撃で自分がよろめいているときは。

自分自身を探ることの第二の妨げは、私たちの目標にある。他のだれかが明らかに間違っているときに神に自分を探ってくださいと祈ることが**不合理**だと思うならば、すべてが快調にいっているとき、神に探っていただくよう祈ることは**不必要**になる。健康を享受していてマラソンを走る計画も全くないのに、精力的な練習プログラムを始めるとしたら、そのきっかけは何であろうか。病気の兆候がなければ、だれも手術を受けに病院には行かない。

私たちの大半は、自分が快適であればそれでよいのである。床ではなくベッドで寝る。快適さを求め、楽しむことは何も間違っていない――それが最優先されることでなければ。実際は、私たちの多くは、というよりほとんどは、快適さを最優先するが。人生の困難な問題、つまり聖なる愛の基準で自分自身を測れば当然浮かび上がってくる問題に力を傾けて取り組まないならば、人生の最終ゴールは、キリストとの一致ではなく、この世の楽しみということになる。

人生で、私は多くの楽しみを得てきた。自分でその楽しみをつくり出してきた。ロールパンを食べる前に温めるのは何も悪いことではない。しかし、人生がうまくいっているときに神を求めるのに力を抜く恐るべき能力が私自身の中にあるのを発見してしまった。私が**本当に**欲しているもの――神との交わりの満ち満ちた豊かさではなく、親密な家族、良い友人たち、満足のいく仕事、人並みの健康、十分な貯蓄、そして居心地の良い家庭――をすでに自分は得ているように思えた。自分が感じている心穏やかな平安が、キリストのみわざと約束を信頼して得た結果ではなく、一瞬の楽しみによって一時的に得られた自己満足の結果であるかもしれないのに、である。

自己満足と平安は全く違う事柄だ。平安は、こう生きなければならないと追い立ててくる不安から人を自由にする。しかも、人生が快適なときでさえもキリストをもっと知りたいという熱心な願いが取り除かれることはない。キリストが与えてくださる平安を頂いて、それを下さるお方のことをもっと知りたいと導かれる。さらに、他の人々が同じ平安を経験できるようにと熱心に願うのである。

自分の心の罪深さ（単なる外面的な行為の罪ではなく、内的な痛み）を理解し、かつ神の善を味わったゆえに神を知るすばらしさを知っているクリスチャンは、人生が快適であるときでさえも神に心を探ってほしいと嘆願し続ける。他者の罪深さも人生の快適さも、神をより深く知るために自分自身をさらに知りたいと願う成熟したクリスチャンの願いを弱めることはできない。

非難され痛みを感じているとき、自分自身の罪を探る必要があるというのは理に合わないばかりか、過酷だとさえ思うだろう。さらに、人生を楽しんでいるとき、そのように自分を探ろうとはしない。痛みや快適さゆえに、自分の自己防衛のあり方に関心を向けなくなる。その結果、神の御霊に徹底的に自分を探ってくださいとは願わない。しかし聖霊に聴こうとする人々に、聖霊は認めざるを得ない真実を静かに語ってくださる。聖霊は優れた語り手である。もし聖霊の語られることを聞くことができないというならば、それは私たちが注意を向けていないからである。聖霊の御声が、すべき仕事、行くべき教会を教えてくださるという経験はしているかもしれないが、他者に対して罪あるかかわり方をしているのを聖霊が教えてくださっていることに耳を澄ますことはほとんどない。

たぶん、私たちは自分で想像する以上にラオディキアの教会そのものだ。つまり、熱くも冷たくもない。神に対するいいかげんさが、熱心な教会の活動の後ろに隠されている。私たちは、関係性の罪を認識することなく活動の成果を出し、自分は成功者だと感じている。

聖霊のささやきは、私たちの自己防衛のフィルターを通ってねじ曲げられている。したがって、自分の要求の心に直面するためには助けが必要である――助けは無視できないほど厳然と存在する。神のみことばが直接に入ってくる。また神の民が、無視するのは傲慢と思えるほどのフィードバックを適切な時に与えてくれる。それでは次に、私たちの姿を明るみに出す聖書の働きについて考えてみよう。

神のみことば

クリスチャンは神のみことばの学びに幾年月も費やしているのに、みことばの方向に自分が変わらないばかりか、頑なになることさえあるのはなぜか。当然、あるクリスチャンは聖書に没頭して、ますます愛の人になり強く賢明になっていく。多くのクリスチャンは良き品行と正統派的慣習の中にとどまっている。別のクリスチャンはいっそう防衛的となり、教条的で人と疎遠になる。なぜなのだろうか。

日曜日ごとに教会で聖書のみことばを聴いているのに、また、何年にもわたって神学校のクラスで聖書の内容を学ぶのに、なぜ真理への熱意だけが生まれるのか。そして、なぜその熱意のゆえに**人々から疎遠**になっていくのか。

誠実な信徒は早朝に起床し、みことばに時間をかけるのに、なぜ彼らの宣教活動には活力がなく、葛藤を抱え平安もないのか。彼らは心に愛をもたないのか。なぜ多くのクリスチャンが朝のデボーションをいのちのない儀式だととらえて、習慣や罪の意識から行い続けたり、あるいは単に放棄してしまうのか。

問題が聖書にあるのでないことは明らかだ。そして、「聖書の正しい用い方」に解決があるのでないことも確かだ。もし鋭い両刃の剣が流血もないまま皮膚をかすめているだけならば、何かが間違っている。

神聖にして侵すべからざる領域に、勇気を奮い起こして挑戦する時が来たのである。つまり、聖書の内容をただ知るだけでは、霊的な成長への確かな道筋とはならないことを知るべきである。福音派の中には、神のみことばを人々の頭の中に持ち込んだら、聖霊がそのみことばを人々の心に適用していくという恐ろしい説がある。恐ろしいと言う理由は、その説の期待することを聖霊がなさらないからではなく、牧師やリーダーが人々の人生にかかわる責任を自ら免除してきたことにある。多くの牧師やリーダーは説教壇の後ろの安全圏に隠れ、会衆の苦闘に触れないようにしている。そして聖書を権威主義的な正確さで説教するのだが、だれの心にも触れない。説教壇は、人生を変えるような関係を妨げるのでなく、その関係性への橋渡しにならなければならない。

聖書大学や神学校も、単に知識を教え込むことでは人生を変えられないと十分証明してきた。すばらしい学業成績を残した卒業生たちが人々とともにやっていく能力に欠けていて、ミニストリーがうまくいかないことがあまりに多い。ある者は何事もうまくやってきた――説教、管理、資金の調達、訪問、伝道――しかし、誠実な信徒たちが人生の問題を解決できるように援助してこなかったのである。

パウロが「知識は高ぶらせ、愛は人を育てます」（Ⅰコリント８・１）と述べたとき、パウロ自身、状況の詳細を理解していたのではなかっただろう。しかし、私たちが聖書を読むのはほとんど知識を得るためであり、その目標に達すれば満足するのである。

ある時、私の友人の牧師が、自分との関係で妻がひどく孤独を抱えてきたことを何年も知らなかったと話してくれた。誠実に彼女を養ってきた。思慮深く、優しく、いつも彼女のために祈っていた。彼女がどのような面でも幸福であるようにと心から願っていた。ある晩、私たち夫婦が夕食のゲストとして招かれたとき、彼の温かさが浅薄で、彼女の気持ちとどんなにかすれ違っているか知った。それについて一言彼に話した。

彼特有の誠実さゆえに、私が観察した事柄に彼は困惑していた。数週間後、彼はこう結論した。妻との関係を心を傾けて追い求めてこなかった。そのことを想像すらしない自分であったと。自分の中に親しみへの熱望があることを彼自身は心底感じたことがなかった。痛烈に感じていれば、より豊かなかかわりを求めていただろう。思いやりのある霊的なかかわり方が実は、自分自身を深く妻に与えることから――さらに拒否に直面することから――自分を守るためであったこと、そのことに全く気がつかなかったのである。

それから何か月かたったとき、彼の結婚生活は新しい活気を得た。彼の妻がある日、喜びと懸念の涙をたたえて私のところに来て言った。「全く違う状況になっているの。こんなにも自分が愛されているとは。果たしてこれは続いていくのかしら。」

私の友人は熱心なクリスチャンであり、聖書を一心に学ぶ。最近、彼に、彼が何年にもわたる浅薄な関係を続けてきた間、パウロの結婚についての教えをどのように理解していたのか質問した。彼はこう答えた。「パウロが私に、真実に深く妻の心に触れる関係を心から追い求めるように言っているとは夢にも思わなかった。なぜ自分がそうだったのか分からない。ともかく、パウロの教えをそのように考えていなかった。」

このようなことは稀なことではない。学究的な正確さでエペソ人への手紙5章を釈義できる人が、その大事な要点を見逃すということもある。聖書の知識では十分ではない。決して十分ではない。さらなる何かが必要なのだ。

私は過度な反応は避けるように気をつけている。聖書はなおも研究されなければならない。聖書のテキストを権威ある占いのように扱うのは間違っている。神が私たちに気がつくように願っておられる自己認識がどのようなものでも、聖書を読んだら聖霊が神秘的に働きかけて認識させてくれると考えてはならない。聖書の学識は、それが高度に訓練された専門家によるのであれ、教育を受けていないがテキストを忠実に読んで考察するクリスチャンによるのであれ、神が神の民に伝えておられることについて根拠ある論議をするための枠組みを提供する。しかし、学識を深めることが最終地点ではない。聖書の学識があるということは、漠然とした感覚で理解するよりははるかに重要である。しかし、学識が人格に影響を与えるのでなければ何の価値もない。聖書の各書は人生に影響をもたらし、私たちをより深く愛する人へと変えるものである。自分が土台にしている教理を裏付ける真理を自分の頭脳の中に満たすために聖書があるのではない。

もし神のみこころが、真理全体を人に知的に理解させ、それを他者に伝えていくことにあったならば、神はもう少し適切に聖書の出版を組織化することがおできになったはずだ。もしそうだったなら、学者や預言者の一団は、聖霊の働き、将来の出来事についての教理、あるいは律法の目的などのさまざまなトピックの論述に指名されたであろうに。そうであれば、正統的キリスト教の主要な論点を明確にし、インデックスごとにそれらを分類してマニュアルを作成することができる。そのような本があれば解決する混乱もあっただろう。

仮に、パウロはローマ人への手紙の中で、救いの教理について、むしろシステマティックな論文を書いたのだと仮定したとしても、手紙は個人的なものであって、神学会議で読まれるために準備された論文ではない。手紙のメッセージはパウロが教えたいと願った人々に直接書かれたものであった。パウロの研究者によって調査されて後、その論題に関心をもつ学生たちに教本として与えられたのではない。

解釈学は、神が言わんとしておられることを聴くために聖書の読み方を研究する。神との関係が深められていくことは聖書の重要な目的である。聖書の各書を神からの愛の手紙として聖書全体は、関係的で人格的なものである。神の命令を経験し、神の知恵を啓示されて人生を生きた人々が、同じく自分の人生を生きる他の人々のために、それらを記録した書物である。生物学を学ぶ高校生がカエルを解剖して机に体の部分を注意深く切り離して並べるかのように、聖書の内容を詳細に切り離して批評すると、神のみことばを誤用することになる。

聖書を研究する。学者が提供してくれる有効な助けを用いる。注解書を読む。説教中にノートをとる。聖書の学術研究のためのクラスをとる。これらは当然、良いことである。**しかしそれらを、神とあなた自身、そして他の人々をより深く知り、より深く愛するために行いなさい。**愛と矛盾する仕方で千年王国説を弁護することは害が多い。自己防衛が問われずに壁の内側から聖書の知識を用いるなら、真の価値はほとんどない。どんな行いであろうとも。聖書によって私たちの心にある考えや意図を探り、愛を侵害する私たちの生き方をもっと明らかにするべきである。自分が何であるかしっかりと探ることをせずに神をより深く理解しようとするなら、聖書から引き出された神に関する知識は単なる神学になり、正確だが退屈な、いのちの通わない事実の詰め合わせになるだろう。さらに、最初に自分自身を心して理解することなく、神の真理を伝えるために人々を理解しようと努力しても、自分自身に見えていないことを他の人々の中に見つけることはできない（マタイ

７・１〜５）。

ここまで、聖書に対するいのちの通ったアプローチの大切さを語ってきた。その大切さは私にははっきりしている。しかし、次の何ページかを記述しようと準備しながら、自分自身を理解するために**方法**を並べるよりも、聖書を用いることの**価値**を述べることのほうがずっと理解してもらえることに気づいた。ここで、分かりきったことであるがやってみる価値のあることを改めて述べたい。それは、みことばにかける時間を、研究の時と黙想の時に分けることについてである。自分の人生を聖書のある箇所から光を当てて考えてみるために、図書館から離れて長い散歩に出たり、午後の時間や週末のある時間をそのために充てたりすることは、助けになるだろう。静寂の時は極めて重要である。たとえば、サムソンの物語を読み、自分の欲するものは何でも頑なに追い求める点において私たちがいかにサムソンに似ているか考えるためには、静かな時間が必要である。しかし、自分の人生を振り返り、考え抜くことに多くの時間を当てても、退屈でチャレンジを受けることがなく、最悪の場合、神の剣で刺し抜かれもしないことがありうる。聖書はすべて、教えと戒めと矯正、義の訓練のために有益である（Ⅱテモテ３・16参照）。そこで、私たちの防衛的な鎧をすぱっと切って、中に隠れている傲慢な恐れ、つまり神を信頼するより自分だけを頼み続ける恐れを明るみに出すために、聖書に時間を費やすべきである。聖書に時間をかけて、心の奥深くに達しなければならない。そこに問題の核心があるからである。

以上のようなことをより多く、より深くできるには、何に取り組んだらよいのだろうか。その答えは全くシンプルである。つまり、**自覚的に自分を明るみに出す目的をもって聖書に臨まなければならないということである。**多くのクリスチャンはこのような取り組みをしないだろう。なぜなら、それは極めて厳しい取り組みだからである。聖書を学ぶときが、罪を悟らせるときもあれば励ましのときにもなり、困惑するときもあれば平安なときもあり、痛むときもあれば慰めのときにもなる。時に単調な場合もあるかもしれないが、私たちの目的が自分自身をより深く見ることにあるならば、単調さは長くは続かない。

聖書は思いがけないときに私の心に衝撃を与えて生き生きと語ってくる。自分自身をよりはっきりと探るために聖書を読み始めると、一度ならず、嵐のような苦闘の最中に私を穏やかにする深い慰めを見つけることができた。また、ある重要な人との関係に精神的緊張を覚え、葛藤を抱えていたときは、うまく状況に対応する知恵を求めて聖書に向かうのだが、何も得られないままであった。それでもまた別の時は、聖書のあるテキストの教えや聖書に出てくる人物が、カーテンを開け、私の状況に光が当たるようにしてくれる。さらに、私の他者への対応が良くなる方向性を示唆してくれる。聖書は、私たちが要求する製品を確実に提供する自動販売機ではないのだ。

神に依存するへりくだった姿勢があるからこそ、自覚的に自分を明るみに出すことに取り組める。その姿勢によって、聖書を読み進めながら当を得た問いを自分に投げかけることができる。頭を振って怒りを表すのでなく、気高くも自己卑下するのでなく、むしろ聖書の物語に心をとらえられる。たとえば、「そうだ、サムソンと同じ自分がいる。神のことより自分の感覚的な慰めを優先させている。」こう自覚して、変化に導かれていく。しかし、自分を知るためにこう問うべきである。サムソンの頭の中でいったい何が起きていて、神からの召命を無視し、両親の願いに反することを行ったのか。なぜサムソンの内から、無謀にも罪を犯させる力が働いたのか。ペリシテ人の女性との関係によってサムソンはどのような満足を得たのか。マノアは、神を見たので夫婦そろって死ぬ運命だと嘆いたが、彼の嘆きは妻の分別ある落ち着きと釣り合わせるのに必要な彼の心配性のしるしだったのか（士師13・22〜23参照）。

自分自身をより明らかに探るために聖書を読むときのみ、私たちは「ふさわしい」問い（人格的な影響をもたらす質問）をする傾向にある。これは、神の剣が私たちの魂を刺し抜くために必要な最初の条件である。第二の条件も同様に重要である。人はどのように行動するのか、その原理をも理解しなければならない。聖書的人間観に立つとき、神から離れようとする欺瞞的な愚かさと同様に、神を追い求める魂があることを理解しなければならない。サムソンの心の奥にある魂の熱望と、彼のずるい心にある罪ある戦略という観点からサムソンの人生を思い巡らすならば、サムソンが決意した破壊的パターンと同じものが私たちの内にもあることが次第に明らかになるだろう。

新約聖書の各書簡も、同じ姿勢と目標をもって読むべきである。私たちの内にある関係への願望と関係の破壊性を理解するならば、パウロの結婚の教えから深い考えとふさわしい問いが生まれてくる。夫は妻を愛しなさいというパウロの言明から、まさに、女性が男性に求めているものについて、また妻の願いよりも自分が男性的でありたい欲求を満たそうとする男性の傾向について考えなければならない。

自分を探り明らかにする目的に真摯に取り組むにつれて、聖書の人々が私たちと同じように熱望する存在であり、また自己防衛的に要求する人々であることが分かってくるなら、聖書のスポットライトとしての役目が果たされる。私たちは、そのライトの下に静かに立つことができるだろう。聖書を研究しても単に真理を学ぶだけで、聖書の中に実際に生きていた人々の鼓動を聞くことができないなら、みことばに聞いてもせいぜい心の表面的な変化しかもたらされない。聖書の中の息づく人々を見落とし、自分を明るみに出して向き合おうとする正直さをもたずに聖書を読もうとするならば、足元を照らすランプの光も、道を照らす光も、おぼろげになる。

私たちは聖霊の働きを忘れ、みことばを単なる知識にしてしまうだろう。しかし幸いなことに、自分を探るための第三の方法がある。それは、無視するにはあまりにむずかしい影響をもつものである。

神の民

私は、キリストのからだのそれぞれの部分が互いに良い関係を築いていることほど、霊的な成長のために重要なものはないと考えている。これまで、聖書の「互いに……しなさい」という命令についていくつかの本が書かれてきた。つまり、互いに愛し合いなさい、互いの重荷を負い合いなさい、互いのために喜び泣きなさい、などの命令についてである。しかし、クリスチャンが互いに仲間になる責任の重要さは無視されてきた。「仲間になる」とは、**愛をもって相手にフィードバックし、自分も防衛しないでフィードバックを受けとめる**ということである。

人の心は本当に欺瞞的であるという真理を、私たちは受けとめないできた。自分にとって大切な人々へのかかわりが愛からでなく自己防衛からであるにもかかわらず、私たちは霊的にうまくやれていると真面目に信じているのだ。命じられるまま部屋を片付けている子どものように、ベッドが整えられ（少なくてもその努力がなされて）衣服もしまわれたとき、部屋はきれいになったと宣言する。表面的な整然さがすべてだ——母親が来るまでは。しわの寄ったベッドの下を一瞥すると母親は怒り、ジョニーを呼ぶ。隠しておいためちゃくちゃさが暴露されると、ジョニーは困惑し、母親の批評に心傷つく。「私に掃除をさせたいの？」という母親のことばに。

きれいさの基準を設け、その基準に達していないところを見るという点で、私たちは本当に助けが必要である。神のみことばが理想を示し、聖霊がベッドカバーを取り除いてまだなされていない仕事を明らかにしてくれるならば、神の民は、注意が必要な特定の問題を正確に言い当てることができる。

私たちは警告されている。「あなたがたのうちに、不信仰な悪い心になって、生ける神から離れる者がないように気をつけなさい」（ヘブル３・12）。しかし、私たちの心は罪や不信仰に傾く。さらに悪いことに、私たちの心は、それが健全でないのに健全だと思わせて私たちを欺くのだ。したがって、ヘブル人への手紙の著者は罪の心に対して忠告し、続けて警告する。『今日』と言われている間、日々互いに励まし合って、だれも罪に惑わされて頑なにならないようにしなさい」（3・13）。

実は私たちは、自分たちの罪の心がいかに人との関係に影響するか考えながら、日常的に互いにかかわろうとする。私は、人々を十分知り、はっきりしたものであれ複雑なものであれ、その人々が愛の命令を侵犯するそれぞれの仕方について考察することが自分の仕事だと考えている。そして同じ視点で、日々の関係性の中にある私自身を知ろうとする。

確かに罪が表面化するとき、たとえば、だれかが姦淫の罪を犯したり、仕事で不正を働いたり、明らかに神の聖なる規準を犯しているとき、その人が立ち返ることを願いながら対峙しなければならない。しかし、互いの罪深さに対峙するためのたいていの努力は、そのようなあからさまな罪への対処のために、また人との関係で生じる明らかな緊張の打開のために払われてきた。一方で、自己防衛的罪の巧妙なやり方をするうちに、また決心して痛みから逃れる手立てを考えるうちに、私たちに与えられた、互いのためにかかわり合えという召命を傷つけてきた。しかも、そのことに気づかないままで。結局、自己防衛のこうした行動ゆえに、人とのかかわり合いを避けるようになる。これは悲惨である。仲が良く互いに交わりを楽しむ心優しき人々の群れは、一緒に聖書を学び祈るかもしれないが、励まし合ったり教え合ったりしても、互いの心に触れ合わないできた。すなわち、キリスト教のダイナミックな現実をもって他者に力強くかかわる人へと変えられることはなかった。

人との関係を形成するとき、クリスチャンには選択肢が二つだけある。それぞれの葛藤や罪深さから程よい距離をとり続けるか、またはミミズの入った缶を開けるかのどちらかだ。前者を選択した場合、教会生活はいつものように進む。温かく、礼儀正しく、楽しく、正統的に、時にはだれかのひどい罪によって分裂する。しかし、概して人々の生活の核心部分には触れないでいる。後者を選択した場合、教会の人々は助け合うというより分裂し合っているように見える。ある人々は落胆し、どう励ましてよいのか分からない。他の人々は怒り、教会を替えるだろう。しかし、自己防衛と要求というミミズは缶からいなくなる。人々が互いの傷や失望を理解し合い、本当に問題であることが話し合われると、人生が変えられる交わりの可能性が生まれるのである。

明らかに、私は第二の選択に挑んでいる。しかし、懸念がないわけではない。人生の真の問題についてやり取りされても、相手から励ましがあるという保証はない。傷つきやすい人たちは、自分は理解されなかったと感じ、きまり悪く、もういいという気持ちになるか、苦闘ゆえに希望を失うことが多い。それでも、結婚生活を破綻させる要因が山のようにあるからといって、独身でいることの十分な理由にはならない。人生を正直に見つめる一群の人々は、分断し破壊する可能性をもっているが、同時に祝福の力をもっている。リスクはそれに見合う価値をもつ。しかし、もっと重要なことは、そのリスクは命じられているということだ。私たちは罪の偽りによって頑なにならずに人とかかわるように命じられている。

いくつかの勧めをしたいが、それらを心に留めるならば、偽りのない交わりの可能性が見え、危険性を最小化することができる。第一に、**正直な分かち合いが最終ゴールではなく、愛することが**

最終ゴールであることを覚えてほしい。私の心にあるままをあなたに話すというのは、あなたの幸福に関心をもつことと全く関係がないのである。関係が深まるにつれ、言わないままでいることが必要なときが多くなってくる。愛するゆえに、私が判断したうえであなたを不必要に傷つけるかもしれないことを言わないでいることもある。分かち合いは自己防衛ゆえに制限されてはならない。制限するのは愛からそうするときである。

第二に、**良い交わりというのは、支えと優しさによって特徴づけられる。対決によってではない。**だれかの罪を見つけるために集まるべきではない。もし、グループの雰囲気が防衛的でピリピリしているか、冷淡に思われるなら、グループの関心が深い熱望を理解するよりも、罪ある戦略を明るみに出すことに置かれていないか見分けなければならない。他方で、気心が合い温かい雰囲気だが、どこか口先ばかりであるなら、たぶんメンバーは、互いの中にある自己防衛の問題を正直に話し合うことを恐れているのである。

健全なグループダイナミクスは自動的に起こらない。時間、祈り、信頼という良き土壌に育つ。心から変わりたいと求めるメンバーが集まる場合、食事をしながら軽めの会話をし、お楽しみの時間を取っておき、祈りと礼拝へと導かれていく。自己防衛という脅威を覚える話題を取り扱うときにグループが正しい役割を果たすためには、霊的な枠組みを明確に認識したうえでの温かさと支えが不可欠である。

第三に、**優先されるべきことは、互いの罪を明らかにすることではなく、意味ある深いかかわり**

である。かかわりの深さの程度が、それが過去のことであれ予期されることであれ、自分を明るみに出す程度を決める。それぞれの教会では、互いの防衛的パターンについて率直なやり取りが保証できる程度の少数の人数（訳注・五、六人程度）のグループであれば、深いかかわりができるだろう。だれ一人として、明るみに出すことを取り仕切る大臣に自分自身を指名してはならない。だれかが私に強情だと意見したら、その意見を受けとめられるのは、意見を言ったその人が心から純粋に心配してくれていると私がどれだけ確信しているかによる。批判的なフィードバックをするのを**楽しんでいる**人に、フィードバックの資格はない。批判的フィードバックが愛の目的ではなく自己防衛の目的でなされている限り、それはフィードバックの目的そのものに背くことになる。

　以上のことを心に留めて、自分自身と他者の人生について率直に語り合う現在の経験が守られ、これからもそうした機会が導かれるように祈らなければならない。真理を学ぶことはできても、人々のかかわりの中で起きていることを直接扱うことは決してしない弟子訓練というものに甘んじてはならない。聖霊によって良き方向へと導かれ、神のみことばを枠組みにしながらやり取りが進んでいくならば、自分の人生を探る目的をもってともに集まるクリスチャンたちには、良きことが生まれるであろう。

　各メンバーはグループの**目的**をよく理解する必要がある。日曜学校では聖書の組織的学びをするために人々が集まる。神のみことばから教えられ奮い立たされるために、礼拝に出席する。ある小グループはさらなる聖書の学びのため、またはミニストリーのため、交わりを楽しむためなど、それぞれの目的をもって集まる。今述べたこのようなグループに集まる人々は、その集まる目的が、人にかかわるあり方が自己防衛で混乱していかないように互いを助けるためであり、他のメンバーについて気がついたことを、愛をもって誠実に語ることにあると知らなければならない。しかしこの目的は、人を理解するための**枠組み**なしには実現しないのである。私の見解では、心に深くある熱望と自己防衛という二つの概念が、互いの人生を探る方法を提示している。それによって、活気と洞察に満ちた話し合いができるのである。

そうしたグループは目的と枠組みが必要なばかりでなく、**方法**も必要である。その方法とは、ある時には別のやり方が益であるような話の進め方があるならばそちらに方向を変える柔軟性があること、ほとんど何も起こらないような場合もまとめができるように話し合いが構造化されていることである。聖書のある特定の書を学ぶ伝統的な聖書研究会は、構成的な進め方ができる。シリーズもののテープを聞き、その後「私は何を避ける傾向があるのか」や「人と人の親密さがもたらす喜びについて、私はどんなことを分かっているのか」といったトピックを話し合ったりすることは益になるやり方だろう。または、次のような分かち合いをすることでメンバーは意味ある経験ができるだろう。心の深くにある熱望が充足されているかそうでないか、罪ある戦略を行使したかどうか、そうしたことをより深く理解するために、重大な失望や喜びの経験を含めた今に至るまでの自分の人生を分かち合うのである。方法の核心にあるのは、設定されたやり方ではなく、**メンバー同士でやり取りする中で何が起きているのかを意識した評価である。**

あるグループに参加したとき、一人の女性がいつも夫を「救助」しているのではないかと思えることがあった。彼女は当初、子どもたちに向けてしまう怒りを自分が抑えられるように助けてほしいとグループに頼んでいた。一人のメンバーが、彼女の夫は子どもたちに熱心にかかわっているのか、また彼女の激しい怒りにどのように反応しているのか尋ねた。「そうですね、本当のところ、夫は私のように子どもたちと一緒にいません。夜遅くまで働いています。彼がいるときに私が子どもの一人にかんしゃくを起こしてしまうと、私をにらみつけるのです。でも、彼はとても良い父親です。私のことも子どものことも愛してくれています。」

彼女は何度となく「でも夫は、本当は良い父親なのです」と繰り返したので、グループの一人が、彼女自身の攻撃から夫を守ろうとする彼女のパターンを指摘した[1]。このコメントは、彼女にとって自身を知る扉を開けることになった。彼女がどんなに怒っているか、夫にいかに失望しているか、そして、そのことに正直に向き合うことを拒絶してきた自分を、彼女は知ることになった。

彼女と夫は、彼ら自身の傷とその傷から逃れるためにとってきた自分の戦略を理解し始めた。そうして、この夫婦にとってコミュニケーションの新しい段階が始まった。彼らは自分たちの渇望を主に委ねて深く信頼することを経験している。さらに、互いに防御せずにかかわろうとしている。道のりは険しかったが、今、彼らの結婚生活は十六年目にして、最も温かく誠実な心配りに満ちている。

小グループは目的、枠組み、方法、そして最終的に**リーダー**、あるいは少なくても主催者が必要である。リーダーにふさわしい人は、**人格的な誠実さ**（人生の内側を深く探る意欲）と**心からあわれみを感じることのできる感受性**（自分自身の痛みに直面し、主にそれを委ねることで生まれてくる人格）そして、**人の心はどのように動いていくのかについての理解**が備わっている人である。

もしあなたが、より深いところで人にかかわり、支え励ます交わりに導いてくれる率直なフィードバックを与え受け取ることを自分に課しているなら、あなたの関心を共有してくれるであろう何人かの人に話してみてほしい。あなたの考えを説明し、小グループの目的、枠組み、方法について話し合うのだ。数人の人々が喜んで関心を示してくれるなら、最初のミーティングの日程を決める。そうして、ゆっくり慌てず進めていく。決して、人々を強引に「率直な」やり取りに引っ張ってはならない。少なくても最初は自己防衛の戦略よりも、心の奥にある熱望にじっと心を向けなさい。自分の人生を注意深く考えるように導くために、枠組みの細かなところも十分説明すること。

そして、良い時を一緒に過ごす。たとえば、楽しい活動、食事、礼拝、祈り、学びなど。一緒にいることが心地よいと期待が生まれるようなグループタイムにすること。何か月かした後で（それより早くても遅くてもよい）、さらに心を開いてやり取りしようと提案する。もしそのことへの抵抗があれば、抵抗について穏やかに探り、抵抗が続くなら、それを尊重する。あなたが望むペースで進めてはならない。待つこと。そして祈ることが大切である。

最後には、グループをより高い段階へと導く機会がくるだろう。あなた自身についてのフィードバックを求めることから始めなさい。「私は人と本当に親しくなるのがむずかしいと感じています。

私はみなさんに、自分は真の友情を求めることに性急だとか、人に対して尊大だとか、伝えてきたでしょうか。それぞれがこのグループで私をどう感じてきたか、またまさに今思っていることを聞かせていただけたら感謝です。私のことをどのように感じておられますか。」

前回までは聖書のことや前週の出来事について会話してきたのに、それを急に、**今、このグループメンバーの間で何が起きているのか**話し合うように変えていくのは極めてむずかしいことである。何度も読んだ結婚についての本を棚にしまって、いきなり一人の女性に結婚してほしいと頼むのと同じくらい、深い傷を負いかねない。あなた自身にも他のメンバーにも居心地の悪さが生じる。ある人はグループを抜けるかもしれない。あなたは急ぎすぎたのかもしれないし、そうではないのかもしれない。いつもそれが分かるわけではない。混乱と失望を受け入れながら進みなさい。

ある人たちは、グループが導かれてきたやり方、特にあなたのやり方に満足できないと一緒になって言うかもしれない。その人々の態度や感情を探りなさい。何らかの防衛的な怒りを含んだ会話を聞くことになるかもしれない。関係に至る道は決して平坦ではないことを覚えておいてほしい。残された選択は、だれの心にも深く触れることのない丁寧な会話に逃げ込むことだ。重荷は伴う、しかしその価値はある。忍耐強くありなさい。しかし屈せずやり通しなさい。同じ信仰をもつ人々との真剣なやり取りを通して自分自身について学ぶことは、成長するための格別の機会を与えてくれる。神の御霊と神のみことばは重大である。しかし、神の民の力も過小評価されてはならない。三つ足のスツールが二つの足になったら不安定になるのと同じである。

この本を書いてから二十五年が過ぎた。私は今、読者がこの本で読んできたことのいずれにも取り組んでいる小グループに参加している。参加してから七年以上がたっているが、真の交わりはつかみどころがなく、むずかしいものだ。しかし、感嘆すべき豊かなもので、実現可能である。私たちはチャレンジに向き合い続け、成長している。これは意味深いことなのである。

神の御霊、神のみことば、そして神の民は、自己防衛という罪深い戦略を知るための三つの助けである。まず最初に、自分の中にある渇望や渇きの存在を知らなければならない。それから自己防衛について向き合うのだ。そして最後に、心の内側を探ることで明るみに出される渇望と罪について、行動していかなければならない。

これまで、私たちの渇望が壊れた水溜めを掘らせるように私たちを仕向ける過程を考えてきた。今や、掘ることをやめ、シャベルを置き、生ける水の泉から深く汲み出して飲むことを学ばなければならない。

第4部

心の内側から変わること

「心の内側で起きているすべてのことに向き合うならば、
それはどのようにしたら可能になるのか。」

第10章　本当の問題とは何か

変わるための取り組みをするときに、**「間違っていることはいったい何であるのか」**という問いほど重要なものはない。

うつ状態、不安、性的倒錯、敵意、その他の問題に苦しむとき、私たちの中でいったい何が起きているのか。私たちの欺きの心の中には、キリストへの心からの従順や新たに生きる決意に到達しない、何かがしまい込まれているのか。もし心からの変化が起こるというならば、ほとんどのカウンセリングはいかに労苦しても、正されなくてはならない中心的な問題を見落としているのか。

問題はどこにでもある。母親と父親の両方の役割を担うことに葛藤するひとり親。絶望するほど脆弱な夫と結婚して、女性としての豊かさを見失っている妻。ポルノへの圧倒的な衝動と闘う男性。本当は愛しているのに親に対する憤りで心が引き裂かれる十代。

人の苦しみの現実はあまりに重すぎると思えるときがある。だれもが語るべきストーリーをもっている。私が自分の限界に達するとき、つまり、これ以上人の話を聞けないときに、一人の友人が来て、私が想像もできなかった彼の重荷を打ち明けたとき、私の疲れ果てた自己満足は、必死に叫んで砕けていく。つまり、「神様、それとなくわかる以上にもっとみわざをなさってください」という叫びに。

たぶん、私の見方は、毎日癌の患者を診ているために他の人は健康であることを忘れる専門医のように、私の職業によって歪められているのだろう。しかし、「健康な」友人と親しく話すときに、私はたいてい気づくのだ。彼らの人生は外見ほど安定しているわけでなく、また、自分自身を深く知ることも、他の人々との関係を深めることも犠牲にして、生活の快適さを求めて続けている。

クリスチャンは堕落した世界に生きていることを覚えていなければならない。この真理はとてつもなく重大な意味をもっている。すべてのことについて何かが間違っている。したがって、自分や他の人々の人生を曇りのない心で探るならば、そこに重要な問題が見えてくると考えるべきだ。

混乱を前にしたとき、私たちは意気阻喪して引き下がったり、冷笑して無関心であったり、個人的な慰めを浅薄にも追い求めたりする必要はない。挫折して放り出すことも、ふさぎ込みながら日々を送る必要もない。状況をよくしようなどと考えもしない、物分かりのいい人々との尊大なエリート的おしゃべりに逃げ込むことが答えでもない。苦悩の現実から離れるため、テレビや忙しさ、友人との交流、浮かれた宗教で心を紛らわせたりすることも答えではない。私たちは自分自身と他の人々の平安のない人生の現実に、人生を変える真理を携えて、入っていくように召されている。

しかし、困難はある。私たちが信じている真理や従おうとする教理によって、多くの人々の人生が変えられているようには思えない。真理と教理によって私たちは進み続けているが、他の人々の心を惹きつける心の奥から湧き出るような活力によって進んでいるわけではない。私たちは何とか自分を仕切り直し、「神のために生きている人」と思われるようにする。しかし心の内側には、聖書が教えていることと全く違うものが存在しているのが分かる。何かが見失われている。何かが間違っている。しかも、私たちはそのことを知っている。医師の指示に注意深く従っているが痛みは続いている患者のように、深刻な問題は処方された薬では解決されないままになっている。

心の内側を探ることが益となるためには、変化を必要としている核心的な問題とは何かという問いから始めなければならない。核心的問題とは何か。コップや皿の内側にあるような、これだと分かり洗い流されなくてはならない汚れとは何であるのか。短気な性格か、自制心のなさか、トラウマとなっている子どものときの記憶か、誠実さの欠如か、底なしの不安感か、心理的疾患か、うまくコントロールできない気質か、自己憐憫か、聖書についての無知、怠惰、ネガティブな独り言、頑なな罪深さ、生きがいの喪失か。私たちが本質のところで変わり、死ぬまで変わり続けるために、何を扱えばよいのか。根本的に内側から変化するために、どのような問題が正されなくてはならないのか。

問題が何であるかはっきりと見定めたときに初めて、その解決の意味を深く理解できるようになる。罪の醜悪さを理解すればするほど、キリストの十字架がどんなに麗しいものであるか分かる。この本の結論部分で、問題の定義（第10章）、真の変化への道筋について述べる（第11～14章）。

罪に直面する

変わる必要のあることは何か、心の奥底からの変化はどのようにして起こるのかといったテーマを取り上げるにあたり、前置きとして三つの考えを述べたい。第一に、ある読者は今まで待たされ、いらいらした気持ちでいるかもしれない。「そうだね、自分が欲するものすべてを自分が持っているわけではないことは分かった――私の心の深いところにある熱望は完全には満たされていない。そういうわけで、気分がよくなるためにどうにかしようとする、つまりそれが自己防衛だということも分かった。しかし、自分の問題を克服するために何をすべきなのか、筆者の考えは示されていない。」

またある人は、いつになれば私が理論を完結し実際的なことに到達するのかといぶかしく思っているだろう。静かにこう言わせていただきたい。「自分の痛みに入っていって罪に直面するための理論は一切ない。」「それでは私は何をしたらいいのか」と聞く人々は、なおも失望の淵を歩き回ることになる。人生とは傷をそれぞれがもつものだと自分で納得しながらも、さっさと片付けようという冷静な態度で、悲しみを感じないように懸命に努力する（ほとんど自覚しないまま）。

心の内側の世界にある真の問題が明るみに出されるとき、しかもそれが、私たちが謙虚にされるばかりでなく、無力さの中で「あわれみを」と叫ばざるを得ない状況の中では、私たち

はもはや変わる方法を求めようとはしない。私たちは、神のご人格と善のうちに、イエス・キリストの福音のうちに、平安を得るのである。

以上のような忍耐できない実践志向の人々が、自分たちの罪を痛ましいほど理解しているとは思えない。姦淫、うそ、神学的妥協――これらの罪はそうした人々が問題にする罪であるが、都合の良いことに、彼らにその意味での罪はない。自己防衛は、彼らが考えもしない罪の一つである。もし彼らが自分自身の自己防衛的罪を本当に探ったとしても、それは彼らにとっては理にかなったことに思われるだろう。愛さないことがいかに醜いことか、ほとんどの人は理解しない。とりわけ、愛せない失敗がとらえにくい場合は。

変化のプロセスを理解するためには、次のことを理解しなければならない。それは、心からの深い変化は、何に取り組むか、どれだけ努力するかによって起こるというより、**心の実態に直面していく意志**があるからこそ起きてくるということである。人格的な正直さ、偽って装うことをしない意志が、内側から根本的に変わるために必要不可欠なのである。

その取り組みは本当に苦しいものだ。人は絶望の極みまで行き、悲しみに打ちひしがれて怒りが痛みに変わるとき、また、父親にはそこにいてほしかった、母親には所有欲でもって育ててほしくなかったとどんなに願っていたか気づくとき、存在の核心までが揺り動かされる。こうした痛みが、本当の変化の出発点である。他の人々に私たちの渇望を満たさせることを諦め、私たちが謙遜になり、砕かれて神に依存するようになるのは、だれ一人持ち得ないもの、また今後もだれも与えることのできないものを死に物狂いで熱望することの恐ろしさに直面するときだけなのである。

私たちのほとんどは、思いもかけない記憶をもっている――その記憶は、たとえば思い返すまでは取るに足りないと思っていたが、実は痛みに満ちていた親との関係であるとか、性的または心理的虐待の悲痛な出来事などである。過去の痛みを思い出そうとしないことは理にかなった行為のように思われる。しかし、激しい怒りはなおも魂の内に隠されている。何日も食べるものがなくて空腹であるのにそれを否定したり、本当は食べ物を与えることができたはずなのにそうしなかった人々への怒りを否定したりすることは、成熟の証拠とはならない。飢饉のときに飢餓状態にあるクリスチャンは、食べ物がない無宗教の人々と同様に、空腹を感じる。自分が空腹であることを認めることは正しいし、お腹を満たすため食べ物を探すことは正常なことである。自分が空腹であるのに、かつて食べ物を与えてくれなかった人々に与えるために食べ物を探すことは正常ではない。しかし、そうするのがクリスチャンである。ただし、天からのパンであるお方を心から確信していなければそれはできない。そのお方は今、マナをもって私たちを養ってくださり、後には宴会を約束しておられる。

人との関係に自分がどんなにか深く失望しているかに直面するとき、かつては理にかなっていると思っていたことの醜悪さが分かる。だれかに自分の要求に応じてほしいとひどく願っている自分が分かると、その後で（そうなって初めて）、どれほど懸命に自分が欲しいものを得ようとしていたか、さらに、どれほど懸命に失望の苦しみから自分自身を守ろうとしていたかが分かるのである。自分の内の失望を知ることは痛みを伴うが、自己防衛的罪が自分にあることをはっきり知ることになる。このことは本当の変化が起こるための枠組みである。実践的なアドバイスが欲しいというせっかちな願望は、心を探る痛みを回避したい思いの表れであることがある。探ることを避け、心に深くある失望や関係的な罪に直面できないならば、せいぜいできることは表面的な変化である。たいていのアドバイスと呼ばれるものは、神の民の傷があたかも重大でないかのように、その傷を癒やそうとする（エレミヤ6・14参照）。

分からなさを受け入れる

心からの深い変化はどのように起こるのかについて考察するときの第二の考えは、変化の過程は幾分、分からないままであろうということだ。変化について自分の考えを整理していくうちに、私は自分が理解したことよりも、混乱したことを述べたいと思った。しかしそうすると、我慢できないほどの長さ、たぶん何冊ものシリーズになってしまう。幾らかはっきりしたことを手短に論じるほうがよいであろう。「知識の面で大躍進し、人生に革命をもたらす」ならば、変化（結婚生活を変える、子どもを愛らしい子どもにする、うつ状態を活力ある状態に変える）は起きると主張するのを聞くと、パウロのことばを思い出す。「自分は何かを知っていると思う人がいたら、その人は、知るべきほどのことをまだ知らないのです」（Ⅰコリント8・2）。真の知識は謙遜を生み、謙遜によって人はさらに考えようとする。

私は、「よろしい、ここにあなたが待ち続けた答えがある。説教者やカウンセラーがあなたに言ってきたことはすべて忘れなさい。これがキリスト教のすべてだ。これが変化に至る聖書的ルートだ」という態度をとろうとは思わない。ただ、少しばかり述べることはあると思っている。そうでなければ本を書いたりはしない。変化について私が理解していることは聖書からきていることで、その理解は役に立つであろうと、私は信じている。しかし、どんなに明確なモデル（この本で示しているとは考えていないが）を示したとしても、分からなさは残ると認識しつつ考えを述べたいと思っている。

自分の理論を「聖書的」かどうかで評価することは、当然正しいことである。しかし、問題がないわけではない。保守派の学者の見解は、いくつかの基本的な教理を除いて、神学的論点について立場が違うという事実があるので、変化をめぐるどの見解も聖書的か非聖書的かと確信をもって断言することに、私は躊躇する。しかし、ある人々の考えの浅薄さに私は衝撃を受ける。また別の人々は自分の人生がどのように変えられてきたか分析して、その過程を基準にする。彼らは聖書の権威を自分の経験とすり替えている。他にも、自分の人との関係に極めて合致しているモデルを見つけようとする人もいる。攻撃的で、ともかくさっさとすませてしまえばよいというタイプの人々は、人を突き動かして変えようとする理論を好む。静かで穏やかな人々は、成長の条件として他者への共感的関心を強調する変化の理解に惹かれる。

変化のモデルを評価するとき、私はこう問うてみる。そのモデルはキリストのような**人格**を生み出すのか、それとも、キリストのような**行動**を生み出すのかと。実存や謙遜、生きている実感を生み出す道として、従順と信頼を重要視している理論なのか。あるいは、恐ろしくもあるが同時に心を惹きつけるような、自由をもたらす力強い活力を自分の中に生み出すことなしに、クリスチャンらしく見せようとしている理論なのか（クリスチャンは人にどう見えるべきかについて、ある人が考えた見解に従って）。

まことに多くの人々が、自分たちの人生はセミナーや教会、カウンセラーによって変えられたと熱意をもって報告するのだが、私には彼らの姿が蠟《ろう》人形のように思われる。本物そっくりだが、息をしていないのだ。今にも生きた人のように動き出しそうだが、動くことはない。あなたが本当に悩み、深い痛みにあるとき、一緒にいたいと思うような人々ではない。彼らの励ましのことばはいつも適切で温かいが、単調である。彼らと話をしても決して生き生きとした感情は湧いてこない――少しは元気づけられたり教えられたりするが、活力に満ちることはない。

活気があることは、生きていることの紛れもない証拠である。その活気が生まれるかどうかは、私たちの前に置かれた挑戦であり、また神秘でもある。技術、理論、定式、訓練、知識、取り組みというものがあるが、どれも結局、活力をもたらさない。道の光は次の一歩を照らす。しかし、前方も横も後ろも暗闇のままだ。心の内側から根本的に変わるというのは、つまるところ神のみわざであり、したがって神秘のままであるに違いない。このことを心に留めて、人知をはるかに超えた方法でみわざをなさる神をあがめつつ、変化に関する教えを現実に期待するのである。

過程を受けとめる

心の内側から変わる第三の要点は、その過程にある。この過程は、手術とは異なる。手術では、医師が病巣を取り除き、健康証明書を交付して患者を家に帰らせるのだが、変化は生涯を通じて進行するものだ。自分が（または他の人々が）成長のない罪の状態であっても、驚くにあたらない。

私たちは、根本的な取り組みや心を鼓舞する礼拝の感動的瞬間によって、自分がずっと変われることを期待するものだ。一方、いつもの退屈さや衝動、もどかしさに戻るとき、すぐに幻滅する。私たちは結局変われないのだろうか。罪を軽く扱う自己満足は間違っている。しかし、過ちを犯してもなお前に進むようにと内なる慰めがあることは、十字架が残してくれた遺産である。キリストの犠牲の死によって、私たちは絶え間なく続く罪深さを受けとめることが許されている。私たちにとって、それは自分でやり切れることではない。

私はこの本を書きながら悲しいほど変えられていないと実感するときに、最大のむずかしさに直面する。はたして今書いている概念は、私の人生を変えてきたのだろうか。私は一度ならずペンを置き、変化について人に教える資格など全くないと感じてきた。しかし、自分の中の成長は確かにあるのだ。心の内で神が確かにみわざを行ってくださることに、私の心は感動で震える。また、救いが自分の力ではなく神が与えてくださった賜物だということを理解しているからこそ、自分の霊的よりどころに確信をもつことができるのだと思う。

変化の過程はアメリカ大陸を歩いて横断しているようなものである。一歩一歩だが進んでいる。しかし、それはあまりに長い道だ。歩き続ける秘訣は、遠くまで歩いてきたと励まされることにある。ただし、高慢になって歩き続ける決意を鈍らせてはならない。なおも残されている道のりをそのままに見るならば、思い上がりという最たる病を治せるに違いない。

変化の過程を特別に探るに際して、導入部分で述べたいくつかのポイントに留意してほしい。最初に、変化のために重要なことは、何を信じ何をなすべきかの一連の指針よりも、心の内にあるすべてのことを理解することである。第二に、実際の変化の過程は十分説明できるものではない。神の御霊の働きは、私たちの小さな理解の枠には収まらない。変化を理解する正確さも、言うべきことをすべて言える確信ももたない私たちなのだ。第三に、だれも完全には変えられないということだ。しかし、だれもがこれからも成長する余地があることはきっと慰めであろう。パウロでさえ、キリストが与えてくださるすべてのことの豊かさに言及しながら、このように述べた。「私は、自分がすでに捕らえたなどと考えてはいません」（ピリピ3・13）。

問題の領域を特定する

人にかかわれない弱い夫と結婚した女性を考えてみよう。彼女は夫に対して絶えず憤り、魂をさいなむ空虚さを感じていた。夫から夫婦の営みを求められるとき（それはほとんど稀なことであるが）、彼女の中からそれに応じたいと思う気持ちは全く湧いてこなかった。彼女が普通にやり取りしようとしても、夫はさらに引っ込んでしまう。「夫を改造する」「あなたの本当の感情を夫に伝える」「無心となり、結果について神を信頼する」といった助言は的が外れているように思える。彼女は絶望している。女性であることにほとんど喜びを感じない。うつ的な感情は、忙しさで気分を紛らわしても、やり過ごしたり、克服できるほど軽いものではなくなってきた。夫の同僚がさりげなく言い寄ってきたことで、状況はさらに複雑になった。彼女は聖書の規準によって生きたいと願うクリスチャンの女性であり、自分がこの男性に惹かれていくことに怖さを覚えた。

彼女はこのジレンマを考え抜いた。そして、問題を三つのカテゴリーにまとめた。一つは、**彼女を取り巻く世界の問題**。弱い夫はリストの筆頭に挙がった。もし夫が一人の男性として活気を取り戻し、自分たちの関係を愛情深いものにしようとするなら、彼女の愛は再び燃えるだろう。二番目は、**彼女の心にある痛み**である。彼女は激しい憤り、失望、むなしさを自覚していた。さらに、夫への嫌悪感と別の男性に惹かれることへの罪悪感をもっている。三番目は、彼女の**行動上の罪**である。彼女は夫への冷淡さが少しも状況をよくする助けにならないと分かっている。さらに望ましいと思える人との罪ある関係への誘惑と葛藤している。

彼女は自分の抱える問題が強烈なので、これらを何とかしようと決心するに至る。惨めにも不幸であり、道徳的な危うさのギリギリのところを歩んでいる。状況を変えるために何かをしたいと思った彼女は、三つのカテゴリーに分けた問題に対して、それぞれ万全の手を打つことに決めた。

彼女は牧師のところに行き、夫と話してほしいと頼んだ。彼らはともに、神が夫に彼女を心から愛する責任を自覚させてくださるようにと祈った。直接的な介入と祈りが、彼女を取り巻く世界（カテゴリー1）のためになされる。彼女にとって脅威になっている感情の混乱に対しては、プロのカウンセラーに会うことにした。カウンセリングが彼女の痛み（カテゴリー2）に対処するのを助けてくれると期待した。牧師とカウンセラーに相談し、夫に対する最善の応答の仕方についてアドバイスを求めた。彼女は聖書の命令に従いたいと思っている。しかし、ある状況で彼女に求められていることについては当惑した。彼女は自分の責任を考えに考えて、罪の行為（カテゴリー3）を行わないよう自分を強めるために、聖書通読や教会の活動に時間をもっとかけようと決心した。

数か月が過ぎた頃、彼女は自分の葛藤を以前に増してよく理解するようになった。カウンセリングでは、彼女の父親が夫と同じように弱く受動的であったことを思い返し始めた。現在の彼女の怒りの強さは、カウンセラーの説明によれば、過去からの解決されていない怒りの反映であるということだ。彼女は自分の中で起きていることにあまり困惑しなかったが、なおも傷ついていた。牧師とカウンセラーのサポートを得て、彼女は自滅的な苦しさやうつうつとした気持ちに落ち込むのではなく、自分の人生を確立することを決めた。パートタイムの仕事をし、テニスクラブに入会し、また中学生の礼拝に参加する子どもたちのためのボランティアをするようになった。

牧師もカウンセラーも、彼女の夫に感化を与えるようなことはしてこなかった。夫は快適に暮らし続けたが、妻に全くかかわりをもとうとしなかった。彼女は自分の結婚生活を考えると、変わらず傷ついた気持ちになった。最善を尽くして夫に優しくし、彼の願いに協力的だった。しかし、夫は彼女の優しさに対して、すべてが元に戻っただけだという思い上がった態度をとった。このことに彼女は怒り心頭に発したが、自分を何とか抑制し、夫に優しく振る舞いながら主に信頼した。彼女はなお、夫の同僚に惹かれる自分の気持ちと葛藤していたが、会うことがないようにして日々懸命に過ちを避けた。

このような結果は、夫が変化を拒否しても、クリスチャンたちの間では適切だったと見なされるだろう。中には、カウンセリングを通して得た自己理解の価値を疑い、もっと夫に優しくし、教会や生産的な活動にいっそうかかわることが真の助けになると決め込む人もいる。しかし、たいていの人は、彼女が新たに主に仕えようとする懸命な姿を大いに喜ぶ。多くの人は言うであろう。このような取り組みは、彼女の心に神が働かれた証拠であると。

しかし、心というものは偽る。「正しい心」をもつためには、正しい心を自覚し、巧妙な罪に対して正しい心を働かせなければならない。この世界の問題、心の痛み、行為上の罪に加えて、四番目の問題のカテゴリーがある。それが**心の内にある罪**である。

私たちは、この世界の**犠牲者**であると同時にこの世界における**行為者**である。私たちはみな、この世界が決して与えることのできないものを渇望する熱望の人として、失望を経験してきた。他の人々から傷つけられてきた。自分に対して罪を犯され、理由もなく苦悩を経験するとき、私たちはいつでも犠牲者である。しかし、私たちはまた行為者でもある。何が最善かを自分で判断して人生に対応することを選択している。私たちは、愚かにも自分自身の満足のために物事を進めていこうと決意する。そのため、神を信じることも、人々を深く愛せるように熱望を取り扱ってくださいと神に信頼することも拒絶する。

私たちは犠牲者として失望し、行為者として責めを負う。これまでずっと他の人々の罪によってひどい目にあってきたし、これからも傷つけられていく。しかし、私たちもまた罪を犯してきた。防衛的な関係を築いて自分の人生を懸命に保持しようとしてきたのだ。失望は**私たちの世界の問題**から生じる。この問題は**心に痛み**を生み出す。**心にある罪**の結果として**行いの罪**が犯されるとき、とがめるべき罪がその姿を現す。

変わる必要があるのは何か

四つのカテゴリーとそれらの関連を二つの氷山の図で示すと、より明らかになるであろう。まず、熱望を一つの氷山で表すと、水面上にある領域はこの世界の変化への熱望で、水面下の領域はキリストのみが充足することのできる熱望を表す。もう一つの氷山は人とかかわるための間違った戦略を表す。水面上にある領域は不従順という目に見える行為である。水面下の領域は隠された自己防衛的動機である。水面それ自体は私たちの自覚的な気づきを表す。私たちの心の内にあって明確に認識できない問題は水面下にある。みことば、聖霊、神の民の助けを得て心を探っていくうちに、水面は低くなり、自分の熱望や罪にもっと深く気づくようになる。四つのカテゴリーは次のように描写できる。

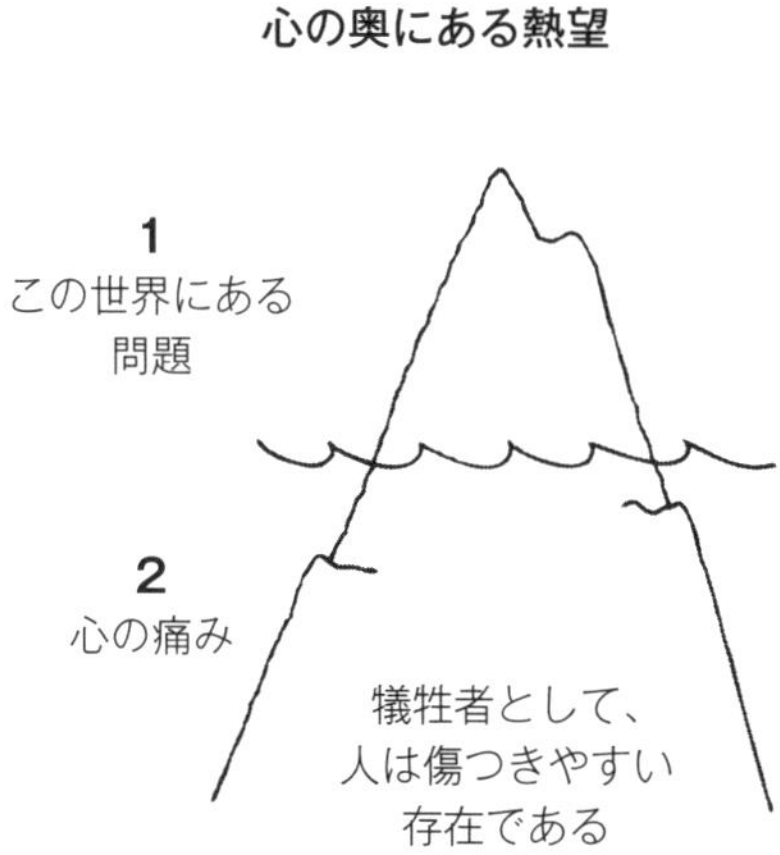

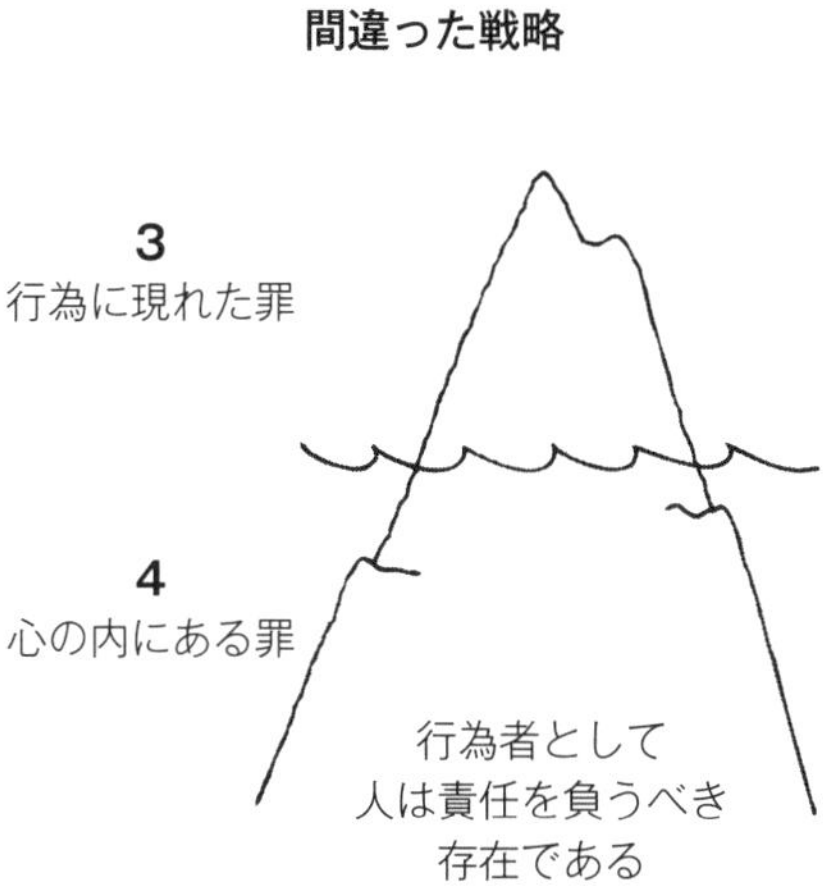

この図の中で、人の中心的問題はどこに位置するのか。心の内側から根本的に変わるときに一掃すべき汚れはどこにあるのか。

この世界の問題は、人が死ぬまで続く。主ははっきりと言われた。「世にあっては苦難があります」（ヨハネ16・33）。ヤコブはこう教えた。「様々な試練にあうときはいつでも、この上もない喜びと思いなさい」（ヤコブ1・2）。この世界にある問題は、混乱した不幸な人生の原因ではなく、汚れが何であるかを明らかにはしない。

心の痛みは現実のもので、極度に人を疲労させる。しかし、ペテロは迫害されたクリスチャンたちに語るとき、彼らが痛みを覚えていることを非難しなかった。代わりに、救いが自分たちへの約束だと期待していた彼らに「ことばに尽くせない、栄えに満ちた喜び」（Ⅰペテロ1・8）の希望を与えた。私たちは痛みから解放されることを目標にしがちである。黙想の方法、つらい記憶の癒し、心の葛藤の浄化、これらは痛みを直接的に扱うために編み出されたものである。しかし、痛みは汚れではない。痛みは、主が聞いてくださる苦しみの源なのである。

心の内側から根本的に変わるために一掃されなければならない心の汚れは、私たちが犠牲者として受ける失望の痛みではないのだ。汚れとは、私たちが行為者として選んだ罪と反抗という堕落である。**心の深いところで変化が生じるために、私たちは、失望による傷から生じた問題ではなく、選択した自分の責任から生じる問題を正す必要がある。**

行動上の罪は明らかに扱うべき問題である。コリント教会の不道徳な男性は、恐ろしい罪を犯したことへの厳しい代価を払わなくてはならなかった。しかしパウロがその男性に対処するよう指示をしたとき、パウロの意図は、彼の罪の行動をやめさせる以上のことにあった。パウロは教会に断固とした行動をとるよう勧めた。「その肉が滅ぼされるように」と（Ⅰコリント5・5）。

行動に現れた諸々の罪は確かに問題であるが、それらは深いところにある問題の象徴である。「聞いて悟りなさい」と主は言われた。「口に入る物は人を汚しません。口から出るもの、それが人を汚すのです」（マタイ15・10〜11）。

主がたとえを用いて弟子たちを教えられたとき、弟子たちは重要な点が分からなかった。ペテロは言った。「私たちに、そのたとえを説明してください。」

「あなたがたも、まだ分からないのですか」とイエスは言われた。「口に入る物はみな、腹に入り、排泄されて外に出されることが分からないのですか。しかし、口から出るものは心から出て来ます。それが人を汚すのです。悪い考え、殺人、姦淫、淫らな行い、盗み、偽証、ののしりは、心から出て来るからです。これらのものが人を汚します」（マタイ15・15〜20）。

四番目のカテゴリー、**心の内にある罪**は、きよめが必要な汚れを見つけるために探るべきものである。「そうですね、もちろん、心はいつも正しくなければならないと思いますよ」と、ともにうなずいて、心の問題の重大さを軽く扱ってはならない。多くの人にとって、このことばは主に従うための誠実な取り組みと同義であり、当然、健全で必要な出発点である。しかし、それ以上のことが必要なのである。人の心は偽りである。悔い改めによって扱わなくてはならない心の中核にある罪を、当然のごとく理解しない。たいていの人は変わろうとするとき、最初の三つのカテゴリーのいくつかに焦点を当て、表面的にしか心の罪を扱わないのである。

心の罪、すなわち防御的なかかわり方をして懸命に自己防衛する罪が、深く重大であるとなぜ理解されないのか、そこには単純な理由があると思われる。私たちは、自分が何を守っているのか見えてくるまで、自己防衛に気づくことはない。犠牲者として味わった失望に直面するまで、これ以上の失望を経験したくないと自分を守るためにとってきた戦略を明確に識別することはできない。**私たちの心の奥にある失望（心の痛み）を深く知ってこそ、充足されたいという願望が救済の要求（心の内にある罪）となったことが分かるのである。**自己防衛が何であるか定義できるかもしれないが、他の人々によって引き起こされた自分の魂への傷、つまりは第一に自己防衛を動機づける痛みに満ちた傷に触れて初めて、自分の人生にある問題の正体が**分かってくる**のである。

心の内側から根本的に変わるというのは稀なことである。自分の失望を深く受けとめる人々は稀である。自分の失望に向き合い、耐えがたい痛みと悲しみが満ちていながら、「私の痛みが問題なのではない。問題は自分の痛みを自分ができる仕方で除こうと決めたことなのである」と、このように言える人はますますもってわずかである。痛みが最も激しいその時に、自己防衛が問題であると言うのは簡単なことではない。しかし、自己防衛を問題としなければならない。痛みを取り除くことが最優先になるならば、神を追い求める道を離れてしまうことになる。痛みの経験は、自分の自己防衛的あり方を強めることになるか、あるいは神をより深く信頼することになるかのいずれかに導く。痛みの経験をすることで、自分と人との関係のあり方が、他の人々への心からの愛のためというよりむしろ、いかに安全なところに自分を置くためにあったかということを知ることができる。自己防衛と愛は全く反対のものだ。愛は究極の徳であり、自己防衛は究極の問題だからである。

弱い夫をもつその女性は、自分の問題について祈ることからさらに一歩踏み込んで、彼女の心の痛みを理解し、行動上の明らかな罪に懸命に抵抗しなければならない。怒りがやがて深い悲しみに変わるまで、自分の痛みに直面すること。そうしてから、浸透している自己防衛のパターンを探るため、人生を振り返るのだ。愛することができなかった自分の罪深さが分かったとき、彼女は悔い改めることになるだろう。そして悔い改めの実を結ぶ。悔い改めが解決の鍵である。第11章と第12章で、心の内にある罪を悔い改めるとはどのような意味なのかを探る。

自分の失望に入っていくことの重要さ

この章で述べられた重要な事柄を見落としてはならない。つまり、私たちが自己防衛的行為者としていかに罪深いか知る前に、まず傷を受けた犠牲者として失望の深さを感じなければならない。私が意味しているところを説明しよう。

私はある小グループに参加していて、そのグループは互いに率直で愛に満ちたフィードバックを互いにするというはっきりした目的をもって集まっている。ある晩、グループの一人が自分のこれまでのことを語りだした。彼は以前にも増して他の人に深く共感できるようになった自分を喜んでいると話し始めた。だれかが彼の仕事を妨げるとき、それは人とかかわる機会だとして喜ぶようになった。かつては仕事の進行が妨げられると不快な気持ちになったものだった。しかし、他の人々を感動させる能力が自分にあるとは今もなお感じられないと告白した。この人物を私は尊敬している。彼は困難なときに主を信頼することの意味を理解している確固たるクリスチャンである。彼は自分の人との関係のあり方がどこか間違っていると気づいていた。

グループのメンバーは、彼がどんな養育を受けてきたのか思いつくままに話すように励まし、彼が失望した経験や失望に対処した仕方に焦点を当てていった。彼は私たちに、容赦なく過干渉で支配的な母親と、妻の派手な所有欲には何も言わない弱い父親について話してくれた。それは、かなりすさまじい話であった。私は彼の話を聞きながら、感情が伴っていない彼の話しぶりに衝撃を受けた。声に怒りが混じることもあったが、それ以外はまるで電話帳の名前のリストを読み上げているような感じだった。

ある時点で、一人のメンバーが心をこめて意見を述べた。「あなたは父親からひどく裏切られ、母親からは間違った仕方で所有物にされてきたのですね。」彼は「ええ、そのとおりです」と答えたが、その声にはほとんど感情が込もっていなかった。

彼にフィードバックする内容のテーマは、「自分の失意の経験を深く探ることへの彼の拒絶」になった。彼は彼らしくない防御（この男性は並外れて正直な人である）の姿勢で、私たちのフィードバックに反論してきた。自分がどれほど失望させられてきたか分かっているが、その痛みに心が消耗させられることには何の価値も見いだせないと主張した。

「自分の痛みに関心を注いで、どんなに自分が犠牲にされてきたか考えるべきなのですね。でも私は、人生をうまくやっていく方法に関心があるのです。過去にあったことは過去です。今は、どのようにしたら人々によくかかわれるか知りたいのです。」

聖書は、後ろのものは忘れるように命じる。それは、困難な過去に対して、深く隠されたところで味わい現在もなお続いている反応を無視するように命じているのではない。成長のための戦いは四方で戦わなくてはならない。自ら進んで、その時心の内側で起きていたことすべてを探り、認めていく必要がある。

しかし、人との良いかかわりを妨げている彼の問題は、知識や技術や意志の力の欠如にあるのではない。子ども時代やそれ以降も何度も味わった痛みを二度と経験しないために行ってきた自己防衛が問題であった。彼は義務的に母親に従ってきた。自分の思いを母親に伝えることはなかった。母親は所有欲で彼をのみ込んできた。もっとはっきり言えば、時に怒りがあふれ出しても従うことが、見せかけの別の人格を保ついちばん安全な彼の戦略であった。このようにして自分自身を理解し、その時も今も人から尊敬をもって愛されることをどれほど熱望しているかを痛みの中で知り、彼は自分の人生を注意深く探ることができた。そうして、彼は現在の人との関係で同じような失望を味わう可能性が少しでもあれば、そこから逃げる自分を理解できた。現在の関係のあり方を変えるために彼が最初に行ったことは、過去の痛みの感情に心を開くことであった。そうして初めて、二度とあのような痛みを経験するまいと自分が決意したことを理解し始め、自己防衛の醜さをまとった現在の戦略が明らかにされた。彼のかかわりのもち方は（知的か怒っているかのどちらかで、温かいかかわりは稀であった）、他の人々を自分に寄せつけない手段であったことが理解された。

本当の変化のためには多くの要素が組み合わさっている。他の人々とより深くかかわるようになるためには、この男性の場合、自分の痛みを深く感じ、自分の自己防衛的罪に直面することが必要だった。私たちは、自分の痛みに深く入っていけばいくほど、罪と向き合うことになる。犠牲者となった痛みを感じないのであれば、罪を伴った問題の範囲を表面的な行為の罪に限定しがちである。失望を感じることは、もう一つの良い結果をもたらす。それは、両親、伴侶、子ども、友人が示してくれた思いやりやその深さゆえに、彼らに心から感謝できるようになることだ。ある人々には、すばらしい両親という祝福が与えられている。子どもを深く愛して養育し、子どもが幸福になるために犠牲的に自分を与えてくれた両親である。

成長した子ども（わが家の二人の息子は、今や十九歳と十七歳であるが――〔訳注・初版当時〕）の親として、私は彼らを失望させてきた。時にはひどい失望のさせ方であったことも分かっている。しかし、よくやったと思っている。実際に評価すれば、むしろ高い評価を得られるだろう――不完全な愛でいつも間違ってばかりだが。私の妻もすばらしい母親であり、息子たちからの感謝に本当に価する母親である。私は息子たちにこの本を読んでほしいと本当に望むのか。私が彼らを失望させてきたことを、彼らが注意深く振り返ってくれるならば、私はそれを喜ぶのか。答えは、明白にそうだと言える。**もし、息子たちが心からより深く愛するために自分の失望に向き合うならば。**

欠陥のある愛は常に問題の核心である。もしだれかが自分の両親に感謝するとき、両親がその人に与えた痛みを正面から受けとめないならば、その人の感謝は表面的であるばかりでなく自己防衛的である。愛は他者の失敗に目をつぶらない。愛は失敗を直視する。しかし、失敗に恐れおののかない。愛は失望の存在を認めるが、赦し、温かくかかわり続ける。あなたを悪く扱った人の安寧を願う優しい関心を、あなたはもつことができるだろうか。これによって愛が測られる。

他者がどのように自分を失望させたのかをはっきりと探るならば、この自分を愛するようにと彼らに要求することから私たちは解放される。異常なまでに両親の愛を高く評価するのは、実際の両親の養育を評価しているというより、むしろ愛されたいという要求の表れである。親に何も要求しないでいることは、親が与えてくれたものを何でも受けとめるということだ。親が提供できるもの以上に親に要求してはならない（他のだれに対しても）。親（または配偶者、子ども、友人）に対する遺恨は、彼らはこの自分をきちんと満足させなくてはならないという依存的な要求から生じる。怒りと不平で相手の失敗を探ることと、相手の行動が引き起こした失望を正直に受けとめることには違いがある。後者は遺恨を消失させるが、前者は遺恨を強める。

器質的な原因をもたない問題のいずれも、欠陥のある愛に極めて深く根差している。心理的障害や感情的問題は一つの機能をもつので、「機能性障害」と呼ばれる。人格的同一性や人に対する通常の感覚を奪われてきた女性にとって、拒食症は自分の心の衝動と他者の感情の両方を支配する手段である。そうした女性は他者から罪を犯されてきたし、自分も今、罪を犯している。

抑うつ状態の人々は他者から失望させられ、心のむなしさをひどく感じている。彼らは自分たちを元に戻してくれると信じられる特別の目標や特定の人物に死に物狂いでしがみつく。目標に届かなかったり、特定の人物が彼らを失望させるとき、うつ状態が始まる。彼らは罪を犯されてきたが、自分も今、罪を犯している。

男性の同性愛者は、親しい関係が必要とするものを女性に与える自信をほとんどもてないでいる。男性と一緒にいることのほうがずっと安心していられる。それは、男性同士の関係では、自分がもっていないものを与えるように求められないからである。自分の男性性に対する疑いは、個人の選択というより傷を受けた影響から生じている。しかし、自分の疑いに直面しないですむところで男性と親しくなろうとするのは、自分自身の手段によって深い問題を扱おうとしているのである。それは壊れた水溜めを掘っているのと同じである。彼らは罪を犯されてきた。そして今、罪を犯している。[1]

私たちはみな罪を犯されてきた。私たちはみな罪を犯している。あなたは愛すべきあり方で私を愛することに失敗してきた。私も愛すべきあり方であなたを愛することに失敗してきた。あなたの私への愛の失敗は痛みであり、深く失望するものだ。しかし、主の私への愛は完全である。主の愛はあなたの失敗というとげを取り除くことはしないが、一人の人間として立つために私に必要なものを与えてくれる。あなたがこれからも失敗するおそれがあっても、それにもかかわらずあなたを愛する愛である。

そして、このことは私の責務でもある。つまり、あなたを愛すること。あなたを愛する私の愛（私を愛するあなたの愛ではない）が、私の喜びや自分が保たれている感覚を左右する。私は愛することができる。なぜなら、神によって完全に全く欠けなく愛されているからである。あなたへの私の愛が重要である。あなたへの愛によってあなたはキリストに惹きつけられる。あなたへの愛で、私の人生に力が与えられ、神の計画の中で人生は価値あるものとされる。あなたへの愛は神に栄光を帰す。勇気を失いかけるが、それでも自己防衛なしにあなたを愛するとき、私は、豊かな人生という熱望してきた現実に向かって少しずつ進んでいくのだ。

私たちは生きる限り、人との関係に失望する。その葛藤は御国まで続く。しかし福音は、その現実の問題に解決があるという良き知らせをもたらす。自己防衛という罪を、今や取り扱うことができる。

第11章　福音の力

変わるということは**本当に**可能なのであろうか。子どものときに性的虐待を受けた女性は、彼女の女性性を**本当に**受け入れることができるのだろうか。同性愛的な衝動がある男性は、**本当に**異性愛をもつことができるのだろうか。お金や子どものことを過剰に心配する人は、また結婚生活がもはやテレビの再放送のように胸躍らせるものではなくなった夫婦は、非常に短気な人は、**本当に**変われるのだろうか。

この**本当に**ということばが論点である。多くの人々にとって、変化というものはほとんど完全で（少なくても目覚ましく）なければならず、そうでないと変化とは言えない。成長の秘密が分かったと納得させるような変化こそ、最も得たい変化である。たとえば、愛する願いを含んだ新たな感情、人生に対処する冷静な強さ、誘惑の最中にあっても正しいことをしたいという心からの願い、失望や怒りの葛藤を取り除いてくださった主にささげる熱烈な感謝などである。

退屈な結婚生活を回復させようと努力しても、単に温かさの揺らめきが生まれるだけなら、たぶん、その結婚生活は変化したとは言えない。もし同性愛の男性が、妻に誠実にかかわった何年かの生活の後で妻との関係を期待したい願いが強まっていると話してくれても、同性愛の誘惑になおも葛藤しているならば、本当に変わったとは言えないかもしれない。神の力は、結婚生活が愛で生き生きと変わるには十分でないのか、また、同性愛が完全な異性愛に変わるには十分でないのか。

福音派の人々は時にあまりに多くのことを期待する。より正確に言えば、神が約束しておられない変化を期待すると言ってよいだろう。ほとんど期待しないこともできるが、「期待以下だ」と言うのは、あまりに多くのことを求めすぎたことへの冷笑的な反応なのである。私たちは、完全さへの熱望を裏づけるために聖書の教えをどうにか解釈しようとする。結果として、自分の進捗を、御国に入るまで決して満たすことのできない規準で評価しようとする。

パウロは、「内なる人に働く御霊により、力をもってあなたがたを強めてくださいますように」と祈り、神を「私たちが願うところ、思うところのすべてをはるかに超えて行うことのできる方」であると明言している（エペソ3・16、20）。それゆえ私たちは、神の力とは、困難から平安へ、失望から喜びへと変わる完全な変化の保証なのだと主張する。そうして耐えがたい重荷を負い、絶望に押しつぶされるか、重荷などないふりをして実際よりよく見せかけて生きている。

「平安と喜びは困難なときの**支え**にしかならない、むしろ悲しみが困難を**取り除く**」という考えは、人の心に訴えない。私たちは不完全な人として失望の世界を生きていくとき、避けられない痛みを除きたいと願う。痛みも失敗も経験したくないのだ。その結果、避けがたいことが起きたとき、それが落胆の理由になる。

当然、私たちはやがて傷のない状態になる。その時には、倒錯した願望の徴候すら全くなくなる。次から次へと心配事が頭を駆け巡る眠れない夜はもはやない。幼いときに受けた傷の記憶によって増幅する、人への恐れもなくなるのだ。こうしたすべてのことが御国で私たちに起こる。しかし今、苦闘は続いている。この世界には避けがたい痛みがあり、私たちはそれを受けとめなくてはならない。**さらに、避けられない痛みは除去されるべきだと主張するならば、無用な問題が生じてくる。**要求が人を自己防衛的な策略に追い込んでいくのであるが、その要求の問題に取り組み、心の内側から根本的に変わっていくならば、無用な問題は、その熾烈さを現実に失っていく。

避けられない痛みから免れる方法を探そうとすれば、私たちは幻滅し、迷うことになるだろう。変化とは避けがたい苦しみを除去することであると考える人々は、残りの章に恐ろしく失望することになるだろう。

無用な問題 対 必然の対応

個人的経験からしても、人との関係からくる痛みや自己防衛的罪を見いだすために、自分の人生を掘り下げていくのはむずかしいことだ。骨の折れる仕事が貴重な鉱物のきらめきで報われる坑夫とは違って、掘れば掘るほど、泥がむき出しになっていく。たとえば、かなり立派だと思っていた親にも、少なくてもある面では、恐ろしく失望させられる。

汚れを明るみに出したときの反応は、当然であるが、もう一度汚れにふたをしてしまうか、すすいできれいにするかである。したがって、そこに立ち続けたまま痛みから逃れる努力をしないことは全く非合理だ。アダムが裸であることを知ったとき、彼が最初に考えたことは、隠れる木を見つけるか、葉っぱをつづり合わせて覆いにすることだった。自分の罪や失望を感じながらこの世界に静かに立ち続けること（エバはその意味で有効な助け手ではなかった）は、人にとって最も困難なことである。混乱を片付けもせず自己防衛なしで生きることは、恐怖である。意味をなさない。それは死に向かっているかのようである。

自分で明るみに出した痛みに何らかの対処ができるならば、傷がもたらした自らの混乱にもかかわらず、納得して人生について掘り進めるだろう。困難のない平安が保障されるならば、また心の痛みを終わらせる喜びがもうすぐ与えられるならば、心の内側を探るための労は、それに見合う価値あるものである。しかし、避けられない魂の痛みを和らげるのに心の根本的な変化が何の役にも立たないとなれば、ほかに利益が伴うかにかかわらず、その代価はあまりに高い。

神への信頼を学ぶために経験した痛みが私たちを**本当に**変えるならば、喜んでその痛みに耐えるだろう。しかし、真の変化は今、可能である。ただし、それは私たちが欲している変化ではない。「御国がもたらす（すべての痛みに終わりがくる）真の変化は今、私たちに起こるべきだ」と主張される。**可能な真の変化が今起こるためには、この主張こそが克服すべき問題である。**

次に示す図で、論点がはっきりするだろう。

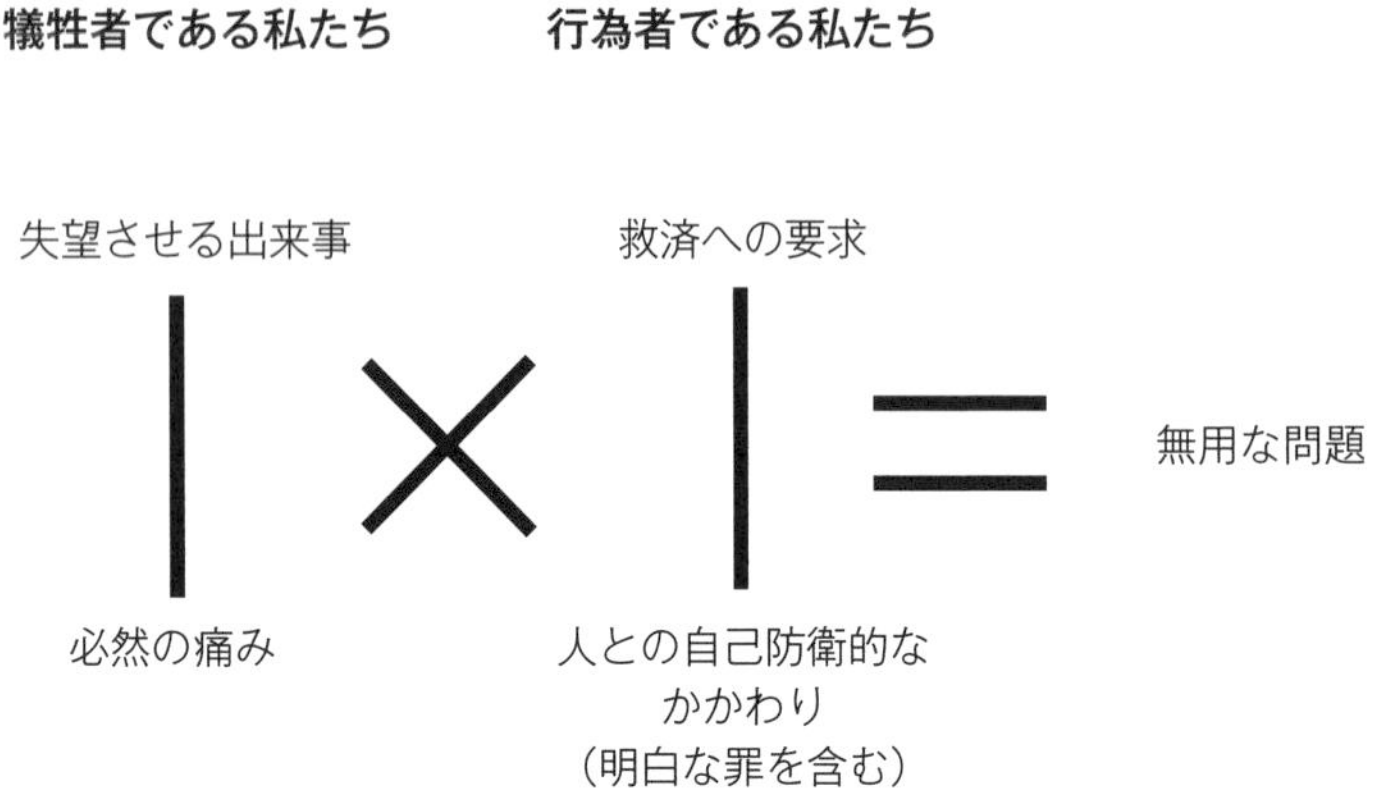

コップや皿の内側にある汚れは、必然的に生じた痛みを取り除いてほしいと願う要求である。その要求は、失望させる世界から自分を守るために、人との自己防衛的なかかわりを編み出していく。この汚れが除かれれば、無用な問題は収まる。人は傷つく、これは必然だ。**しかし、私たちが人を愛さない、無力な人になるのは必然ではない**。いつも不機嫌であること、自己陶酔的うつ状態、避けるべきことに興味がくぎづけになることへの不安、自分自身を家族や友人に心からささげるのを躊躇させる悪い自己イメージ——これらは**無用な問題**である。これらは、他者のために有意義な影響を与える力や、他者が主を追い求められるように相手の心の琴線に触れ働きかける愛を、私たちから奪うのである。

　無用な問題と、**この世界の問題への必然の反応**との間には大きな違いがある。私たちは当然生じる痛みと苦闘を避けることができない。心を圧迫する経験を避けられない。心に迫る苦しみによって、私たちは怒りでくずおれたり、あるいは、信仰の内に進んだりする。破滅させるほどの落胆の感情や、私たちを拒絶した愛する人々への絶望がある。あるいは、ついに神に依存するまでに砕かれるかである。楽しい出来事にあふれ物事はうまくいっていると見せかける世界に生きているのであれば、そうした必然の反応は鈍くされる。しかし、魂は傷ついていく。

今与えられている福音の力は、失望や苦闘のどのような経験も克服できる能力にあるのでは**ない**。もしそれが福音の主張するところなら、私は福音を恥とする。しかし、死んだ人が生き返り、永遠の幸福の一片の希望ももてない人々が永遠に天国で生きることができること、さばく神の御手にあって、苦しみに値する罪人が義を宣言され、神の御前にふさわしくされる唯一の道が備えられたこと、これらのことを福音が主張するならば、パウロとともに私は福音を恥としない。人生を変える道筋をつけるためには、このような、より大きな論点の文脈の中で見ていかなければならない。そうでなければあまりに多くのことを要求して、私たちの問題の中核を見落としてしまうだろう。すなわち、ありもしないものを期待すること、その期待が避けられない痛みの癒やしを求める要求へと変化することを、私たちは見落としてしまうのだ。

今日、福音の力は、要求の心を克服するのを助けてくれる力である。そして、福音の力が完全に啓示されること、すなわち、罪人が神を礼拝する愛の人として御国に入り、もはや罪を思い出させるものはなく痛みもない時を私たちが待つときに、福音の力は、要求を信頼へと変える。

私たちには、失望させる出来事や避けられない痛み、明らかな罪に取り組むすべがあり、それらを使わなくてはならない。これらの方法は核心にある問題を解決しないが、変化の過程では重要な部分をなしている。心の内側からの変化に至る重要な道筋について述べる前に、以上のことを考えてみよう。

失望させる出来事（この世界の問題）に取り組む

「子どもたちがもっと責任感をもてるようになるには、親としてどのように助けてあげたらいいのか。」「もっと良い友人関係を築くにはどうしたらいいのか。」「妻を助けてあげるにはどうしたらいいのか。妻はとても落胆している。」

困難な状況に直面するとき、私たちはそれにどのように対応したらよいか注意深く考える必要がある。成熟した子ども、親しい友人、元気を取り戻した配偶者を願うことは当然のことだ。以前に、私はそれを「重要な熱望」と呼んだ。そして、この世界の問題に対処するための第一の方法は**祈り**であり、聖書の**原則**である。

「主よ、娘の人生にみわざを現してください。私は娘を愛し導くよう努めてきました。娘に、あなたのために生きたいという願いを与えてください。」非常に心配な事柄のために祈ることは正しいことである。直面した困難に対応するための指示を与えてくれる聖書の章句を思い巡らすことは必要であろう。たとえば、無責任な子ども、横暴な雇い主、全体主義の政府、落胆している妻、病気の体、資金不足の財源などのために。

避けられない痛み（心の痛み）に取り組む

祈ったり聖書の原則を適用したりしても困難な状況を変えることができないとき、苦悩が残され、それに対処することになる。焦点は、**この世界を変えること**から**自分の痛みを和らげること**に移っていく。

この焦点化は、現代の私たちの最大の関心事のようだ。新入生として聖書大学で訓練され、懸命に神のために生きようと理想をもった青年は、人生は順調に導かれていると感じるかもしれないが、彼以外のだれ一人として、人生がいつも順調だとは思わない。すべてにわたって何かが間違っている、そしてその憂鬱な真実は時間を追うごとに痛烈な針で私たちを強く突く。現実主義というものが、私たちに来るべき時代が良い時代になるのを望ませるばかりでなく、傷の手当てにも関心をもたせる。

癒やしには時間がかかるが、たちどころに痛みを取り除く軟膏として、神の慰めを私たちの傷に塗るという考えがされてきた。けれども、神の臨在を表す修辞は、特に賛美歌集では私たちが経験する以上のことを表現している。神の愛を思い出させるものも、またイエスの愛護を黙想するようにとの勧めも、食べ物を求めて並んでいる人々に料理のレシピを手渡すのと同じほどの助けである。彼らは**食べ物**が欲しいのだ。説明書きが欲しいのではない。

最近、神の真実に慰めを見いだす方法に大きな関心が集まっている。この方法は、ガイドつき瞑想（guided meditation）あるいは記憶の癒やし（memory healing）と言われているが、その意図は、軽視されているが慰めを与える実体に深く焦点化して直接的に傷を取り除くことである。

これらのテクニックは、内なる声やその類のニューエイジの考え方が混ざったものとして厳しく批判されてきた。[1] しかし、聖書の真理を反映したイメージによる黙想を強調することは適切である。聖書は生き生きと真理を際立たせる心象に満ちている。緑の牧場と平明な水源を、すべての混乱を排する権威ある主なる羊飼いの臨在を感じて心に描くのは健全なことである。髪の毛の一本すら数えられている実感に励ましを見いだすことは適切なことだ。しかし、それだけでは不十分である。自分の嫌な部分を見過ごすために、神のすばらしさにじっと関心を注ぐことがあり得るからである。性的暴行を受けた女性が、イエスが自分を手厚く敬意をもって保護してくださる様子を深く思い描く場合、しかもひどい暴行を受けていたときでさえそうしているとしたら、それは今もなお他者とのかかわり方のもととなっている自己イメージに向き合うことを避けるために、そうしているのかもしれない。[2]

心を麻痺させるよりもむしろ直面しなければならないいくつかの問題がある。心の深いところから変わるには、しっかりと主を見つめる必要がある。これが人生が変わるということである。なぜなら、懸命に自己充足してきた生き方を、心の奥から転換するからである。悔い改めなくしてキリストを見つめても、慰めの幻想しか得られない。

明らかな罪（行動に現れた罪）に取り組む

以前の章で、明白な罪だけに焦点を当てて心を変化させようとするのは、不適切なことだとすでに論じた。痛みに耐えながら、罪の罠にかかることなくレースを走るというのが現実である。道徳的訓練がされなければならない、ポルノを読む誘惑や、子どもをどなりつける誘惑に抵抗しなければならない、神のみことばに時間を割くことで自分自身を強めなければならないと奮闘する。

しかし、必要なことはこれにとどまらない。汚れがカーペットに深く染み込んでいて、ちょっとした掃除では取れないのと同じである。ごしごしこするブラシや強い洗浄剤が必要である。心から悔い改めることがどういうことなのか、悔い改めによりきよめられる必要があることは何か、そのことを理解せずに熱心に行動を正そうとしても、洞察は深められず、独りよがりの骨折りになるだけだ。他の人々の心に働いて正しいことをしたいと思わせることはできない。人々に正しい行いをさせようと強いるだけだ。

私たちはそれ以上にまさったことをしなければならない。心の内側からの変革に必要なことは、以下のことにとどまらない。

- 祈りと聖書的に応答することで、**この世界の問題**に取り組む
- 慰めとなる真理を思い巡らして**心の痛み**を処理する
- 誘惑に抵抗する決意をして**行動上の罪**に対処する

これ以上のことが必要である。

心の罪に働きかける何らかの方法を見つけなければならない。その罪とは、要求する心、御国だけがもたらす満足を今この時得たいと取り組むこと、どんなに必死になっても欲しているものが得られないという恐ろしい真実から自分を守るための画策された関係のあり方などである。この本の残りの部分で、心の罪の**悔い改め**が意味するのは何かに焦点を当てる。

関係的罪（心の罪）に取り組む

クリスチャンのほとんどは、罪のこのようなカテゴリーを考えたことがないだろう。確かに私たちは、不親切や悪意、中傷は悪いことだと理解している。神は愛の侵犯をお喜びにならないという考えにうなずける。しかし、魂の痛みから自分を守るためにいかに私たちが巧妙で頑なに互いに距離をとっているか知るために、その深い魂の痛みの中に入っていくことは、クリスチャンの間であまり考えられていない関係的罪を理解するためのアプローチである。

親しみへの熱望は、親しみへの恐れを伴う。つまり、自分が真実になろうとすればするほど、批判したり否定したりして私を傷つけようとする他者からの力を強く感じる。ある程度互い

に距離をとって付き合い、リスクを回避するほうがましなのだ。福音だけが、このような考えに反対する。

高度に訓練を受けた神学者、熱意をもって同情する牧師、懸命に奉仕するビジネスマン、才能豊かな女性、こうした人々は、人とのかかわりのあり方に潜む自分の罪深さを検証しないまま、クリスチャンとしての生活を長いこと続けることができている。神学に有能であると同時に、キリスト教の核となるメッセージに耳を閉ざすことはあり得る。つまり、私たちは他者とより深くかかわれるように神との関係に招き入れられているのであるが、自己防衛という関係的な罪を理解し取り組まないまま、人とのかかわりが本質的に深まるとは考えられない。

変わるということは、一生を通して直面していくプロセスである。すなわち、すべての関係において、自分がいかに孤独であるか、最善の結婚生活や友情さえ与えられないものを自分がどんなにか欲しているかに直面することである。さらに、深い失望からくる避けられない痛みを必死に感じないようにしている頑なな自分を探ることなのである。痛みから解放されることを断固として決意した自分であったと気づき、そして、その決意が自分の人生を保持するために犯した神に対する冒瀆であったことを涙して悟るときに初めて、自分の安全を守るために他者への愛を侵犯する、巧妙な関係のもち方をしている自分であるとはっきり分かるのである。

聖書に心開くこと、そして神の御霊のささやきとクリスチャンの友の正直なフィードバックによって、自分の関係的な罪が分かるよう導かれるとき、ようやくその後に深い悔い改めが可能となる。悔い改めは、単に自分が罪人で、時には罪を犯すという認識だけを必要としているのではない。悔い改めは、罪が最も醜悪な姿をまとっていることを知り、自己嫌悪によって、自分の生きる方向が自己防衛から愛に根本的に変わることなのである。たとえば、配偶者とのコミュニケーション、委員会でのやり取り、教会の人との付き合いなどで、自分を守るためにとっている自分なりの方法に注目することが必要になってくる。さらに、個人的なリスクにもかかわらず他者にかかわりたい私たちであるから、自分を守るかかわり方を変えてみることも必要である。

関係的罪の概念を理解するや否や、私たちは**自分の動機と方向性を、自己保持から、キリストがいのちを与え保持してくださるとの信仰を土台にした信頼へと根本的にシフトして**悔い改めるのである。悔い改めの実は、自己防衛的な策略が愛をもってかかわる関係に取って代わる、人へのかかわり方の変化なのである。

捕囚に言及したホセア書の節において、神はホセアの時代のユダヤ人たちに、まさにどのように悔い改めるべきか教えておられる。この節は、実体のある深い悔い改めの本質的要素を指摘している。

イスラエルよ。

あなたの神、主に立ち返れ。
あなたは自分の不義につまずいたのだ。
あなたがたはことばを用意し、
主に立ち返れ。
主に言え。
「すべての不義を赦し、
良きものを受け入れてください。
私たちは唇の果実をささげます。
アッシリアは私たちを救えません。
私たちはもう馬に乗らず、
自分たちの手で造った物に
『私たちの神』と言いません。
みなしごがあわれまれるのは、
あなたによってです。」

（ホセア14・1〜3）

この節で強調された本当の悔い改めの要素について考えてみよう。

「あなたの神、主に立ち返れ」

すべての変化の鍵は、神に立ち返ることである。キリストは、永遠のいのちは神を知ることだと定義した（ヨハネ17・3参照）。そして、キリストの贖いの死によって、罪人は神との関係に回復されることが可能になった。

クリスチャンの成長とは、神をさらに深く知るようになることである。変化のためのどのような取り組みであっても、その中心には、いのちを得るために自分自身の力に頼る生き方から、神に依存する生き方への変化がなくてはならない。

祈りつつ最善を尽くして聖書の原則に従うことでこの世界の問題に取り組む、驚くべき真理を熟考することで心の痛みからの解放を求める、行動上の明らかな罪への誘惑に抵抗して神に応答的に従う、その一方で、なおも他者に対し自己防衛的な壁を築き神から離れ続ける。私たちの実態はこれらを同時に可能にしてしまう。クリスチャンの召命は、関係性にある。つまり、他者に対し、愛のある非防衛的なかかわりをすることにある。

「あなたがたはことばを用意し」

悔い改めは、変化のための通常の取り組み以上のものである。悔い改めのうちに神に近づくときに、私たちにことばを用意するよう神が求めておられる意味は、私たちが何を悔い改めているのかはっきりさせなければならないということだ。罪の理解が緻密であればあるほど、悔い改めは徹底する。私たちは御国に行くまで、ありのままの自分をしっかりと理解しようとしない。したがって、隠れている過ちからきよめてくださいと神に祈ることは常に適切なことだ。しかし、その祈りをしたからといって、罪の問題を探らないですませることにはならない。

「すべての不義を赦し」

悔い改めは、罪から向きを変えることであり、それは私たちを赦す神の意思によって可能となった。無用な問題というものは、状況を変えたり、心痛を和らげたり、正しいことを行うことで、時に解決されることがある。しかしそのような変化では、人々を心から愛する愛を実現できない。心にある罪に取り組んでこそ誠実に愛せるだろう。

「良きものを受け入れてください。私たちは唇の果実をささげます」

変わるために注がれる多くの努力には、隠された明確な計画がある。人生に取り組む動機は、たいていむずかしい状況は改善し、痛みの感情は過ぎ去るだろうという希望によって維持される。つまり、「そうだ、私がカウンセリングを受ければ、彼の目は覚めるかもしれない」「最近、うつ状態が続いている。もっと時間をかけて主を思い巡らさなくては」というものだ。

他方で、真の悔い改めは、より豊かに神を知り、礼拝する希望があってこそ進んでいく。「私たちを受け入れてください。私たちはあなたを礼拝します」がこの聖句の考えである。しかし、多くのクリスチャンにとって**礼拝**ということばは、毎週日曜日の朝、一時間静かにして過ごし、神について思い巡らし、時に感動させるメッセージを聞き、音楽によって時折、鼓舞されることを意味する。真の礼拝に導かれるのは、いのちを見つけ出すというこの世の希望に見切りをつけ（いのちを得るには、人とのどのようなかかわりにも存在する失望に向き合う必要がある）、キリストにこそいのちがあり、ほかのどこにもないと理解できるようになったときだけである。

「アッシリアは私たちを救えません。私たちはもう馬に乗らず」

イスラエルは国家の崩壊という恐怖に立たされていた。この国は弱く、崩れそうであった。おびえた人々が通常するように、イスラエルの人々はすぐに役立つ機略に目を向けた。すなわち、自分たちを守るために、自らの軍事力のほかにアッシリアと協定を結べば、勝利を得られるだろうと考えた。

もし強盗が私に近づいてきたら、私は走り、助けを求めて叫び、強盗の目に催涙ガスをスプレーするか、あるいはいのちを守るために財布を渡すだろう。しかし魂の本質部分が攻撃を受けたら、自分を破壊から守る試みがたとえ正しいことに思えても、私は自分自身を守ってはいけない。それをすれば、死に向かう。いのちを救おうと思う者は失うとキリストが教えたときほど、キリストが自然の知恵に相反することを説いたことはなかっただろう。

イスラエルは国家を存続させるため、アッシリアと軍馬に救いを求めた。私たちは、個人の生き残りを確実にするため、人とかかわるときに自己防衛的戦略に頼る。しかし、いのちを求めて人が頼るものはすべて人を失望させる。このことを真摯に認めるとき、悔い改めが起きる。アッシリアは私たちを救えない。自己防衛は無益である。結局、私たちは生き方の方向を自分自身の力に頼ることから無防備にも神を信頼することへとシフトするのである。もし神が信頼に応えてくださらないならば、私たちは滅ぼされる。これが変化へと導く認識である。

「自分たちの手で造った物に『私たちの神』と言いません」

これが悔い改めの核心部分である。渇いた人々はキリストのもとに来るように招かれる。しかし、私たちは渇望しているばかりでなく愚かにも反抗的であるので、自分のシャベルをつかみ、荒野（あるいはカナン）へと走っていく。そこで自分たちの水源を掘ろうとする。私たちは、生き残ろうと強い意志をもって自分自身の幸福を自分で決めていこうとする。堕落した人々の心には、容易に信頼は生まれてこない。

しかし、信頼はきっとくるのである。信頼が芽生えるには、きっぱりと決意して自分で充足することをやめなければならない。自分の有能さや安心感を保つために人々との関係の中で行おうとする試みが何であるかをはっきりさせ、放棄しなければならない。弱い父親と弱い夫に失望してきた有能でよく働く女性は、彼女の人を寄せつけないかかわり方が、さらなる痛みから自分を守るためのものだったことを理解しなければならない。彼女は人を寄せつけないかかわり方を放棄して、困難な道を選ばなければならない。その道は、心を無防備にして人々と分かち合うことであり、傷つく恐れがあるかもしれないが人にかかわるという道である。それは人には自殺のように見えるだろう。しかし、それはいのちへの道なのである。「わたしのためにいのちを失う者は、それを救うのです」（ルカ9・24）。

「みなしごがあわれまれるのは、あなたによってです」

みなしごは、保護を得られず弱い立場にあり、孤立無援の状態に置かれている。悔い改めによって、むしろ痛みは取り除かれず、私たちを押しつぶす孤独や失望の経験をすることになる。しかし、自分の無力さの中で神に信頼し、神のみこころであるからという理由で他者に心を向けるとき、神のあわれみが魂にゆっくり触れ始めるのである。死に向かうような道を歩んでいながら、私たちの内にいのちが芽生え始める。

悔い改めの実

悔い改めを通して、自己防衛から素直な信頼へと私たちが変えられるとき、変える力をもって神は働いてくださる。神は私たちの背く心を癒やしてくださる（ホセア14・4）。罪へとかき立てる衝動はもはや私たちを支配しない。私たちの根を張らせてくださり（同5節）、新しい堅実さが生まれてくる。神は、私たちに輝きとかぐわしい香りをまとわせてくださる（同6節）。私たちの人生は人を感嘆させるものとなる。人々は私たちの陰に住み（同7節）、私たちを通して祝福される。私たちの豊かな実りは神から与えられることを知る（同8節）。そして、私たちの心は感謝と愛をもって神を礼拝する。「知恵ある者はだれか。その人はこれらのことを悟れ。悟りのある者はだれか。その人はそれらのことをよく知れ。主の道は平らだ。正しい者はこれを歩み、背く者はこれにつまずく」（同9節）。

以上のことが付随する悔い改めは、人格にも変化をもたらす。この世界の問題は続く。私たちはなおも傷つく。時に過ったことをする。人とのかかわりの中で自己防衛を一生懸命働かせている自分をますます知り、人を愛するより自分を守ることの醜悪さにますます果敢に向き合うならば、私たちは生き方の方向性を変えていく。悔い改め、すなわち、いのちの源がキリストのみにあると心から理解することができたならば、力と確かさ、そして人の心を感嘆させるものが生み出される。これが、心の内側から深く変わることなのである。

福音の力によって明らかにされる心の最も深い問題を私たちが受け入れるならば、福音の力の真価を理解できるだろう。御国において福音が実現することを、今、私たちのためにしてくださいと願うならば、私たちは終わりの時まで、福音を心底感謝することはないだろう。

悔い改めは完全な癒やしでも簡単な癒やしでもない。そのための労は重い。心の本質的な汚れを洗い流す深い悔い改めのために、幾分困難な時を耐えなければならない。次の章では、深い悔い改めに至る道筋について述べる。

第12章　心の深いところで変化するために必要なこと

心の奥底から変わることについて考察していくうえで最も混乱する問題は、どの程度心の内側に入って探ればよいのかということである。心の内側を探ることが深い変化のために必要だと認めるや、私たちは暗い洞窟の入り口に立つ。しかもその洞窟は、終わりの見えない未知の方向に向かっていく。

常に、探らなければならないことは多くある。表面化するまでは私たちを困惑させない隠された感情、明るみに出るまでは順調な生活を妨げるように見えない踏み誤った目的、輝く朝を長い陰鬱な一日に変えてしまう、痛みに満ちた悲しみの感情などである。うねうねした洞窟を探り続けながら生涯を過ごすのであろう。そして、太陽の光のもとには決して行くことができない。

内側を探るのは戸惑うことであるが（実際、人生の核心部分の方向が真に変わるのならば、戸惑うほどでなければならない）、それでも暗闇を進む旅路よりはるかにまさっているはずである。私たちは光の子どもである。暗闇のただ中にあっても、どこに向かっているのか分かっている。次の一歩を常に示す灯《あか》りをもっている。灯りが消えそうなときでさえも、私たちを進ませる希望をもっている。クリスチャンは喜びのない混乱や病的な失望をもたない。成長への道は、心の内で起きていることすべてを理解し続けるための終わりのない探求であると理解するとき、希望があるのである。

一心不乱の熱烈さを霊的深さと取り違えてはならない。悲しみのさなかにも、深い霊性によって自発的でいられる。つらい失望の殴打でよろめくときでも、人々にかかわり続けることができる。落ち込んで打ちひしがれているときでも、確かなささやきを聞くことができるならば、キリストとの豊かな関係がそこにあるのだ。不機嫌で心を閉ざし、やがて不満を爆発させたとしても、深く成熟しているならば、**そのような**状況でも、人は愛するために造られたという確信すべき証拠にとどまる。

心を探る目的は霊的な成長にある。渇きを感じれば感じるほど、ますます必死に水を追い求める。さらに、その水を捜そうと自分の水溜めを掘っていることが分かれば分かるほど、自己充実を悔い改め、従順な信頼をもって神のもとに立ち返る。魂のいちばん深いところにある問題が善き御手の中にあると確信するとき、自分の無価値ゆえに感じる恥も、それがやがて明るみに出され人から拒絶されるのではないかという恐れも、もはや私たちを支配しない。心の奥底から変わることは、自己防衛的かかわりを、心からの愛をもってかかわる関係へと徐々にシフトさせていく。そのような心の変革のために、一人の渇望する人として自分の失望を感じ、懸命な自己防衛を生じさせる心の罪に直面しなければならない。

しかし、いったいどこまでこれらのことに取り組むのか。私たちは痛みある記憶が尽きるまで、人からいかにひどく扱われたかを思い巡らして、何時間も、いや何年も過ごさなければならないのか。夢の一つ一つに（訳注・夢分析）、失言の一つ一つに、様々な感情を味わうごとに、新しく洞察していかなければならないのか。自己防衛のかけらが残っていないか確かめるために、発する一言一句を吟味しなければならないのか。心の内側を探ることは途方もない――そして傷を受けかねないものになる。しかし、それでもなお、心を探ることは必要である――困難であるが、表面的な変化を超えて心から変わるために必要である。変わるためには自分自身と神について何を理解すべきなのか。変化が最も奥深いところで起こるというならば、心を探り、何を見いだしたらよいのか。

クリスチャンの生活での変化は徐々に進んでいく。その過程は、**意識の方向性の変化**から始まり、**自分の関係のあり方を変えていき**、そして**自分の存在そのもののあり方を変えていく**のである。どの段階の変化も神の働きの現れであり、それゆえ善なるものである。最初の変化を浅いものだというのは、その意義をおとしめるものだ。しかし、最初の段階や二番目の段階の変化でとどまるならば、神を追い求め神を知ることの意味は分からない。新たに信仰をもった人は意識の方向性を変える。成長する信仰者は、自己防衛を捨てて愛することを学ぶ。成熟した信仰者は、自らの存在そのものが神に向かって方向転換していることが分かり、「私にとって生きることはキリスト」というパウロのことばの意味を理解し始める。成長のレベルが進んでいくために、心の探求はどのような貢献をしているのだろうか。深いところで変わるために何が必要なのか。

意識の方向が変わる

私は現在、神学校で教えている。神によって人生を変えられた多くの若い学生を見てきた。一人の学生のことが思い出される。彼は、数人の学生や教授に証しをした。「この世」にいたときの日々を語った。彼の人生はロックや女の子、おもしろいことに囲まれていた。この若いロックミュージシャンは、神が働いたとしか考えられない驚くべき状況を通して、キリストに回心した。彼はすぐに自分の生き方を変えた。

その頃、彼が属していたロックバンドは地方の酒場から一流のクラブに移籍しようとしていた。給与と名声は魅力的だった。しかし、彼は辞めた。神がミニストリーにつくことを願っておられると結論し、キリスト教の大学に再入学した。この時、彼は神学校に行く計画をもっていた。証しをする彼は、神がもたらしてくださった人生の方向転換にとてもわくわくしていた。私たちはみな、彼の回心と主への献身を、ともに喜んだ。

ハードロックバンドから神学校のクラスへ――これは変化である。しかし、彼の魂の大切な部分は触れられないままの変化なのである。生きる方向において徹底的にシフトしたが、彼の心の中でさらなる部分が変えられなければならなかった。彼に起きたことは、神のすばらしいみわざである。しかしそれは、人生の完全な方向転換の始まりにすぎない。

人とのかかわり方が変わる

この変えられた学生の状況はおおよそ、姦淫の罪を悔いて妻のもとに帰った男性と同じだろう。男性が不道徳から離れて忠実な夫に戻ったというのは良いことである。しかし今度は、妻を愛する努力を台なしにした自分自身の内にあるものと結婚生活に向き合わなければならない。彼の取り組みは今、始まったばかりだ。

意識の面で変わるために、理解し従うべきいくつかの根本的真理を知らなければならない。神学校の学生も後悔する夫も、自分たちが罪を犯したことを理解している。つまり、罪の報酬は死であること、神からくるいのちの賜物は、ただ感謝して受けるべきものであって獲得するものでないこと、クリスチャンは代価をもって贖われた者であること、罪は御父への背きであること、御父はその背きを軽いものと見なさないこと、そして、私たちは神を礼拝する聖い人生を歩むように招かれていること、これらのことを分かっている。

だれにとっても、以上のような真理を信じること自体、神の恵みの奇跡である。さらに深いところに行こうと労するとき、その労を軽く見てはいけない。さらなる成長を妨げる自己満足の正統主義に安住してはならない。罪について、神について、そして人生を神に向かって方向づけることについて、学ぶべきことはまだなおある。神に向かって進もうとしないのならば、もっている善きものは古くなった牛乳のように腐敗してしまう。あの熱心な神学生が、自分の心の内側を探ることなく三十年生きていくとしたら、自己防衛という硬い殻が心を包み、彼の人生はやがて、やかましいシンバルのようになるだろう。経験豊富な老練の人々のように、忠実に真理を説き明かすだろうが、人々の人生に影響を与えることはほとんどないのだ。

人々と意味あるかかわり合いをしたいと思うならば、関係における私たちのあり方を変えなくてはならない。自己防衛的戦略から人々の心に深く触れる豊かなかかわりへと変わっていかなくてはならない。その変化は悔い改めを通してのみ起こるのである。愛を侵犯してきた自分のあり方を意味深く悔い改めるために、その自分のあり方をよく知らなければならない。二度と経験するまいと心に決めた魂の失望に直面して初めて、自分の自己防衛的なかかわりが愛への罪ある侵犯であると認識できる。

神学校を卒業したあの若者は、説教者となって説教を準備し、信徒を訪問し、教会を活発にするためにできることを行うが、堕落した世界に生きているからこそ生じる魂の痛みについて時間をかけて思い巡らすことはしないだろう。論争好きな長老が若い牧師の働きぶりを批判して、牧師に痛みを引き起こした場合、自分の痛みに気づいた牧師は心くじけそうな痛みから目をそむける。目をそむけた牧師は長老に対して悪い対応をするかもしれない。単に、その長老にかかわらないようにするかもしれない。平静を保つために自分の信念を曲げるかもしれない。あるいは、最も威嚇的な態度で長老に立ち向かうかもしれない。こうして、牧師の要求する心も、彼の戦略に潜む自衛という目的も全く自覚されないままになる。

その牧師は、なくなればよいと切に願う心の中の失望と痛みを自覚することなく、そして自分で決意した巧妙な戦略を理解することもなく、人々にかかわっていく。そのかかわり方は強化されて、冷たい正統性という距離を人々との間に置くか、優しいが無力な順応をしていくかであろう。どちらをとるにしても、自分の生き方をロックの演奏からみことばの説教へと方向を変えたこの男性は、相手の心をつかむ活力を全く欠いたやり方で人との関係を築いていくだろう。人とのかかわりに力を発揮する人になるには、心の内側を探らなければならない。

誠実であり率直であろうと心に決めて心を探っていくならば、過去の隠された失望、すなわち、自分を傷つけた人への想像以上の怒りを引き起こすほどの失望が明るみに出るであろう。失望の痛みと裏切りへの怒りが自分の内にあると認めるならば、懸命に痛みを避けるために、また多くの場合は自分の怒りの表出をも避けるために、自分の人へのかかわり方を形成してきたことが分かる。自分の自己防衛的関係パターンが痛みへの防御のためであったことが分かった時点で、心の内側を探ることは重要な働きをしたのだ。こうして、心のより深いところで悔い改めることができるようになる。この状態に達しない悔い改めは、誤った行いを認め、それに応じて良いことをしようと努力するのとほとんど変わらない。私たちが失望させられた渇望と自己防衛的パターンを十分理解できたとき、悔い改めを通して、**私たちは人生をいかに生きるべきか、いかに私たちはその目標を見失っているかを、**ますます深く理解できるようになる。心を探ってもこの二点が真に明らかにならないのなら、意識の方向性も関係のあり方も、どちらも変わることはない。

神学校の学生が神学の訓練を修了し、教会での役割も決まったとき、緊張している自分に気づいたとしよう。彼は、緊張が時に生意気なほどの自信に取って代わることに気づいている。彼はミニストリーに熱心に取り組み、聖書のみことばに多くの時間を費やすことで、こうした混乱した感情を隠そうとはしない。むしろ、自分の感情は、車のメーターパネルの警告灯が点滅して、道路の片側に寄せてボンネットの下を見ろとか教えてくれるのと同じだと適切に理解している。彼は、神のために造られた神の似姿としての尊厳も、神を頼らずに自分自身で人生を支配していきたい反逆者としての堕落も自覚している。その自覚によって、傷ついた渇望と、自分自身で癒やそうとした決意の両方があるのではないかと心の内を探るのである。

彼は、自分が人からひどい目に遭わされたことがあったか思い巡らす。すると、父親についての痛みの出来事を思い出す。彼が家族の新車のフェンダーをこすってしまったとき、父親は「なぜ、おまえは正しいことができないのだ」と叫んだ。その出来事を思い出すとき、強い感情が湧いてくる。その感情は、父親の怒ったことばが彼の魂の大切な部分を深く刺し貫いたことを示唆している。彼は気づき始める。彼の人生の底に慢性的な不全感が流れていることを。

彼は、自尊心が脅かされたときのことを思い返し、そのような自分をどうしたのか振り返る。すると、自分がとる一つのパターンがはっきりしてくる。つまり、やっかいな人と遭遇したときの彼の典型的な反応は、気分が害された様子を見せつけ、相手が恥じ入り、自分をサポートする側になるように期待することだった。このような洞察を得て、彼の悔い改めは今まで以上に意義深いものになる。彼は、自分が緊張するのは、何か間違ったことを自分がして、他の人々からの敬意や承認を失うかもしれないという恐れがあるからだと的確につかんだ。さらに重要なのは、自分を支えるように人々を操作する傾向があると分かったことである。

彼がこのような自分の思いを妻に話すにつれて、妻も自分の感じていることを勇気を出して話すことができるようになるかもしれない。それは、毎日曜日、教会から車で一緒に帰る道が、彼女にとってどんなにか恐ろしいかということである。彼女は、彼の説教について耳にしたどんなコメントも批判も報告するように強く要求されていたのだ。それは彼女を嫌な思いにさせていた。妻は彼を弱い男だと感じ始め、彼に対する尊敬を失いつつある。

この牧師は、自分の心の痛みや、その痛みを取り除きたい要求が用いる戦略を基本的に理解するようになると、神を心から信頼し、自己防衛を悔い改める必要を感じた。次の日曜日、教会からの帰途、彼は妻のひざに手を置き、このように言う。「自分の説教がどうだったかすごく聞きたいけれど、知る必要は全くない。教会のことは何も話さないことにして、外でディナーをとろう。」

これは、彼の人へのかかわり方が変化したことを表しているだろう。心の内にある自分の渇きと自己防衛を探ったからこそ可能になった変化である。三十年間で、自己防衛が分かるたびに悔い改め、恐れに捉われた魂をキリストに委ねて成長し続けるならば、彼はやかましいシンバルにはならない。これからも葛藤し続けるだろうが、多くの人々の人生に深く触れるように神に用いられる、強く愛情深い人になるだろう。

存在のあり方が変わる

心の痛みから自分を守るための関係的な戦略を悔い改めることは、すばらしいことである。しかし、さらに深いところから変わることが可能である。意識の面での変化や、自己防衛的戦略から愛情に満ちたかかわりへの変化ばかりでなく、偶像礼拝者から真に礼拝する者へと存在自体が変わるのである。妻に励ましのフィードバックを求めるのは、自分を痛みから守るための誤った戦略より相当ひどいものである、と理解できるようになる。さらにそうした客観的評価にとどまらないで、策略の根源にある偶像礼拝に気づき、心と魂と精神と力を尽くして神を追い求めることを自覚していくのである。

魂の方向転換のために求められるのは、美容整形のようなうわべの手術や大手術ではない。それらをはるかに超えたものが求められる。人生を変える深い愛の力をもたらす成熟が深まるためには、さらに心の内側を探っていく必要がある。このことで明らかにすべきことを論じる前に、今まで述べてきたことを図示してみよう。

この章の最初で提示された問いに答えなくてはならない。つまり、**心の深いところで変化が起こるためには、心を探ることで何が明らかにされるべきなのか**ということだ。福音の基本を理解できていれば、意識の方向は変化する。自分の関係のあり方を変えようとするならば、失望させられるということが何を意味しているのか、さらなる失望を経験しないようにいかに自分自身を守っているのか知らなくてはならない。しかし、私たちの存在そのもののあり方を変えることについて、聖書は何を教えているのか。

変化の種類

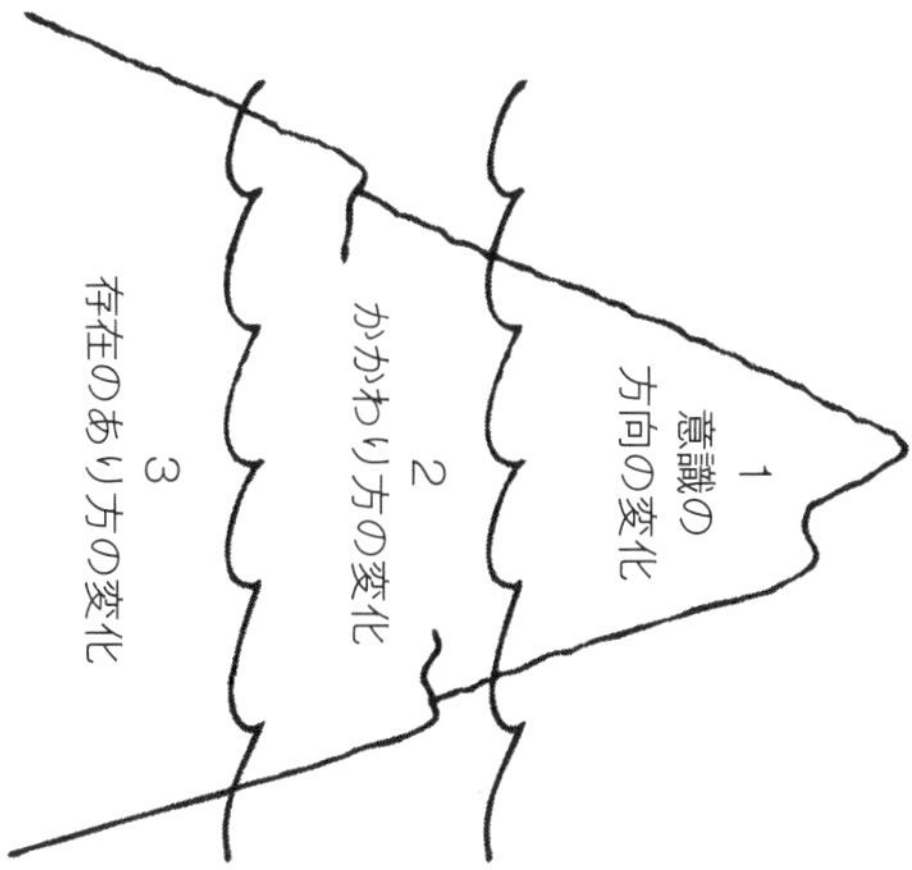

変化が起きる前に
何を知らなければならないか

1 「私は罪を犯してきた。今やキリストが私を救ってくださった。キリストのために生きよう。」

2 「私はずっと失望させられてきた。その失望が原因で感じてきた痛みを懸命に避けてきた。その取り組みは間違っていた。」

3 ?

この地上にあって、最も根本的な変化のためには、二つの現実の局面で心の内側を探ることが必要である。すなわち、⑴堕落以降、どの男性も自分を完全な男性と見なすことに葛藤している。そして女性もまた、自分を完全な女性と見なすことに葛藤している。さらに、⑵人の堕落とキリストの再臨の間で、人生は圧倒的な悲しさを経験する。キリストにある希望だけが、私たちを狂気や自殺から守ってくれる。

性的同一性の葛藤も人生の悲しみも、簡単に説明がつく事柄ではない。どちらのテーマも一冊分の議論になるだろう。これらのことについて私の基本的な考えを包括して述べるが、それは、これらから生まれてくる問題に向き合わないならば、実現できない深い変化があると信じているからだ。

1　私たちは自分自身を、弱くされた男性か、傷ついた女性として見ている

神は人間を創造したとき、男と女に造られた。だれも単なる人ではない。私たちは男性か女性、少年か少女、男か女のいずれかである。男性であり女性であることの独自性は、自分が自分自身であることのまさに核心である。性の相違は、着用するもの、髪型、声の高低、解剖的構造すらはるかに超えたところにある。男性がどのようなことを行っても、それは男性として行っている。女性がどのようなことを行っても、それは女性として行っている。

神との関係が適切で、神のデザインに従って役割を果たしているならば、自分の性的同一性を豊かに喜んで生きることになる。男性として与えるべきものを十分与えることは、真実な感覚を心に

深くもたらす。むずかしい仕事のために正しい道具を使っているように、真正なことが進んでいく。同様に、自ら女性であることを肯定して人とかかわれる女性は、神の意図された姿と一致して生きているので、内的な平安を感じる。

男性は、自分の置かれた世界に強くかかわるように意図され創造された。そして家族を養い、仕える者として家族を神のもとに先導していき、他者に対しては犠牲的で力強い愛をもって働きかけていく。女性は自分の持てるものすべて（知性、賜物、知恵、優しさ）を、温かく繊細さをもって勇敢に他者に与えるように意図され、創造された。女性は人からのかかわりを受け入れ、かかわる人々のそばにいて相手を支える強さをまとっている。そして神の目的を果たすために、神の似姿である女性として自分のすべてをささげるのだ。

創世記1章27節で「**男**」と訳されているヘブル語は、文字どおり、記憶し向かっていく人を意味する。「**女**」は、開かれていて受け入れる人の意味である。男は神の恵みを示すこと、つまり、かかわりを通して人々に働きかけていくように創造されている。女は神の恵みを示すこと、つまり、かかわりを通して人々を招くように創造されている。

しかし、この計画に対して間違いが起きてきた。パウロは福音の必要性を論証するために、人々が彼ら自身が作り出した姿に従って生きることを決めたため、神は人々を彼ら自身の手に引き渡したのだと描写した（ローマ1・24、26、28参照）。パウロは三回も、自分自身の力で人生を見つけ出そうと頑なになった人々を、神が当然の結果に引き渡したと語っている。

最初の「引き渡し」は性的な願望に対してであった。重要な事実である。アダムとエバが罪に陥ったとき、彼らは神との関係を失い、その隔てのゆえに、男性、女性として存在する自分のすべてを存分に喜ぶ機会も失った。アダムにとって、労働は今や茨とあざみとの戦いとなり、完全に克服できない戦いを意味していた。アダムは、**男として**、つまり他者のために彼を囲む世界に積極的に取り組むように創造された人として、脅威を感じるようになった。

エバはもはやアダムが愛をもって応えてくれると信頼することができなくなった。相手への支えや繊細さという女性性は、今や彼女を危険に陥れた。アダムがもはや完全なパートナーではなくなったこの現実をどうにかしていくために、エバは強靭でいなければならなかった。エバは**女性として**、つまり他者を受け入れ受けとめるところに喜びを見いだす人として恐れを抱き、人とのかかわりを防衛的にコントロールしていかざるを得ないと感じるようになった。

男として、女としての自分自身をそのままに表現する、喜びに満ちた自由を失い、私たちは心の奥深くに不安と落ち着きのなさを抱える。そのために、性的同一性の喜びからくる自我の統一性を再び得ようとする。

しかし、神なしで性的同一性の豊かな喜びに最も近づけるのは、身体的願望の充足を通してである。堕落した人々が、性的存在として心ゆくまで生きていることの意味に最も近づけるのは、性的な興奮や極みにおいてである。男性性・女性性の**表れ**として造られたものが、今や性別の**証拠**、**本質**とさえなってしまった。人間のいのちに至る何か生き生きとしたものが失われてきた。私たちはもはや、この世界に強くかかわる男としての、強く受けとめる女としての、元のままの損なわれていない状態の確信から始めることはない。

失敗や拒絶が降りかかる中で、男性・女性としての魂が生き続けるための根本の力をもっていると確信がもてないでいる。もはや私たちは、男として・女としての**実在**感をもてないのである。それを回復したいと追い立てられる感じがする。あるべきなのに今はないものを再び得たいと必死になっているので、その結果、私たちは性的快楽に抗しがたく惹かれていく。

身体的興奮や充足の経験をすると、男性・女性として生きている感じを味わわせてくれる幸せな瞬間を得られる。私たちが自分自身を真の男性、真の女性として見ていないので、性的な楽しみに強迫的に惹かれる。そして、自分の男性・女性としての本質的同一性に疑いをもっているので、私たちは葛藤するのである。私たちは問題について何かしようとする。それは、航空機のエンジンが機能していないときに、パイロットが何らかの方法を講じるのと同じである。エンジンが働かなくては飛ぶことはできない。そのように、魂に深く置かれた男性・女性の原型を知ることがなければ、人は神の計画に従って生きることはできない。

問題は、脅かされた性であり、それは神から離反した必然的な結果なのである。この問題の**兆候**は、罪深い性的表現である。その兆候の**機能**は、偽物、つまり男性性・女性性の一時的な感覚を与えることにある。このこともまた罪深い。

人が神から離反し、神が制止する御手を人から離されるとき、人がまず追い求めるのは性的快楽である。やがて性的願望を倒錯させ、傷を受けた自分の同一性を同性愛的関係に反映させる（ローマ1・26参照）。そして、男性、女性としての同一性が脅かされた結果として、人々は、人との関係を腐敗させるあらゆる罪深い行いに向かっていく（同29〜32節）。

私たちが罪を追い求めるときの行動力は、堕落がもたらした男性・女性としての同一性への脅威からきているのではないだろうか。もしこれが本当ならば、私は本当だと考えるが、事の本質に迫ろうとする心を探る過程は、男性・女性として役割を果たす能力への疑いを明るみに出していく。男性・女性としてかかわるときの深い苦痛を感じて初めて、自分の葛藤の中核に触れるのである。

堕落した人々に常に存在する根本の脅威（私たちの最初の両親が残した遺産である）によって、少年は自分の弱さ、不適格、無力さを自覚することになる。自分の世界に介入するのに無力だと感じるとき、自分の内にある独自の能力や才能を何でも際立たせて補おうとする。あるいは、攻撃的になったり、反逆したり、自立を誇張したりして、偽りの男性性を生み出す。あるいは、だれかに自分のことを気にかけてほしいと要求する受動性の中に引きこもる。

少女たちは早いうちに自分が侵害され、安全ではないと感じている。最もよく面倒を見る親ですら、時に愛情に満ちた適切な対応ができないことがある。小さな少女たちは、無心に与えるように意図され造られた、彼女たちのすばらしいところをしまい込んで生き残ろうとする。だれかが少女の信頼を勝ち得て、少女が人を受け入れたいと深く願う女性としての願望を示した後で、少女の信頼を裏切るならば（性的虐待が最悪の裏切りである）、彼女の内のそうした願望の存在は、恥と自己嫌悪の理由になってしまう。

私たちは、まさに魂の中心で、男性・女性としての同一性に伴う恥と恐れを感じるのである。男たちは、自分が損なわれていない元のままの男性としての健全な自信を失っている。つまり、失敗や軽蔑によって打ちのめされることを恐れずに、自分の世界に介入していく男としての自信に欠けている。女たちは女性としての認識を失っている。つまり、虐待や拒絶によって本質的な同一性を押しつぶされる不安をもつことなく世界を受けとめ、対峙していく女性であることを、静かな喜びのうちに受けとめられないでいる。

男性は、自分の自信のなさを補うための防衛的戦略を追い求める。ある人は、家族に対し支配的であることを霊的なリーダーシップだという。またある人は、金もうけや会社での出世、教会建設を優先させて、家族や友人をおろそかにする。こうした自己防衛的策略に傾ける精魂は、脅かされた男としての同一性と結びついている。

女性は身体的魅力を過大視するか、あるいはそれを能力第一主義の背後に隠す。ある人は、面倒を見てくれる人の要求的支配を甘んじて受け入れて、従順な子どもになる。彼女たちの防御的関係のあり方の目的は、第一に、女性として感じている脅威から自分自身を守ることである。

自分の男性性・女性性についての疑いに深く結びついた恥の感情は、さらに傷を受けないように自分自身を守ろうとする強力な動機づけになる。**自己防衛の役割が、男性・女性の同一性の残されたものを守るためだと分かって初めて、自己防衛の策略に直面し、その策略の罪深さに痛烈に気づくのである。**

行き当たりばったりの夫が、むずかしい事柄をめぐって妻と真剣に話し合うことを拒否するのは、妻からの尊敬を得るのに必要なものが自分にはないかもしれないとひどく恐れたためだと分かった場合、その人は、傷ついた男性性の恐ろしさに直面するばかりでなく、男性であることの可能性に心躍るであろう。

事務的に人とかかわる女性の場合、女性としての自分の心の中に実は存在するものを差し出すと、それが利用されたり、軽蔑されたりするのではないかという恐れがあるのを知ったとき、傷ついた女性性の部分を必死に隠そうと自己防衛していたと分かる。防衛的な硬さの下に、傷つき恐れている一人の女性がいるのである。このことに気づいたとき、女性であることの真の意味に胸躍るに違いない。心躍るひらめきに彼女はおびえると同時に、心惹かれるだろう。

心の奥から悔い改めるには、私たちが男性・女性として造られた、その性を十分に表すために、自己防衛を放棄することが必要である。悔い改めによって、私たちは自ら、心優しく強い、深くかかわる男性に、または確信をもって人に与える繊細な女性になる。私たちは神の意図のとおりに生き、神をより正しく現せる。心の奥底で変化するために、私たちは自分自身を、弱体化した男性、傷を受けた女性として知ることが必要である。

教会の初期の時代に、エイレナイオス（訳注・リヨンの司教）は、神の栄光とは十分に生きる人間であると書いた。真の変化は、女性が女性性において十分生きること、男性が男性性において十分生きることを必要とする。そして、ともに神の性質を示すことで神の栄光をほめたたえるのである。

2　もし、私たちが堕落した世界で人生の悲しみに正直に直面するならば、キリストにある希望だけが狂気や自殺から私たちを守る

私たちの日々の生活の多くは、神から離反して生きることの恐れを隠すために営まれている。不信者はたいてい成功する。名ばかりのクリスチャンは、深く取り組んでいるクリスチャンと同じくらい（時にはそれ以上に）、幸福であるように見える。神に絶対的に委ねることは重要ではないように思える。委ねるという概念を緩和し、「比較的良いクリスチャン」であることに満足することがより良いのである。対面を保つ人々はうまく振る舞っている。熱狂者はトラブルに巻き込まれて

いる。心と魂と精神と力を尽くして神を追い求める一方で、物事を快適に保つことが人生の重要な鍵だと、私たちは考えているようだ。

　神のいない人生の圧倒的で耐えがたい悲しみに直面するのを拒絶するとき、このようなキリスト教の弱体化版が有効になる。しかし、人生は最悪でも耐えられるものであり、良くて満足できるものだというフィクションを主張するならば、私たちの信仰の二つの核心は犠牲になる。すなわち、キリストの十字架と再臨である。十字架は、それほど深刻ではないものから私たちを救うための手段になる。再臨は、単に生活の質を改善する機会に変えられ、おとしめられる。主の晩餐は単なる儀式になる。「わたしが来るまで、わたしのことを覚えていなさい」という招きのことばは、熱意を奮い立たせるものではなくなる。なぜなら、心に刻まなければならない十字架から途方もない価値がはぎ取られ、待望の再臨は単なるステップアップにすぎなくなるからである。

　この世界に生きていて私たちが享受する喜びは、ひとえに主イエス・キリストがなしてくださったこと、やがてなしてくださることに全く依っているのである。十字架と再臨を取り去るならば、すべての喜びは私たちを欺く幻想になる。そして幻想は、私たちが礼拝の熱意と期待をもってキリストにすがるのを妨げる。

　最近、ある学生が私にこう言った。「私はどんな人との関係にも、ある失望を感じてきました。しかしそれを悩んでいただけで、動揺したことはありませんでした。」

　たいてい、私たちは動揺することはない。クリスチャンはノンクリスチャンと協力し、物事がそれほど悪くないように体裁を整える。ある意味、物事は確かに悪くない。結婚生活は時にすばらしいものだ。人々は極めて親切で助けてくれる。十代の若者はしばしば協力的で頼りになる。仕事は時に意義深く報いがある。しかし、これら人生の良きことのいずれも、望むような満足感を与えて魂に触れることはできない。私たちが得られないものをいかに心から熱望しているか分からない限り、人生の満足は防衛のためにある。魂のむなしさを覆い隠すために、人生の楽しみに依存する。しかし熱望が充足されないために痛みに満ちた失望を強く感じれば感じるほど、私たちは人生の楽しみを実際以上に必要とはしなくなる。かの日に神が用意してくださる祝宴のテーブルからの真のごちそうの前味として、今ここで楽しむことができるからだ。

　堕落した世界の人生もそれほど悪くないという幻想は、一掃されなければならない。人生のいちばん良い時でさえも、物事のあるべき姿が哀れな偽の姿となって現れる。そうして現実は、私たちを全く打ちのめすほどの苦悩へと追いやる。**しかし、自分の魂のあり方が自己防衛から信頼する愛へと変わるのは、挫折の淵に立たされるときなのである。**神なしの人生が荒廃そのものであるという現実に深く入り込むほどに、私たちは神に立ち返ることができる。

　真剣なクリスチャンの人生にあって、シュガーコーティングのような見せかけはない。人生は言いようのないほど悲しいものだ。しかし、私たちは悲しみのすべての原因の征服者以上の者である。悔い改めとは、神なしの人生は人生ではないという真理を受け入れることである。そして、想像できないほどの恐怖から救われた人が心から神を追い求めることなのである。悲しみの兆候が魂に入り込むとき、妙案や気を紛らわす考えに逃げ込んではならない。それが重荷となってくるまで悲しみを思い巡らすうちに、私たちの存在のあり方が、深いところで自己防衛から恵みに満ちた礼拝へと変わっていく。

豊かな愛は、耐えがたいほどの失望という土壌で育つ。人生は私たちが欲しているものを与えはしないと分かったとき、人生は与えるべきだと愚かにも要求せずに、本来の気高い愛の務めを果たしていくことができる。私たちはもはや、さらなる失意から守られる必要はない。人生を現実的に直視することでしか神に真剣にしがみつけない。そうした極めつきの現実主義者の人生の中で、深いところでの変化が起きるのである。以上のことを次ページのように図示しよう。

心から根本的に変えられようとしている私の友人のことを語ることで、以上の論点の結論としよう。彼の許可は得ている。彼を知っている人々に特定されないようにいくつかの詳細は変更してあるが、重要なあらゆる面で、この話は事実である。

トニーは大学二年の終わり頃にキリストを信じた。彼は支えや愛をほとんど与えてもらえない、緊張に満ちた家庭で育った。彼が小学校に入るまでは、両親の仲は良かったようである。

両親の間でいつも激しい言い争いがあったのを、彼は覚えている。たいてい父親が一、二週間家を出て、やがて赦しを乞いに家に戻ってくるとその争いは終わった。母親は厳しく支配的な女性だった。決して自分の結婚について涙することはなかった。しかし、トニーが彼女から離れるときは

変化の種類

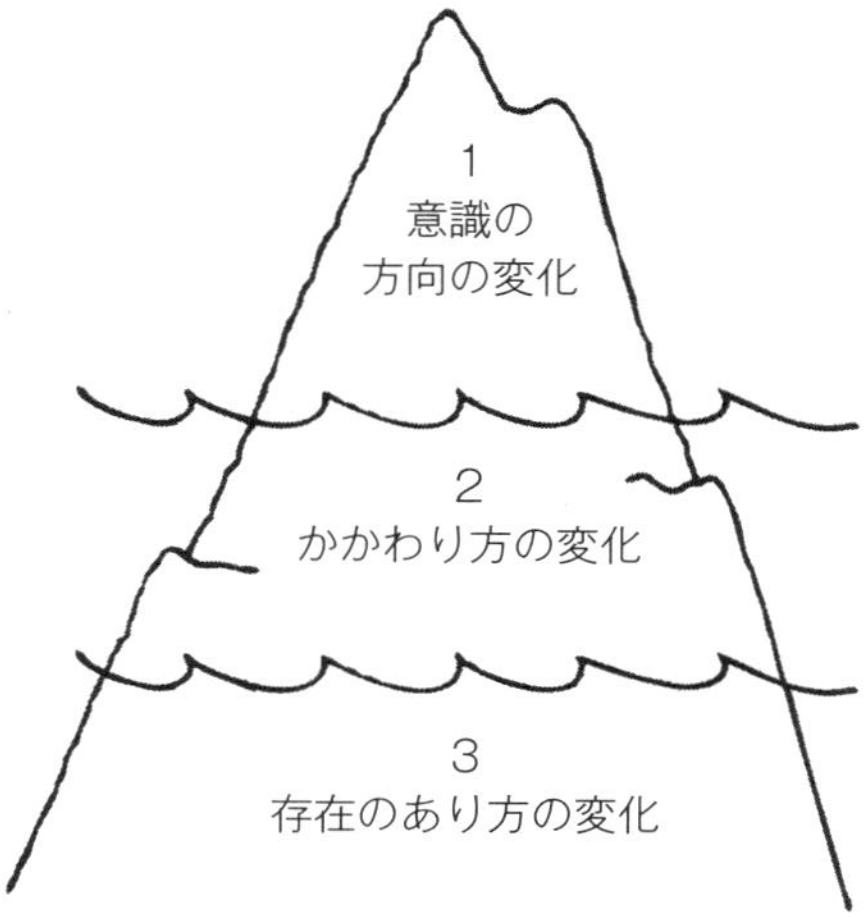

変化が起きる前に 何を知らなければならないか

1「私は罪を犯してきた。今やキリストが私を救ってくださった。キリストのために生きよう。」

2「私はずっと失望させられてきた。その失望が原因で感じてきた痛みを懸命に避けてきた。その取り組みは間違っていた。」

3「神を離れては何もかも願わしいものではないこの世界で、男として、女として生きることは恐怖だった。しかしキリストのゆえに私の男性性または女性性のもてる力を注いで、私が置かれている世界にかかわっていこう。」

いつでも、はばからずに涙を流した。

トニーにとって、回心するまでは、学業で優秀な成績を得ることが生きる目的だった。高い成績は彼の価値が認められるための最も確実な手段であった。一生懸命勉強して、やっかいなことからは遠ざかった。彼は両親に対して感じてきた深い苦しさをあらわにした。とりわけ、支配的な母親には、消灯時間を破る、いつも不機嫌でいる、口もきかないといった態度で苦しみの感情を示した。

トニーがキリストのもとに来たとき、明らかな変化があった。家族に対する敵対心は以前ほどではなくなった。両親にもっと親切に接しようと気遣う努力をした。さらに聖書を知りたい、神に仕えたいと心から願ってキリスト教の大学に移った。彼はまもなくフルタイムの宣教活動に召されていると確信した。

優秀な成績で大学を卒業した後で、福音主義の神学校に入学した。そこで訓練を受けている間、彼は人々に対する重荷を覚えるようになった。それは、繊細さや優しさが増し加えられている彼の様子で明らかだった。彼の人格の変化は母親の心を和らげた（父親は彼が神学校一年生のときに亡くなっていた）。そして、母親はついにキリストを救い主として受け入れた。

トニーは変わった。神は彼の中で、そして彼を通して、すばらしいことをなさった。彼の意識の方向と全体的な雰囲気が変化するのに、痛みに満ちた魂の醜悪な部分を探る必要はなかった。彼は自分が罪人であることを認めていた。キリストの死と復活の意味を理解していた。そして彼は人生の新しい目的をもっていた。それで十分であった。

神学校のプログラムを修了して、彼の関心と能力に合ったキリスト教のミニストリーの働きに就いた。ほぼ十四年間そのミニストリーを続け、誠実でよく働く献身的なクリスチャンとして、受けるに値する評価を得た。彼は敬愛すべき女性と結婚し、三人の子どもをもうけた。物事は順調だった。彼の働きは意義深く、満足するものだった。彼は家族を愛し、健康に恵まれ、すばらしい家を得、比較的快適な生活を送った。

トニーが四十歳になってまもなく、生活にいくつかの問題が起きた。学校の教師から、当時十一歳になろうとする息子のことでトニーと妻に相談をしたいとの申し出があった。教師が言うには、息子はやる気のない様子で鬱々としており、勉強も遅れているとのことだった。息子を学校心理士のもとに送ってはどうかと教師が勧めたとき、トニーの妻はパニックになった。トニーは息子を助ける方法も、妻をどう落ち着かせたらよいのかも分からなかった。

同じ頃、トニーの同僚の一人で付き合いの長い友人が、トニーにある秘密を打ち明けた。その友人は自分の仕事に全く満足しておらず、また、だれも想像できないような家族の問題を抱えて格闘しているということだった。トニーは啞然とし、うろたえたが、友人を励まそうと最善を尽くした。二、三週間後、その友人は彼を避けるようになり、トニーが問題を話し合おうと努力しても、曖昧にして断った。

同時期に、私はミニストリーのプロジェクトのことでトニーに会うことになった。実は、良いこととは思わないが、トニーがこの委員会に現れなければいいのにと願う自分がいた。明らかに私はトニーと一緒に仕事をすることにほとんど関心がなかった。トニーはいつも上調子のように見えた。状況がどんなに悪かろうと、彼は常に前向きに考えた。彼にとって困難な時は益であり、良い時はすばらしいことだった。こうした彼の喜びを一緒に楽しむことは、私にはむずかしかった。深さに欠けているように感じた。正直に言えば、トニーといるときは退屈であった。

比較的短い期間に、同じような気づきを与える三つのことがトニーに起きた。ファミリーカウンセラーはトニーの妻に、息子の問題に彼女がパニックになった原因の一つに、トニーが困難な問題に対処しないという恐れが彼女にあったからではないかと説明した。トニーの良き友人は、自分の問題を打ち明けても、トニーに全く受けとめてもらえていないと感じるとトニーに話した。そして、私は一緒に車を長いこと走らせながら、トニーにこう話した。委員会でトニーがしていることは、むずかしい論点を回避しているように思えると。

三つのことからトニーにはっきり分かったことは、彼を取り巻く人々に有効に対応できていないということだった。彼はなぜそうなのか考え始めた。祈りとみことばに専念し、他の人々と自分のことについて話し合った。そうして、彼は自分の内側を探り、なぜ妻や友人、ミニストリーに強くかかわれないのか分かった。

それからの二、三か月は、トニーにとって人生が変わる時であった。彼の世界にあるすべてのことはすばらしくなければならないという、驚くような要求があったことに気づいた。子どものとき、彼には温かい思い出がわずかばかりあった――祖父母とともに過ごした夏、二週間のキャンプ――

しかし、ほとんどの思い出は痛みに満ちていた。彼は、物事が楽しいものであるようにと必死に願った。すべての人々が折り合ってうまくいく心地よい世界で、安心していられることを願った。

トニーと人とのかかわり方は、緊張状態を無視し、だれもが満足するようにやんわりと「要求する」かかわりであることがはっきりしてきた。すると、息子と妻にかけていた圧力や、人間関係やミニストリーの問題を素直に受けとめられない自分であったことが分かり始めた。自分の自己防衛的罪のパターンが理解できたとき、彼は変わり始めた。すべてがうまくいくように保つことで「アッシリアに頼る」決意をしたことを悔い改めた。そして、温かいフィードバックを要求することなく人々の生活に深くかかわるあり方を模索した。

彼は妻に、彼が負ってきた本当の傷を打ち明けた。そして、妻の話に注意深く耳を傾けるようになった。息子と正直に、自分が与えていた圧力について話し合った。友人が何でも彼と分かち合うときは、助けになる見方を述べるのをやめて、ともかく聞くことにした。委員会でも、彼はいらいらを感じてもよいと考え、問題にまっすぐに向き合おうとした。彼は人とのかかわり方を意味深く変えていった。なぜなら、痛みに満ちた失望から自分を守るためにとってきたパターンに新しく気づいたからである。

何か月か後、トニーは、家族と他の人々との関係に起きた心躍らせる変化について、ごく親しい友人たちに話した。彼の話が終わったとき、聞いていた一人が彼に言った。「トニー、すごい変化だと本心から思う。神をほめたたえたい。きみの変化を見てきたし、感じもした。しかし、私は混乱している。なぜ混乱した気持ちなのか分からないけれど、きみのすばらしい変化の話を聞いても、思ったより鼓舞されないのだ。良い面を強調するきみのパターンは、今もきみから本当の力と正直さを奪っているのではないか。」他の友人たちも同意した。

続けて、二つの論点をめぐって長いディスカッションがなされた。第一に、トニーは母親に支配され、どれほど弱くされてきたか、また、子どものときの家族のひどい状況をどうにかしようとして、いかに無力感を感じてきたかということに、トニーが向き合い始めていること。彼は、根底にある**男として**の不安に向き合い始めたのだ。

第二に、トニーはもう一つのパターンに直面した。過去から現在に至るまで、すべての人間関係の不完全さを思い巡らしていたとき、圧倒するような悲しみが魂にあふれてくるのを感じた。その悲しみが湧いてくるのを感じるや、背中に力が入り、しなければならないことは何でもしようと身構えるのだ。私たちは、人生の悲しみを思い起こして、それで涙してもよいのだと彼を励ました。

そのディスカッションの二週間後、私はトニーに会った。彼は私の方に歩いてきて、自分の手を私の肩にしっかりと置いて言った。「私はたくさんのことを考えた。家族と友人のために強い男になりたい。これまでの自分はどんな苦しみも懸命に避けてきたこと、それは自分がうまく対処できるほどの男ではないと恐れていたからだとずっと思い巡らしてきた。聖書を黙想するとき、最近は、自分の弱さの中のキリストの強さと、主に似た者とされるための苦難の役割に焦点を当てている。少し不安だが、神が私にどんなことをしてくださるのか楽しみだ。心躍る感じだ。こんなに生きている感じを味わったことはない。」

トニーが語る間、私は退屈などしなかった。逆に、彼が追い求めている神に心が惹き寄せられた。私はトニーとともに、**心の奥深く**を探ることに思いを傾け、そこから始まっていく変化を喜び祝った。

第13章　悪しきものの下にある「善きもの」

心の深いところから変わるためには、心は動揺するとしても、自己満足を徹底して粉砕するために自分自身を熟視することが必要である。その熟視は、第一に神が求めておられる道義を知ること、そして私たちには道義を守る努力がいかに欠如しているか理解することから始まる。

これに続けて、この世の何ものも、だれ一人として完全に癒やすことのできない慰めようのない痛みをしっかりと知ることが必要である。その後、際限なく頑なに自分自身を第一にしていることを知り、そして、神が私たちを守るためにご自身を差し出してくださっているのに、その神を傲慢にも拒否し信頼しない自分であることを知る必要がある。そうして心は砕かれる。心の内側を探ろうとすると、恐怖の部屋の扉が開かれる。その恐怖の部屋で、私たちは物事がうまく進む保証も、自分はできるという保証も、人から認められる保証もないまま、男として女として生きていこうとしている。

これまで述べてきたように、心の内側を探ることが注目されず、興味も惹かないのは無理からぬことである。なぜ惨めな思いに直面しなければならないのか。なぜ、わざわざむなしさや罪意識、脅威しか生まないような自己認識を探っていくのか。見かけの楽しさを求めて生きることはできないのか。

以上のことが、この章で問いたい問題である。心を探ることは、**ほとんど**最後まで耐えがたいほどの痛みに満ちている。しかし最終的に見いだすものは、この上ない喜びであると述べたい。

痛みに満ちた治療

私は最近、皮膚癌の治療を終えたところである。その治療では、化学療法剤を含む軟膏を背中と両肩に塗る必要があった。主治医の皮膚科専門医は、その薬品は良い皮膚をそのままにして悪い皮膚を焼く作用があると説明した。

両肩は一週間で皮膚がむけてしまった。その状態を見たら、あなたはこう思うに違いない。だれかが熱いアイロンを肩に置き、皮膚が残らず焼けただれるまでそのままにしておいたのだろうと。

処方された軟膏を塗っていたある週末、焼けた皮膚は悲鳴を上げるかのように痛みだした。私は救急外来に駆け込んだ。医者はひと目見て言った。「軟膏によるアレルギーですね。ただちに使うのをやめましょう。この強いステロイドで反応を抑えます。それからこの新しいローションを肩に塗ってください。感染も防げるし、痛みも和らぎます。」私は当然、言われたとおりにした。

それは土曜日のことだった。月曜日の朝、いつもの皮膚科医に予後を診てもらうために医療センターに行った。主治医は救急の医者と同じように一見して所見を述べた。しかし、彼の診断結果は違った。「これは、制癌性の薬物への正常な反応です。重度ですが正常です。治療を再開しましょう。」

再び、私は言われたとおりにした。その日、私は軟膏を塗った。すでにむけた皮膚がさらに焼けることになるのは分かっていた。

私は初めて、重度のやけどを負った犠牲者の苦しみを知った。今や私と共通するものがあるからだ。もちろん私と違う点は、やけどを負ったのはまさに恐ろしい出来事の犠牲者であるということである。しかし、私はひどい痛みを引き起こす軟膏を自ら塗ったのである。いったいなぜ、私は自分自身のために苦しみを引き起こすのか。

それには二つの理由がある。一つは、私の皮膚の大部分は前癌状態であるため、短期間の重篤な苦痛は、後の長期におよぶ致命的で悪化をたどる苦痛を防ぐからである。二つ目の理由はこうである。皮膚科医が肩に軟膏を塗る説明をした後で部屋を離れたとき、一人の親切な看護師が私の後ろでこう言った。「この悪い部分はすべて焼けてなくなりますよ。その後で、赤ちゃんの頰のような滑らかな新しい皮膚ができます。」

そのことは助けになった。私はこう理解した。**私たちは、恐ろしいものを焼き払い、その下にあるすばらしいものを発見するのだと。**

福音の真理で最も理解されていないことが、最も重要な事柄であろう。「新しい契約」の神学はそのことを語っている。どのクリスチャンも新しい心が与えられ、その心は、どのような人や事柄よりも、神に惹かれるのである。神の御霊が導いてくださるので、私たちは心の内を探り、新しい心のすばらしさを経験できるのである。

心の内側を探ることについても同じ質問をすることができる。なぜ分別のある人が比較的うまくいっている人生の見せかけの楽しさを自らはぎ取り、失望や自己批判、絶望の経験をしなければならないのか、という問いである。もっと困惑することは、人生がうまくいって**いない**人、すでに葛藤を抱え不幸せな人が、なぜさらに追い込まれるようなことに直面して、ますます苦悩しなければならないのかということだ。

＊＊＊

シャロンは私の友人の一人である。三年前に初めて会ったとき、三十四歳であった。彼女は私が講師をしていたセミナーに参加していた。午前の短い休憩のときに、彼女は私を脇に連れていき、自殺するつもりだと言った。私の内に説明しがたい何かが起きた。自ら作り出したものでも招いたものでもない何かだ。私は彼女に生きてほしいと心から願った。私はそれを彼女に告げた。

シャロンは、子どものときにひどい性的虐待を受けた。そして、家族からも度重なる攻撃を受けた。十九歳のとき、キャンパス・クルセードを通してキリストを信じた。その三年後、大学を終えたあと、有名な教会に深くかかわるようになったが、その教会の独身者ミニストリーを担当する牧師とデートをしたときに性的暴行を受けた。一週間以内に、彼女は起きたことを主任牧師に報告した。ただちに長老たちとの面談に呼び出された。彼らは彼女の話と独身の牧師の話の両方を聞いた後で、性的暴行は彼女の責任であり、これ以上、託児所の奉仕を続けないように告げた。そして彼らは彼女にカウンセリングを受けるように勧めた。主任長老の最後のことばはこうであった。「誘惑するようなあなたの態度がキリストの名を辱めた。」そして彼は、彼女がキリストの愛を信頼するようにと祈った。

父親はシャロンが二十歳のとき以来、彼女と話をしない。母親は、二か月に一回、百ドルを彼女に送っている。ごく幼いときから犯されてきた隠された罪によって、シャロンの痛みは痛烈なものであった。もしその痛みを完全に感じていたとしたら、それは彼女を狂気に追い込んでいただろうと思われた。その痛みは、無視することでしか和らぐことのない極度の身体的痛みと同様に、あまりにもひどかった。

そして、彼女の本当の罪――これ以上傷つかないように懸命に自分を守ることを最優先にすること、彼女の心の中に信頼に価する神がおられないのは確かなので、自分に必要だと思える取り組みを自分ですること――は、全く正当で理にかなうと感じられた。彼女自身の魂をケアすることは罪深いという考えは、暗殺者が放った銃弾をかわすことを罪とするのと同じで、彼女には愚かしいと思われただろう。

痛みは否定されなければ**ならなかった**。自己防衛は**美徳**であり、生き残るための必要な手段であった。他の人々と同様に、それがシャロンの考え方だった。

＊　＊　＊

シャロンのストーリーはだれにでもあるストーリーである。つまり、失望した関係性のストーリーであり、この世界が与えることのできないものを求めてしまう満たされない熱望、にもかかわらず、願望は決して衰えないこと、自己防衛的な解決、二度と傷を受けまいとする決意、そして少しはましだと感じようとする決意のストーリーである――しかも、その決意は当然であり、正当化され、良いものである。したがって道義的な決意でもある。

毎週日曜日、教会は、痛んだ心と固く決意した意志とに満ちる。たいていの人は自分の痛みを注意深く隠し、要求する意志を正当なものにしてうまく見せかけ、教会から出てくる。しかしシャロンが、あるいは私たちのだれもが、福音の力を経験すべきだとしたら、自分の痛みを感じ、自分の罪に直面しなければならない。しかも、これ以上困難なことはない。

病に冒された皮膚の下には滑らかな皮膚があるように、真の喜びの土台は、耐えがたい苦しみの下に隠されている。最初に、病の皮膚を焼かなければならない。誕生のさきがけには陣痛がある。死の後にいのちがある。このことは、エデン以来の秩序である。対峙される痛みは祝いの喜びと比例しているのである。つまり、少ししか失望を感じておらず、少ししか罪に直面していない人は、キリストにある喜びも少ししか経験しない。

私たちが求めるこの喜びとは何であろうか。病気の皮膚が焼き払われた後で現れるはずの滑らかな皮膚はどこにあるのか。それは、絶望の中を通るときでさえ私たちを支える希望なのか。C・S・ルイスは熱望そのものを、御国に私たちを惹きつける喜びだとした。確かに、最悪の罪が赦され、永遠の天上の喜びが待っていると分かると平安が与えられる。しかし、それだけなのだろうか。シャロンにとって、それ以上のことはあるのだろうか。

すばらしきこと

三年前にシャロンが自殺しようと思っていると打ち明けたその日から、彼女は心の内側から深く変わってきた。恵みの神の抱擁を具体化したような一組の夫婦が神から遣わされ、彼女の変化に重要な役割を果たしたと同時に、今読者が読んでいるこの本が彼女の変化のプロセスに重要な役割を果たしたのである。

シャロンは出席していた教会の指導者に非難された後、新しい仕事を得て、いくつかの州を隔てたところに転居した。そしてかなり躊躇したが、規模はやや小さいが有名で、神学的にはカリスマ的である教会に出席し始めた。数か月間は後列の席に座っていた。自分の名前を書かないで出席名簿を毎回隣の席の人に渡していたのだが、ある時彼女は衝動的に、「癒やしの祈りのリトリート」への参加を決めて、登録した。新来者歓迎コーナーのパンフレットに記された、「キリストの愛が、あなたの傷の深みに届くように」ということばに彼女の目はとらえられたのだ。

そして、まさにそのことが起きた。週末のリトリートのある日、彼女は個人面談で牧師に、彼女がどんなにか混乱し苦しく、喪失感を感じているか話した。そして、ボーイフレンドと性的な関係をもちたいとひどく願っていると話した。そう話したとき、自分でも驚いた。そのボーイフレンドは、同じ地域の別の教会で青年クラスを教えている専門職の独身男性であった。

六十代前半の牧師は優しい心根の人で、静かに彼女の話に耳を傾けていた。彼女がボーイフレンドの好意に身を委ねたいと告白したとき、牧師は彼女の肩に手を置いた。彼女は後に、優しい力強さそのものを感じたと私に話してくれた。牧師はその手をしっかりと置いたまま、目を落とさずに彼女を見つめて言った。そのとき牧師が言ったことばを、彼女は何年かたったあとでもそのまま言うことができた。「私は、あなたがボーイフレンドとベッドをともにしないことを望みます。しかし、あなたがそうするかどうかにかかわらず、神のもとに戻る道はいつもあるのです。私は、あなたがそれを見つけるのを助けたいのです。」このことばは、彼女が初めて味わった恵みであった。

言い表しがたい痛みはなおも消えない現実であるが、もはや死にたいとは思わないとシャロンは言っている。自分は生きたい、美しい日没を喜び、人々との交わりを楽しみたい、さらに成長したいと彼女は言う。父親を愛していないが、しかし、今は愛するようになりたいと言う。生みの父親や、彼女を食い物にしてきた父親代わりの男たちとの恐ろしい経験以来、彼女は天の父を信頼することが困難である。しかし、彼女は真に愛してくれる人の腕の中で安らぎたい熱望が自分にあるのを分かっている。そして、彼女を包んでくれるのは神の御腕であることを十分に確信している。その熱望は**不思議にも喜び**のように感じられるという。

彼女は、なおも痛みから自分を守りたいと決意することは自然なことだと感じている。時に、抱えている痛みから解放されるべきだと、そのことばかり考えてしまう。その痛みに引き裂かれるのではないかと恐れるとき、彼女は教会の中でこう叫びたくなるという。「あなたがたはみな、自分の人生がまともであるようなふりをしている。あなたがたも本当は傷ついているのに！」人生がまともに見えるそつのないクリスチャンたちとは、うまく付き合えないという。

しかし、彼女は人々のために、しかも表面的には立派に見えるクリスチャンにさえ、親切なことをしたい自分であることも分かっている。「時々、イエス様の愛はすごく現実的で、圧倒的だと感じます。それで、私はどんな人も愛したいと思うのです。そういう時は、父親のために祈りたいとさえ思うのです。本当に祈ります。多くの場合は父親のために祈るように自分に**強いる**のですが、時には心から純粋に愛の祈りが出てくるのです。あなたは、御国が本当にあると率直に信じていますか。やがて私が永遠の抱擁を得ることも信じるでしょうか。もしそれが本当でないなら、私は今、生きていません。でも本当ならば、しっかり生きて、人々に与えることをしながら、楽しむべきことを楽しむことができると思います。何か良いものを人々に与えることができると思い始めています。長年、自分自身を憎んだ後で、こんなにも幸福を感じるなんて想像できますか。」

シャロンは心の内側から変わりつつある。失望や罪、恐怖と苦悶の下に、すばらしいものがあることを発見しているのである。

この本を読み終えるにあたって、読者の皆さんが、神が自分に愛想をつかして投げ捨てることがないようにと毎日懇願しなければならない、悪意ある不信の塊のように自分のことを思わないように願う。私が意図していることは、心の内側を探ることで私たちみなの中にある傲慢さを明るみに出すことなのである。その傲慢さは、人生の困難を謙遜さや信頼することなしに自分自身の力で扱えると主張する。しかし内側を探ることで、**自分は痛みを抱えた要求する人でしかない**とか、痛みや罪が私たちの特徴であると考えることに終始するならば、それは私の意図ではない。

この本を閉じる前に、聖霊がどのクリスチャンの心にも、生き生きとした汚れのない完全な善きものを置いてくださることを理解できるようにと切に願っている。私たちは今やすばらしく、独自の、とてつもない存在である。キリストの真のいのちが私たちの内にあるからだ。キリストのいのちは、私たちが私たちであることの核心に注がれている。そして、心からの深い礼拝の中でキリストのいのちが神に向かって流れ出ていくのを、そして人を癒やす恵みとして他の人々に向かって注がれていくのを待っている。このことが、新しい契約という名のもとに私たちのためになされた、神のみわざなのである。

当然、私たちは途方もなく愚かで、強迫的に自分のことばかり考え、傲慢にも自己充足しようとし、ひどく傷ついている存在だ。このことを否定するならば、キリストが死んで私たちのためになされたみわざのすばらしさは台なしになる。しかし、私たちは自分たちの実体にまさるものである。神の恵みにより、**そこにとどまるものではない**。悪しきものの下には善きものがある。しかし、私たちはそれを見つけることに失敗する。なぜなら、それを隠す悪しきものに向き合う勇気がないからである。

内にある新しいいのちを解き放つ

「善きもの」を求めることなく、ガサガサになった癌性の皮膚が新生児の頬のようになるのを見ることなく、私たちのほとんどは生涯を過ごす。病の皮膚を焼き払う軟膏を塗るのを拒否するので、クリスチャンもノンクリスチャンも同じように選択する良いこと、当たり前の良いことに甘んじるのだ。超自然的な善いこと、つまり、救いを通して私たちの内に深く与えられたキリストの力の発露を経験するのは稀である。岩の下に金が眠っているように、新たにされた聖い願望は、肉なるものの自己防衛的要求の下に隠されている。喜びを経験するには、その金は掘り起こされなければならない。

自分の内にキリストの力を見いだしたいと熱望するならば、また、あなたの魂にある新しいいのちを自由に働かせ、心の内側の奥から変わることを熱望するならば、三つのことをしなければならない。すなわち、⑴神に**委ねること**、⑵愛あるコミュニティーの**安全**な場（訳注・評価や批判がなく自由な分かち合いが保障された場）で心の内側を探ること、そして、⑶聖霊が新しい心の信仰的な願望を鼓舞するのを知るために、霊的な**感受性**が深まっていくこと、である。

委ねる

意思を働かせ、あなた自身をキリストに徹底して委ねなさい。犠牲がどのようなものであろうとも、キリストに従うと決心しなさい。

安全

拒否、残忍な暴露、放棄から守られ、安全であると信じられる何人かの人との関係を見つけなさい。あなたのあり方について、安心してフィードバックを受けられると感じるスモールグループを一つ、探しなさい。恵みに満たされた幾人かの人々に、自分の心の内を探るのを助けてもらいなさい。

感受性

孤独、沈黙、祈り、黙想、日記、断食などの通常の霊的訓練を通して、キリストが内住してくださる心の奥底の実態に対して感受性が養われるようにと神に願いなさい。痛みと罪の岩を掘り進むとき、また人々にどれだけひどい影響を与えたか、自分のむずかしい感情をいかに受け入れたくないか理解するとき、隠された金を見つけられるだろう。金はそこにあるのである。新しい契約はそのことを保証する。金を見つけられたら、喜びなさい。聖い願望を育みなさい。大胆にその願望に従いなさい。人々が不十分にしか応えてくれなくても、あなたの内にある善きものを他の人々に与えなさい。あなたの善きものは力強く、他の人の人生において神のみわざを進めることができる。あなたの内の最も生き生きしたものを人々に注ぐならば、受け手は癒やしを受け、与え手には喜びがもたらされる。

次の三つのことによって、キリストの内に人生を変える実体を見つける希望があるのに、その希望に見切りをつけるようなことはしないですむ。その三つのこととは、聖書、聖霊、そして幾人かのクリスチャンである。聖書は伝える。モーセは神と、顔と顔を合わせた。パウロは神を知ることに力を傾け、徹底的に追い求めた。そして、ペテロはことばで表しがたい喜びを経験した。この人々は（他の人々も）変えられて、すべてのことで神に信頼する盤石の者となった。聖書は常に、私たちとの交わりを喜び、変える力で触れてくださる神を知ることができると指し示している。その可能性があるからこそ、私は忍耐できる。神に出会う希望を放棄するならば、それは聖書の否定である。聖書は私の存在の核心に神を愛するという性質があることを教えているのに、その聖書を否定することになるのだ。

聖霊は私の魂に入ってきて、私が何者であるかのすべてを容赦なく明るみに出し、その後に慰めを与え、励まし、罪を悟らせ、呼び起こされる。神はご自分の威厳、聖さ、愛によって私を圧倒する。神の臨在の輝きをとらえるとはどのようなことなのか、私は知っている。困難のただ中で、神の善を味わった。その善きものは今、私の心の内にあって、今も存在している悪しきものや傷よりも、私が本当は何者なのかをはっきりと教えてくれるのである。

幾人かの友人が誠実に私を深く励ましてくれた。彼らと一緒にいると、神の臨在を感じる。彼らが話すとき、そのことばは魂の深いところから出ているのが分かる。彼らの愛は真実である――完全ではないが誠実である。

聖書の証言、聖霊、幾人かのクリスチャンは、どのような状況下でも神を知る道が本当に存在することを私に納得させた。もし神を知る道を歩みたいと心から願うのなら、人生を正直に歩む選択をしなければならない。そして、自分の人生を正直に見つめたとき、あなたの世界とあなた自身について混乱することを理解しておかなければならない。繊細な対応が極めて重要である場合、時に他の人々に失望を引き起こす。そして、どうしても愛の命令に違反してしまう自分であることに罪の自覚が生まれるだろう。

混乱、失望、罪の自覚。それは喜びへの道なのか。それとも、自己没頭的な憂鬱さへの回り道なのか。自己没頭してふさぎ込むと、人生に向き合う勇気もないまま幸福であり続けようとする「浅薄な」人々に対して、尊大な態度になる。

神から来たものを受け入れる人の中にキリストの性質が形づくられていくのは必然である。混乱は、私たちを苦しさや落胆にではなく、信仰に導く。神はなおも働いておられる。私たちができないことは何も要求なさらない。私たちの壊れた人生の残骸を通り抜けて、神の善き目的を遂行なさる。私たちの信仰は往々にして弱い。しかし、圧倒するほどの混乱のときも私たちを支えてくれる信仰は、強く、立ち直る。

失望は私たちを徹底的に無力にする。そのため、人は再び傷を受けるのではないかと恐れ、他の人々にかかわろうとしない。私たちがクリスチャンからひどい対応を受けた犠牲者である場合、また、自分の子どもがまさに深刻な過ちを犯しそうなとき、教会やキリスト教団体が「神の働き」に忙しすぎて人々のことに配慮できないとき、こうしたときに、人との関係に見切りをつける誘惑は強い。豊かなかかわりを育てようとしているときに生じる問題はとても強大に思えるので、人々とほどよい距離を見つけ、重荷を負う責務を拒絶する。

しかし、失望は私たちを希望に導く。もし心が熱望しているものすべてを知り続けるならば、ひどく傷ついているときでさえ、キリストとともにある日がいつか来るという期待に心が強烈に惹きつけられる。そしてその期待は、拒絶という最悪の嵐の中で私たちを堅固にする錨になる。最も孤独だと感じるときも、前へ進ませる希望が心の中心にあり続ける。

愛の欠落に、深く罪を感じるようになる。罪の認識を明白な道徳の欠落や規律のない生き方といった事柄に限定するならば、どんなに良い関係性も形式ばったものでしかない、立派な人になるだけであろう。そういう人々は、愛するとはどういうことなのか分からない。しかし、自己防衛的関係のあり方に伴う愛の侵犯に気がつくようになるなら、自分の罪深さに圧倒されるだろう。

どのような瞬間も、人は自分のためにするのか、他の人々を最初に考えるのかという道義的な選択をしている。しかし、そのことをなかなか認識できない。私たちの多くはこのレベルにとどまり、道義性と決して格闘しない。人々を自分より優れていると評価して温かい話し方をしたがる一方で、それができない自分の罪を自覚するのを注意深く避けている。しかし、自分の罪深さに向き合うとき、その罪の徹底した醜悪さに気づくなら、悔い改めへと導かれ、私たちは愛の新しい段階へと進んでいく。自己防衛的な罪に対する深い悔い改めから生まれた愛は、深く豊かである。そして、その愛はクリスチャンである私たちの内にすでにあり、解き放たれるのを待っている。これが新しい契約の保証なのである。

混乱は信仰を成長させる。失望は希望へと私たちを導く。罪の自覚は愛することへと導く。霊的成熟に至るためには、偽りの確信、見せかけの満足、そして独りよがりの気取った霊性を、混乱や失望、そして罪の自覚で心が乱される状態に取り替えることが必要である。こうして心が乱されてこそ、ひるがえって信仰、希望、愛、**そして喜び**が生まれるのである。

回心以前は、あなたの本質は**罪人**であった。しかし、今や**聖徒**なのである。もちろん、あなたはなおも罪を犯す。毎日、罪の衝動と闘っている。しかし今、あなたは神に**向かい**、神から**背を向ける**ことのない新しい心をもっている。本当のあなた自身は、子どもがピーナッツバターを食べて育つように、聖さを糧にして成長する。神を信じ、神の約束に希望を抱き、だれよりも何よりも神を愛することがあなたの**責任**であるばかりでなく、そうすることがあなたの**本質**なのである。

現在の状況、痛みに満ちた記憶、感情の傷、道義的過ち、内的葛藤が何であれ、喜ぶことができる。あなたの背景がどんなに厳しいものであっても、神を礼拝し神に仕えるあなたの新しい本質は台なしにならない。もしあなた自身を神に委ねるなら、もし安心できる友人の小さな集まりの中であなた自身に向き合えるなら、痛みや罪の下で展開されている聖霊の働きを感じ取ることができるなら、そしてもし、懸命に悪しきものに抵抗し、善きものを解放するなら、あなたは喜びを経験するだろう。

真の変化、つまり、表現しがたいほどの喜びをもたらす変化は、心の内側から変わろうと自ら取り組むとき、実現する。

第14章　余りあるもの

一九八八年、一人の子どもが両親からの承認を期待して興奮していた。つまり、私は『インサイドアウト』の初版にサインをして母と父に送ったのだ。両親は今、ともに天国にいる。そして、二十五年前に両親に送った本を今、手中にしている。本を開いた最初のページに私はこのように記した。

お母さんとお父さんへ
これはいちばん新しい本です。すでに時代遅れな感じがします。それは、喜びとあふれるいのちは語り尽くせないほど余りあるからです。お二人を愛しています。ラリー

今、その本に目を通しながら、十七ページの上欄に父が鉛筆でこう記しているのを見つけた。「自分自身の無力さが明るみに出され、十分に悟った後でこそ、神を喜ぶことができる。他の方向

を見ないときにだけ、神を喜ぶことができる。」

私はなおも名残惜しそうに、他の方向をちらちらと見ている。そして、そのたびごとに困惑する。周りを見渡したとき、詩篇73篇の記者のように、私の足は狭い道から「滑りかけ」（2節）、私は「悪しき者が栄えるのを見て」（3節）、神だけに目を向けることに何か益があるだろうかと考えてしまう。多くの人々、そして、神にちょっとだけ帽子を上げて挨拶するだけの自称クリスチャンたちが、人生をうまく渡っている。「実に 彼らの死には苦痛がなく 彼らのからだは肥えている。人が苦労するときに 彼らはそうではなく ほかの人のように 打たれることもない」（4〜5節）。しかし、私は神に目を注ぎ、困難な人生を経験する。それは時に、外から**自分に向かって**くる困難でもあるが、ほとんどは**自分の心の内に**起こる困難である。私が知っている多くの人々は、神から目をそむけて自分の楽しみに目を向け、「いつまでも安らかで 富を増」す人生を闊歩している（12節）。

私は考える。**キリストに従うことは、人生を困難なものにするのか生きやすくさせるのか、人生をますます悪くさせるのか良くするのか、苦労が多くなるのか祝福されるのか**、と。詩篇の作者のようにこのことを問うならば、答えを探すことは「苦役」となる（16節）。神以外のことに目を向けずに、神に、そして私の人生に対する神のご計画に目を注ごうと決意しても、何の益にもならなかった。しかも、「ただ空しく」（13節）終わる。

詩人は神に目を向けた時、これらの問いを乗り越え、自分の信仰を新たにすることができた。彼は、神がこの世の人生にどのように祝福を与えてくださるかを観察するためでなく、この世中心の人生がどこに向かっているのか見極めるために神に目を注いだのである。彼は、「神の聖所に入っ」た（17節）。そこでは、神の見えざるストーリーが語られていて、詩人は「彼らの最期を悟った」（17節）。その最期とは、まさに自分の今の幸福を最優先にして生きる人々の最期である。そして詩人は、彼らが「瞬く間に滅ぼされ　突然の恐怖で　滅ぼし尽くされ」（19節）ることを知るのである。

　私の父はそれを正しく理解していたのだと思う。つまり、他の方向を見ないときにだけ神を喜ぶことができるのだと。自分自身を満足させるにも無力で、また、あるべき生き方をするにも無力であることが明るみに出され、それが十分に分かった後ならば、イエスに委ね従う人々が得ることのできる喜びといのちについて大いに語ることができるであろう。しかし、私またはあなたは、それを経験できるのか。私たちは、いのちにあふれて生きることについて大いに語れるのか。神の愛を「大いに喜んでい」るのか、「ことばに尽くせない、栄えに満ちた喜び」を熱心に語っているのか（Ⅰペテロ1・6、8）。あるいは、G・K・チェスタトンが、「キリスト教の理念は、実践されたが目標に達していないのではなく、難しいことが分かり、実践されないままになっている」[1]と書いたのは、私たちについて言っていたのか。

　私は今、ちょうど一九八八年版の『インサイドアウト』を読み返したところである。弁解せずに次のことを認めたい。私はその版では、クリスチャンが今、また後に得ることのできる**余りあるもの**に焦点をそれほど合わせなかった。代わりに、いのちに至る狭き道の途上でキリストに従うために払われる**代償**を強調したのである。イエスご自身がこう言っておられる。「自分の十字架を負って私について来ない者は、わたしの弟子になることはできません。あなたがたのうちに、塔を建てようとするとき、まず座って、完成させるのに十分な金があるかどうか、費用を計算しない人がいるでしょうか」(ルカ14・27〜28)。

『インサイドアウト』の初版は、次のことばで結んでいる。「心の内側から深く変わる道が**ある**。決して諦めてはいけない。」私は多くの読者がこの本を読み終えたとき、大きくため息をついてこう言うのを想像した。「よし、やってみよう。」メッセージは明白である。すなわち、**人生は困難である。人生を受け入れよう。もし、あなたが神を喜ぶために神を十分知りたいと願うならば、キリストにあって本当の喜びを知る前にしなければならないことがある。それは、今この時の楽しい人生を求める自己志向の願いを捨てるという、これからも続く困難な死を遂げていくことだ。それは、する価値があることだ。諦めてはならない。**私はこのメッセージに立つ。そうすることで、次の人々と良き仲間になることができる。

- パウロ。パウロは、多くの年月を通して犠牲を払い、主への忠実を守り、後に斬首された。
- ペテロ。ペテロはキリストに天真爛漫に素朴に従っていったが、成熟した弟子に変えられ、後に十字架で処刑された。
- ヨハネ。ヨハネはイエスに深く愛された。神の御子が三十三歳で死んだとき、イエスの母の面倒を見ることになった。後に、アルカトラズ島（訳注・カリフォルニア州サンフランシスコ湾に一九三四～六三年まで連邦刑務所として使用された島）と似た小島の刑務所に流刑され、閑居の日々を送った。

- ヘブル人への手紙の著者。彼はイエスを長い間待望された救い主であると信じたが、そのために負わなければならない苦難の意味を知っていた。キリストに回心したユダヤ人たちを、「恐れ退いて滅びる者」（ヘブル10・39）にならないようにと励ました。
- 無数の殉教者たち（多くは忘れられ、何人かは記憶されている）。たとえば、ディートリッヒ・ボンヘッファー。ナチス・ドイツの時代に、イエスの弟子であることを隠して生きるほうがずっと安全であっただろうに、彼はイエスの道をはっきりと宣言した。後に人生半ばでヒトラーによって絞首刑にされた。
- 雲のように取り巻く多くの聖徒たち。彼らは、信仰によって生きることの重大さを証しする人々であり、「この世は彼らにふさわしくありませんでした」（ヘブル11・38）と言われるところの人々である。

私はこれらの不屈の聖徒たちとともに、どんなに人生が困難になろうとも、むなしく感じようとも、イエスから立ち去るのでなく、イエスに従うことが根本的に価値あることであると信じている。私が『インサイドアウト』を著したときは、忍耐に価値を置いた。今日も同じである。年月を重ねるにつれて認識はさらに明白になった。私が若き日に想像していた以上に、弟子となる代価は高いのである。

同じく年月が経過して、私の目は開かれ、喜びといのちについて語るには余りあるほどである。『インサイドアウト』を執筆して二十五年が過ぎた。私は新たに序文と結びの章を新版（二〇〇七年版）に加えた。[2] その時六十代前半だった私は、次のことばを序文の結びとした。

> 喜びがある。希望がある。愛がある。キリストとの関係には想像を超えるものがある。歩み続けよう。キリストはまもなく来られる。その時まで、もし自ら心の内側の深いところから探り始めるならば、真の変化、喜びにあふれた変化が可能であることを覚えてほしい。

私はこの結びで、良い戦いをし、イエスのために苦しみ、困難を受け入れ、人生が私たちに投げつけるものが何であろうと忍耐するという、神からの召命を撤回したわけではない。そうではなく、神をより高く見上げ、自らの内側をより深く探っていた。私はその旅路にある喜びのきらめきを、つまり、痛みと同時に喜びに満ちた変化のきらめきをとらえていた。

新版の最後の章を、次のように閉じた。

> 現在の状況、痛みに満ちた記憶、感情の傷、道義的過ち、内的葛藤が何であれ、喜ぶこと

ができる。……
真の変化、つまり、表現しがたいほどの喜びをもたらす変化は、心の内側から変わろうと自ら取り組むとき、実現する。

そして今、『インサイドアウト』二十五周年記念版にも右のことばを入れた。私はあと二年で七十歳になる。三週間前に新しい序文を書いた。すでに読者が読まれた序文に、以下のことばを記した。そのことばに、神をより深く思い巡らしていくとはっきりと指し示される希望を表した。

あなたの喜びの希望の基礎を、御国への待望に据えなさい。キリストがあなたを愛されたように人々を愛することによって神の聖なる性質にあずかれることを祝い喜びながら、現在の喜びを実感するのである。

私は今まで以上に、箴言の賢明なる助言に忠実に従いたい。

あなたの目が前方を見つめ、
まぶたがまっすぐ前を向くようにせよ。
あなたの足の道筋に心を向けよ。

そうすれば、あなたのすべての道は堅く定まる。
右にも左にもそれてはならない。
あなたの足を悪から遠ざけよ。
（4・25～27）

私もそれてきた。神から目をそむけ、自分が楽しみたい幸福で人生が満たされることに関心を注いできた――その幸福は、キリストに従っても保証されるわけではない幸福である。しかし神の恵みによって、間違いを犯さずにすんだと思う。つまり、私はキリストの福音を安価なものにして、神が満足な人生を約束しているなどと考えなかった。弟子となることの代償を、不便さや時折の犠牲といった程度のものに引き下ろすことをするまいと決意してきた。その不便さや犠牲というのは、いまだ得られないものを求める熱望について何も分かっていない人々の楽しい人生にある、小さなでこぼこのようなものである。

一九八八年にこの本の最初のページに書いた、次の三つの文章の一言一句を後悔してはいない。二十五周年記念版では、改訂せずそのまま残してある。

現代のキリスト教は聖書の枠組みを劇的に反転させてしまい、堕落した世界で生きる痛みを癒やすと約束する。そのメッセージが、良しとする規則に従って生きることを要求する根本主義者からのものであろうが、聖霊の力により頼むことを主張するカリスマ派からのものであろうが、その内容はほとんど同じである。すなわち、祝福の約束は**今この時**のためにあるというのだ。完全な充足は、御国に至る前のこの世にあって手中にできるという。

また、次のような人々が発するメッセージも同じであろう。今ある人生で欲するものはすべて得られると約束するテレビ説教者。精密な釈義によって聖書から生ける水を一滴漏らさず絞り取ろうとする学究的な学者。この世や肉的なもの、そして悪魔に対する戦いの意味を全く知らないまま自分の生き方に純粋に満足しているクリスチャンたち。自分たちの幸福を神を知る喜びと取り違えている祝福を受けた幸いなクリスチャンたち。世界を変えることが人生の目標だとしながら、はるかに困難ではるかに核心的な召命、つまり自分自身を変え、家族や友人との関係のあり方を変えるために聖霊とともに働くという召命を避ける社会活動家たち。こうした人々のメッセージも、内容はほとんど同じである。つまり、イエスは私たちが自分自身や生活環境に満足できるという祝福を注ぎ、この世の進歩した文化の中で豊かな人生を約束してくださるというのだ。

神は、ご自分にかけてそのような約束はなさらない。神が約束しておられるのは、明らかにそれ以上の善きものである。しかし、人生を楽しむ幸せな人としてこの世に生きること、それよりも良いことがあるとあなたは言えるだろうか。私たちはそれほど目が見えていないのか。日曜日の朝にはキリストの約束をすばらしいと聞いているが、週日になると何の意味もない宗教的なことばになってしまっていないか。イエスは私たちにこう言っておられる。私たちは神の栄光にあずかることができる。それは、今は神の意図にかなう仕方によってであるが、後には際限なくあずかることができると。

　イエスはどのような意味でこう言っておられるのか。それは少なくとも、私たちが確信をもって生きることができるということを意味している。確信とは、全世界の神であり、罪を憎み、罪人を罰せられる聖なる神が、私たちに**じっと目を注ぎ、心を配り、赦してくださる**こと、そして、実に私たちを**認めてくださる**との確信である。イエスは父なる神から受けた栄光を、従う者たち一人ひとりに与えてくださったのである。イエスは人としてこの世界に存在し、生き、人々とかかわりをもたれた。そのあり方を通して見えざる神のみこころを現すために、その機会と力を神から与えられた。今この時イエスが私たちに与えておられるのは、その栄光と、その機会と力である。しかも豊かに与えられている。

　私はイエスのように人にかかわるとき、喜びを神に帰している。そのことによって神を愛することができる。あなたも私も、ともに一つの共同体になることができる。それは徹底した他者中心と、聖いかかわり、愛――つまり、私たちが生きるためにイエスがご自身のいのちを犠牲にされた、そのような愛によって力を与えられた共同体である。このみことばを聞いてほしい。「だれかが神を愛するなら、**その人は神に知られています**」（Ｉコリント8・3。太字は筆者強調）。私たちは、神に知られ、神からじっと目を注がれ、心配《くば》られ、赦され、認められているのだ。これは何を意味しているのか。Ｃ・Ｓ・ルイスのことばによれば、私たちは今や、「神の幸の真の成分」となることができる。それは、「芸術家がその作品を欣《よろこ》ぶようなものである。「それはありえぬこと、わたしたちの考えのほとんど耐ええぬほどに重みある栄光のように見えます。しかし、それはまさにそうなのです。」[3]」

しかしながら、福音において私たちに与えられている**余りある**喜びといのちは、私たちが「本当に」欲しているものに比べて**かなり心を惹きつけない**ように思えることを知っておかなければならない。私たちの文化、そしてあまりに多くの教会が、良い暮らしさえすれば心の奥底にある願望はこの人生を通して満たされるのだという希望を約束してきた。私たちは家族や友人との間で、さらにミニストリー、レジャーや娯楽で、良きものを経験し、味わい楽しんでいる。それは当然のことである。しかし、余りあるものを得られるのに、はるかに劣るものに甘んじるなら、それは神を侮ることであり、イエスの生涯、死、復活、再臨に核心がある神のストーリーを語ることはできない。

私たちは神との交わりの喜びに浴するように造られた。その喜びは、人々との関係へとあふれ流れていく。それは、他のだれも、他のどんなものも与えることのできない喜びである。神の似姿を帯びているが堕落し、今や贖われた心の中心から、私たちは御国を仰ぎ見ることを熱望している。そして、神は背き続ける私たちをなおも求め、心から愛する友として神の晩餐会に招く準備をしてくださっていること——つまり、私たちを神の子どもとして、また私たちが神を喜ぶように、神も大いに喜ぶ相手として、私たちを神の家族に招く準備をしてくださっていること——を知りたいと熱望している。

私たちは魂の中心から、人にかかわる力の源について知りたいと切望している。その力とは、利他的な動機によるだけでなく他の人々の幸福に喜んで関心をもつゆえに、人にかかわる力である。人は花を観賞し、音楽に耳を傾けるが、目で見たり耳で聞いたりするその美しさは、私たちが今現し、またいつの日か具体化する関係の美しさに比べたら、かすかな美しさにすぎない。

イエスのゆえに私たちに与えられた喜びと生き生きとしたいのちについて、まだまだ語り足りない。喜びといのちは、神を知りたいという願いが増すにつれて、栄光から栄光へと時間をかけて深まる。神を知りたい願いは、適切ではあるがそれより劣る願いを凌駕していく（しかし、決して排除しない）。もしキリストがおられなかったら私たちはいったいどうなっていたか、このことがますますはっきりと分かる――どうしようもなくむなしく、自分本位のゆえに破綻していた。しかし私たちは今、自己中心という死から、愛する願望と能力をもって、心の奥から喜びにあふれて変化するいのちへとよみがえった。

クリスチャンとしての人生を生きなさい。その人生は、完全な祝福を今得るという一般受けする模造品ではない。配偶者や子ども、親や友人から失望させられたら、心から傷つきなさい。もしあなたが配偶者や子ども、親や友人を傷つけたら、もっと傷つきなさい。むなしさの中でうめき、嘆きなさい。この人生で徹底的に喜びたいのにあなたに与えられていないもの、すなわち、あなたが神と人々を完全に愛するように、あなたも完全に愛される完全な愛の共同体を熱望する痛みを心に抱きなさい。平安を切望しなさい。すべてのことがまさにあるべき姿である世界を切望しなさい。

これ以下のものを喜ぶようには、人は造られなかった。そのような世界に生きるとき、あなたは言うであろう。「これが私が欲したすべてだ。人生とはこうあるべきだと考えたすべてだ。そして、その中心はイエス・キリストである。」

傷つきなさい、嘆きなさい、痛みなさい、切望しなさい。しかし、このことを知ってほしい。喜びといのちについて語るべきことはまだたくさんあるのである。今は前味しか分からない。それでも善きものである。神以外のところに目を向けてはいけない。右か左に正道を踏み外すなら、そのことを自覚しなさい。罪のために失敗したことを受けとめなさい。イエスの御父、神にそれを告白しなさい。イエスは何度も何度もあなたを赦すために待っておられる。赦されるごとに、あなたは回復される。

イエスの御霊に導かれて、贖われたあなたの魂の中心を探りなさい。魂の中心で、あなたは何にも増して自分は目を注がれ、すでにさばかれ赦されていることを知りたいと熱望している。あなたは神の愛によって覚えられ、抱かれている。神の愛はあなたを自由にし、イエスがあなたを愛されたようにあなたも人々を愛することによって神を愛する。さらに、あなたは知るだろう。神は歓喜してあなたをご覧になり、偉大な作曲家がその作品を演奏するオーケストラを称賛するような仕方で、あなたを称賛する。

進んで心の内側から変化しようとするならば、この世の人生において、真の変化、喜びに満ちた変化は可能なのである。

原注

二〇〇七年版の序文

1 追加した章の論旨をさらに深めたものとして、拙著 *Connecting*（Waco, TX: Word, 1997）を参照のこと。

第1章

1 今の時点では、致命的な打撃は私たちの人間性に対するものではなく、人の堕落に対してであると述べることで、後に議論があることを期待したい。人の魂は独立独行に完全に侵食されているので、自尊心の終焉は自分自身の終わりであるように感じる。しかしながら、自分自身の人生を保ち、痛みを最小限にするために人生を首尾よく生きようとする努力への打撃がひどければひどいほど、私たちは真に生きることになる。その努力の過程は、どう生きるべきか思い巡らす私たちの考えのすべてと食い違うため、混乱させられる。

第3章

1 人格をめぐる私の理解に関して、完結した議論については、私の著書『ひとを理解する――なぜ、ひとは、関係を熱望するのか』（川島祥子訳、株式会社ヨベル、二〇一〇年。原書は *Understanding People*

〔Grand Rapids, MI: Zondervan, 1987〕）を参照されたい。

2　すでに、『ひとを理解する――なぜ、ひとは、関係を熱望するのか』の中で、心の内部に関して聖書による裏付けをしながら、専門的に説明をしている。

第4章

1　この本で説明されている例は、クライエントや友人とのかかわりからのものである。どの事例もカムフラージュしている。二十代後半の若い男性を取り上げるとき、十代の少女か中年の主婦を想定しているかもしれない。別のことばで言えば、物語を読みながら思い浮かべる人物を指しているのではない。

第5章

1　私たちのキリストとの関係の事実と、キリストの視点からの関係の実体は、私たちの最も深い熱望を豊かに充足する。現在の私たちの経験の中で、完全な充足は二つの問題によって妨げられている。第一に、私たちは信仰においてキリストの臨在を喜んでいるが、顔と顔を合わせる経験は、後の時まで起こらない。第二に、私たちの信仰は不完全であるということ。「私たちの内に内住するキリスト」のすばらしさは、キリストのすべてを知る私たちの理解が暗くされているので、弱められている。結局、私たちの存在の核心における充足は、現時点では御国におけるよりもはるかに小さいのである。

第6章

1　以下のことが結果として起こる。非常に重大な熱望を充足してくださるとキリストを信頼するとき、損なわれていない自我と目的とを得ることができる。非常に重大ではない熱望の数々が最も著しく損なわれたとしても、自我と目的は動揺させられるが、決して壊されることはない。

2　キリストとの関係が明確に現実的であり不思議と心を惹く、そうした親や友人がいると、罪深い楽しみの誘惑から私たちを守ってくれる喜びの希望が与えられる。子どもの頃、私は父が教会で祈っている姿を見て、魅了された。父の祈りは、他の人々の祈りと違っていた。父の祈りは現実的であった。だれかに本当に話していると信じているように思われた。それは私の心にずっと残る感銘であった。神と触れ合えるときに浅薄な楽しみに甘んじたくない。父と神の関係にある実体を経験したので、それがどのようなものか心に描くことができる。

3　将来クリスチャン・リーダーとなる人たちを育てる教師は、学生たちにえこひいきや分裂を警告するために、これから仕える人々と親しい友情をもたないようにアドバイスすることがある。えこひいきの可能性に対しては、これよりも良い解決策があるはずである。そうしたアドバイスはキリストのからだという神の意図を侵し、紳士気取りでかつ自分のために教職者と信徒の間を区別することになる。そればかりでなく、人々に自分たちの本質的な関係性を否定することを要求し、深くかかわる仕え人になる代わりに、ロボットのようなリーダーを生み出すのである。

第8章

1　このテーマに寄与している包括的な本としては、*Encouragement: The Key to Caring*（Dr. Larry Crabb and Dan Allender, Grand Rapids, MI: Zondervan, 1984）がある。

2　人は時に神と駆け引きをする。「もし私の病気を直してくださるならば、二度と不道徳なことはしないと約束いたします。」もしくは、「昇給したら、もっと教会の活動に取り組みます。」どれほどの霊的熱意が神を巧みに操作するための手段になっているだろうか――自分が祝福を受ける立場になるためでなく、むしろ、祝福を要求するための手段になっているのではないか。

3　「神を大いに喜ぶ心にある願望を、神は深く充足してくださる」と確信することは何も間違っていない。そのような確信は聖書的に支持されている。しかし神を大いに喜ぶことには、神の配慮に全く委ねることが必要である。神に委ねるとは神に要求する精神と全く相いれないものである。

4　ホセア書の興味深い節（7・14）では、人々が床の上で嘆き悲しむときでなく、心から叫び呼ばわるとき、神が応えてくださると教えている。この本の第4部では、自分の問題を嘆くことと自分の過大な要求を悔い改めることの違いをさらに進めて論じる。神は通常、前者に応じるのではなく、常に悔い改める者に耳を傾けられる。

第9章

1　そのようなパターンを理解する能力は、カウンセリングにはさほど依存していない。むしろ、人々に対する非防衛的な関心、及び自分の中にある同様の問題に直面する心の開放性にあると考えている。

第10章

1　いくつかの障害の短い記述は、問題の性質と原因について包括的に述べることを意図しているのではない。どのような葛藤の下にも、失望と自己防衛があるということをはっきり示すために記述した。

第11章

1　その批判は全く当を得ていることがある。ニューエイジの思想とキリスト教は互いに補足し合えない。本質的な教えにおいて、はなはだしく相矛盾する。統合するならば、偽りの霊の影響に扉を開くことになる。当然、統合は避けなければならない。

2　性的虐待を受けた女性は、深いかかわりを必死に熱望する魂において、自分のことを安っぽい、汚れた、そして全く孤独な存在だと見ていることが多い。痛みを和らげるキリストのイメージしかもたないならば、彼女たちは自分の痛みの中に決して入っていかない。結局、自己防衛に懸命になる自分に取り組むことができなくなる。したがって、こうしたやり方は悔い改めの必要性を覆い隠すことになる。

第14章

1　G. K. Chesterton, *What's Wrong with the World*〔Mineola, NY: Dover Publisher, 2007〕, 29.

2　新しい序文は二〇〇七年版に記した。また新しい結びの章は、二〇〇七年版では第13章になる。両者とも現在の本（二十五周年記念版）に収められている。

3　C・S・ルイス『C・S・ルイス著作集8　栄光の重み』20頁（西村徹訳、新教出版社、一九七六年。原書は *The Weight of Glory*〔Grand Rapid, MI: Eerdmans, 1965〕, 10.）

訳者あとがき

著者の紹介

本書は、ラリー・クラブ博士による *Inside Out*（NavPress, 2013）の全訳である。一九八八年に初版が刊行されて以来、改訂や加筆がなされて版を重ね、アメリカでは五十万部を超えるロングセラーとなっている。福音派の出版協会が選ぶ Chrirstian Book Award も獲得した。

同氏は一九四四年、イリノイ州エバンストンにて誕生した。イリノイ大学で臨床心理学博士号を取得後、心理学の Assistant Professor（准教授に相当）になった。その後、アトランティック大学フロリダ校の Psychological Counseling Center 所長、およびフロリダ州ボカラトンにて臨床心理の現場に立った。Grace Theological Seminary にて聖書的カウンセリング学科の教授、学科主任を務める一方で、聖書的カウンセリング研究所を創設した。一九八六年から一九九六年まで、コロラド・クリスチャン大学大学院修士課程聖書的カウンセリング講座の主任、教授となる。その後、リージェント・カレッジにおいて実践神学の特任教授を経たのち、二〇〇二年、コロラド州デンバーにて、非営利団体として、NewWay Ministries を創設した。*Inside Out* が書かれた趣旨は、この団体の創設につながるものであると訳者は考える。創設の目的について、「今は、私たちは自分を縛っていた律法に死んだので、律法から解かれました。その結果、古い文字《もんじ》にはよらず、新しい御霊によって仕えているのです」（ローマ7・6）の聖句をもとに、「神に対する心からの熱意・熱情が人生を支配し、その神への熱情によって、神の心をもって他者にかかわり、希望をもって苦しみに耐えるように至るまで、神への愛を奮い起こし、深める」生き方をクリスチャンが求めることができるように、「関係性の変革、すなわち、魂における真の戦いに向き合い、神からの祝福以上に神との親密さに価値を見いだす、新しい生き方に火をともすこと」にあるとした。この新しいあり方は、聖書とともにあり、イエスに従うことにすべてがあるとしている。さらに「この変革のために、三位一体の神の互いの位格の関係に学ばなければならない。福音のみが、この新たな生き方、考え方、かかわり方を可能にする」として神学的立場を明らかにしている。クラブ博士は、*Inside Out* 出版を先駆けとしてこれらのテーマに取り組んでこられたと思う。

本書の初版は一九八〇年代であるが、聖書のみことばから人間理解と罪の理解のためのカテゴリーを取り出し、心の奥深くからの変革という普遍的課題に丁寧に取り組んだものであり、その意味でその内容は決して古臭いものではない。ただし、「ロックミュージック」に言及した箇所は、現代の若者には不思議に感じられるかもしれない。訳者は退廃的な、煽情的なモードのあるロックがはやっていた当時のアメリカ文化が背景にあると理解している。また著者は、「同性愛」の課題も取り上げている。現在、このテーマは日本の福音派教会の中でもさまざまな意見が聞かれるところであるが、著者は単純に「罪」として取り上げているのではない。「性」の課題も、自分の同一性や人と人との関係の課題として探っている。訳者としては、より深い神学的、牧会的対話の中で、聖書に基づいて建設的な議論がなされ理解が深まっていくことを望んでいる。

本書と「聖化」および「神の国」

本書は決して目新しいことを主張しているのでない。人とは何であるか、そのことを徹底して聖書に求め、聖書に示された罪の実体を明らかにし、聖化の道を示している。そして、キリストの内在の道筋を示しつつ、主の教会のあり方や神の国の建設の意義を考えさせる。

訳者は、日々読み、励まされた『初めに、神が――創造を貫き、堕落を凌ぐ神の愛』（遠藤嘉信、いのちのことば社、二〇〇七年）の中で、「結局人間は……自律を求めた結果がもたらす得体の知れない不安感や無防備なゆえの他者への不信感を持つようになる」（111頁）という一文に出会った。罪が他者との関係から説明されており、この不安感と不信感は堕落した世界では充足されない人の心を表現していると思われた。不安と不信から自分を何とか守り保つために、また自分の渇望を満たすために、人は自律という自己流の防衛的戦略をとることになる。それはまさに *Inside Out* が追究しようとした罪の実体である。その罪の実体と向き合うところから聖化への道は始まる。

『私を祝福してくださらなければ――荒削りの信仰者ヤコブの生涯』（同、二〇〇六年）の中では、聖化についてこのように語られている。「内なる所に住まわれる御霊にとってふさわしくないと感じるものを見いだしていくのです。聖められる、聖化されるというのはそういうことでもあります」（149頁）。見いだすべき「ふさわしくないもの」とは何か。それは、詩篇139篇の作者が言うところの「私のうちに（ある）傷のついた道」である。同じく詩篇の作者は、とこしえの道に導かれることを願う。私たちが願える理由は、「神は私たちの孤独と痛みのいっさいをご存じで、それをご覧になっておられ」るから（同137頁）。それゆえ、「勇気をもって（見いだし）主に告白すること」（同138頁）が求められる。それが聖化である。「徹底的な堕落の理解に基づいて、完全な神の赦しと恩寵を理解し、新たにされ、そして聖化の恵みにあずかるのである」（同280頁）。

本書が説く聖化の道も、徹底して自分の罪の実体に向き合うこと、すなわち、心の表面ではなく奥底にあって堕落ゆえに満たされない渇望（熱望）を偽りの方法によって自分で満たそうとする自分の罪の姿に出会うことから始まる。しかし、それは一人孤独な作業ではない。御霊に導かれ、みことばに導かれ、そして御霊を中心にした思いやりと温かさの交わりの中で、他者の率直なフィードバックによって気づかされていくのである。聖化の道は、神の人々に支えられて歩む道である。

「共同体の倫理の中に埋没して、個人的な魂の問題は手づかずのままといった状況がしばしば作られる」（同197頁）。これまで福音派において、伝道と社会的責任の二つの役割を同時にもつ教会の働きが論じられてきた。しかし、罪の悔い改めと信仰の告白を後回しにしてはならない。これらがしっかり据えられてこそ、「主の共同体は必然的に成立する」（同196頁）からである。

また、逆にこのような問いかけがある。「私たちが苦悩したり、悩んだり、戦ったりする、それら一切のことは、単なる私たちの個人的な問題なのでしょうか。それとも、その戦いの中で、私たちが、それらを主にゆだね、主にある勝利を求めながら、私たちが霊的な判断力を与えられたり、……他の人の慰めとなったりすることは、やはり神の民の祝福や救いにつながることにならないでしょうか」（『もしかすると、この時のため――際に立つエステルとその勇気』113頁、同、二〇〇七年）。キリストにある真の共同体になるために、蓋をし続けた自分の罪の問題に向き合い、神を離れて自分流の戦略に固着し続けた心を探るのを避けてはならない。すなわち、教会の役割として、神の国の建設や社会的責任を果たすことに関心が深まっている昨今、最初にまた最後まで心砕くべきは自分自身の罪の実体を探り、キリストの内在を求めることである。

訳者は、一九九六年夏に、コロラド・クリスチャン大学の聖書的カウンセリングの課程に入学した。すでにその時点でクラブ博士は常勤の立場を離れ、特別講座をもっておられた。後に、クラブ博士が癌を発症しておられたことが分かった。クラスのテキストであった著作を日本に紹介していきたいと願わされた。二〇二〇年にようやく、*Understanding People*（邦題『ひとを理解する――なぜ、ひとは、関係を熱望するのか』株式会社ヨベル）を訳し、出版した。実は、翻訳にあたってクラブ博士にメールでその翻訳の計画をご報告したのだが、博士はたいへん喜んでくださったうえで、*Inside Out* を控えめに推してくださったのである。しかし、諸般の事情ですぐに訳すことができなかった。二〇二〇年十月に、『ひとを理解する』出版のご報告をすると、いつもと変わらずに喜んでくださった。しかし訳書を博士のもとに送ったのち、いつもなら必ずくださる返事がなかったので、懇意にしているアメリカ人の宣教師に問い合わせてみた。すると、予想もしなかった訃報が届いた。二〇二一年二月二十八日に、二十四年にわたる二つの癌との闘病の末、クラブ博士は召されたとの報であった。その頃には本書の出版が決まり、訳者自身もいよいよ取りかかれると沸き立つ思いであったが、心は喪失感でいっぱいであった。闘病中に博士ご自身の願いを込めて最後に出版された著書は、*Waiting For Heaven Freedom: From the Incurable Addiction to Self*（Larger Story Press, 2020）である。

最後に、拙訳であったものを、いのちのことば社の編集者である佐藤祐子さんが全面的に助けてくださり、日本語として理解しやすい訳本として出版することができた。姉妹の格別のご労に心から感謝を申し上げる。

二〇二三年一月

川島　祥子

著者

ラリー・クラブ（Larry Crabb）

1944年イリノイ州エバンストンにて誕生。イリノイ大学で臨床心理学博士号、心理学のAssistant Professor。アトランティック大学フロリダ校のPychological Counseling Center所長、フロリダ州ボカラトンにて臨床心理の実践。聖書的カウンセリング研究所を創設。1986年から1996年まで、コロラド・クリスチャン大学大学院修士課程聖書的カウンセリング講座の主任、教授。リージェント・カレッジにて実践神学の特任教授。2002年、コロラド州デンバーにて、非営利団体としてNewWay Ministriesを創設。2021年、召天。

訳者

川島祥子（かわしま・しょうこ）

1955年生まれ。慶應義塾大学法学部法律学科、大妻女子大学大学院修士課程家政学研究科児童学専攻、東京基督神学校、Colorado Christian University Master of Arts in Biblical Counseling、青山学院大学文学部第二部教育学科卒業。他に、日本ルーテル神学大学人間成長とカウンセリング研究所主催カウンセラー養成講座上級課程修了。大妻女子大学児童臨床相談室、彰栄保育専門学校専任講師、キリスト教主義幼稚園での働き、聖セシリア女子短期大学非常勤講師、日本長老教会東大和刈穂キリスト教会・教会主事を経て、現在、西武柳沢キリスト教会・教会主事、東京基督教大学非常勤講師を務める。

＊聖書 新改訳 2017©2017 新日本聖書刊行会
＊新共同訳聖書 © 日本聖書協会

インサイドアウト――魂の変革を求めて

2023年3月15日　発行

著　者　ラリー・クラブ
訳　者　川島祥子
印刷製本　日本ハイコム株式会社
発　行　いのちのことば社
〒164-0001 東京都中野区中野2-1-5
電話　03-5341-6923（編集）
03-5341-6920（営業）
FAX　03-5341-6921
e-mail:support@wlpm.or.jp
http://www.wlpm.or.jp/

Printed in Japan
乱丁落丁はお取り替えします
ISBN 978-4-264-04414-7